THE PUZZLE OF POLYNESIA
Christina Thompson

クリスティーナ・トンプソン
小川敏子㊙訳

Sea People

海を生きる民
ポリネシアの謎

A&F

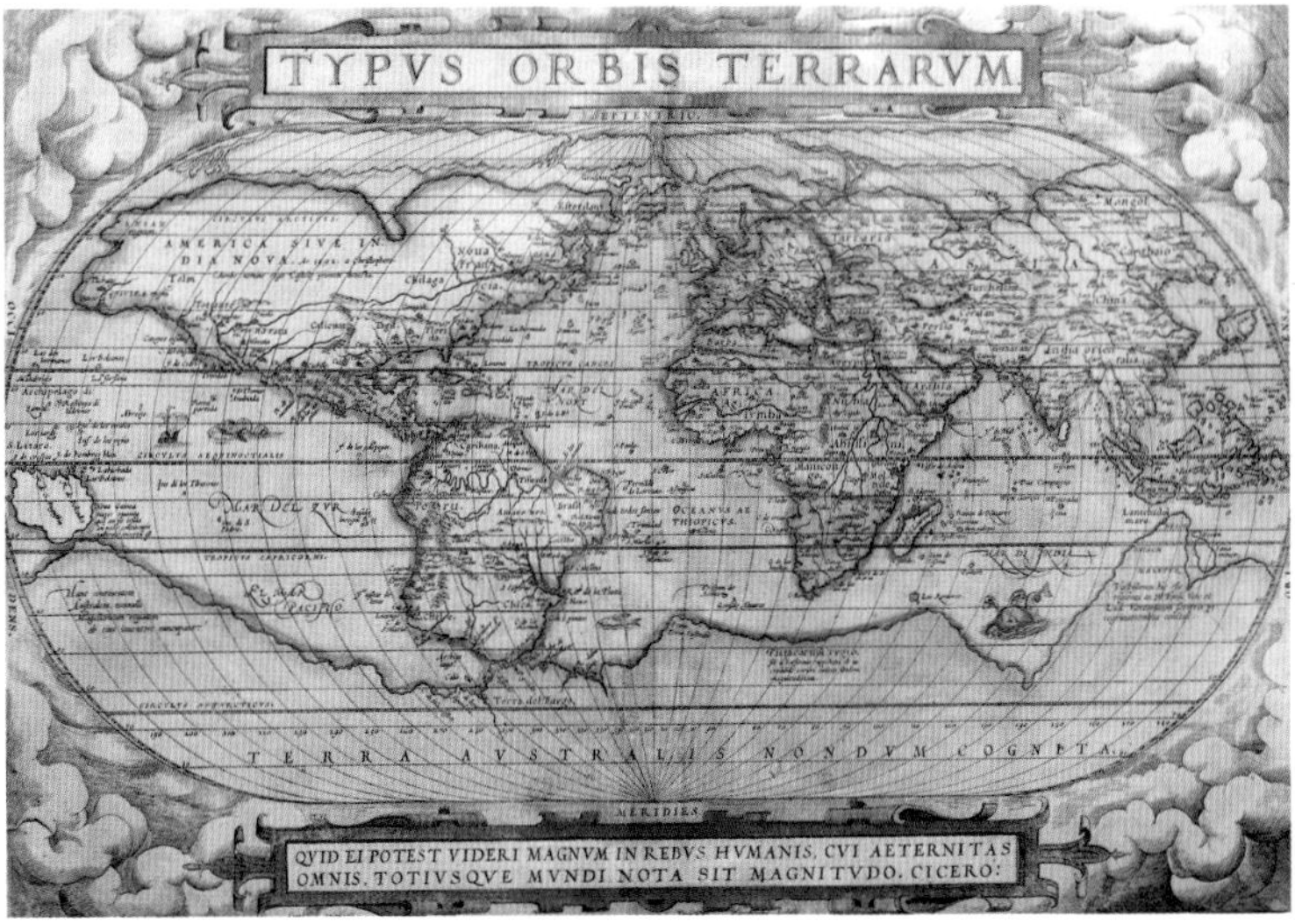

テラ・アウストラリス・インコグニタを含む世界地図。アブラハム・オルテリウスによる世界初の近代的な世界地図『世界の舞台　Theatrum Orbis Terrarum』（1570年）より。ウィキメディア・コモンズ

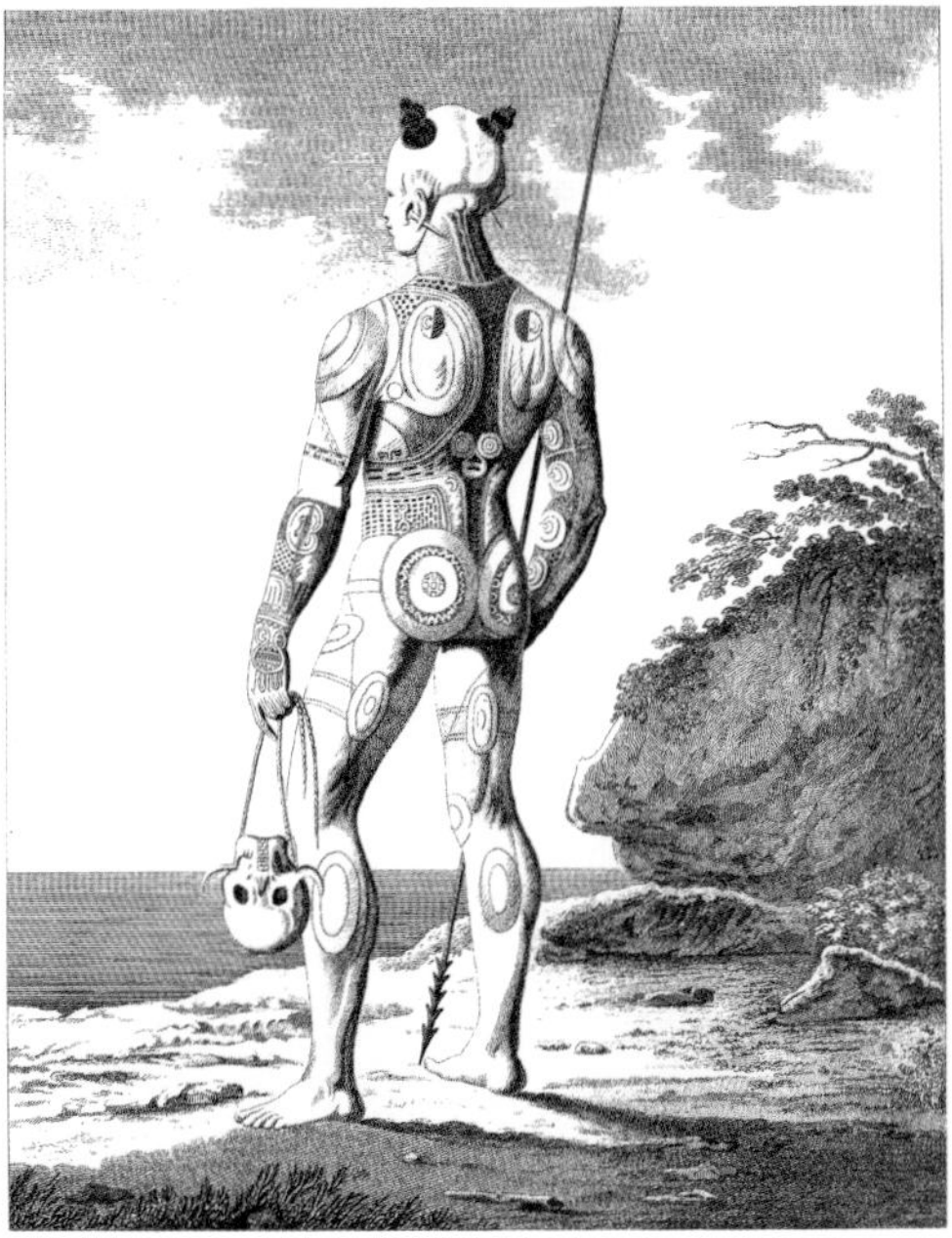

タトゥーのあるマルケサス人。「タトゥーがまだ完成していないヌカヒワ［ヌク・ヒヴァ］の若者の後ろ姿」G・H・フォン・ラングスドルフ『世界周航記』（ロンドン、1813年）より。キャロル・アイボリー提供

イースター島　モアイ、ウィリアム・ホッジスによる「A View of the Monuments of Easter Island」(1776年頃)。ロンドン、グリニッジ、国立海洋博物館。ウィキメディア・コモンズ

ヌクタバケ島のカヌー。1767年にドルフィン号艦長サミュエル・ウォリスがトゥアモトゥ諸島で購入。
大英博物館

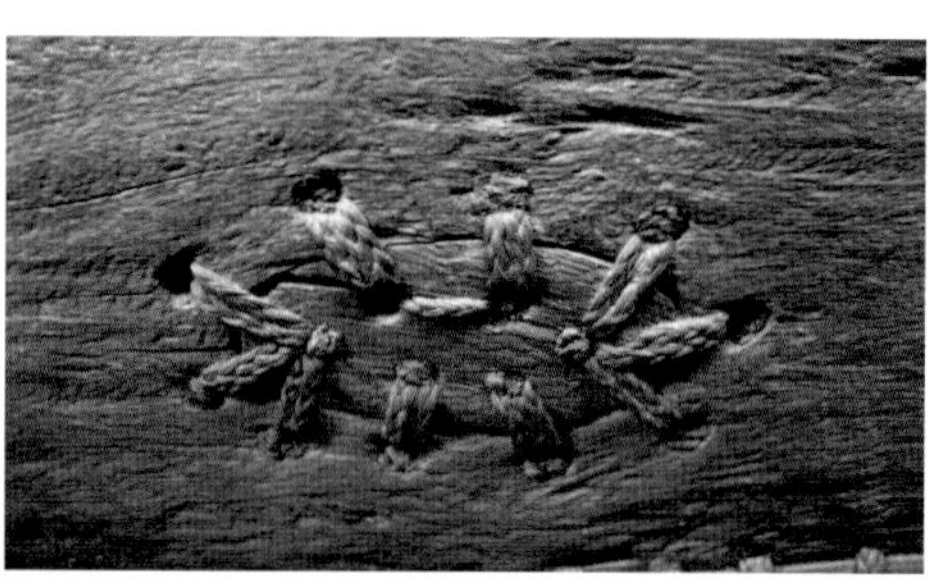

ヌクタバケ島のカヌー。
修理部分の拡大。

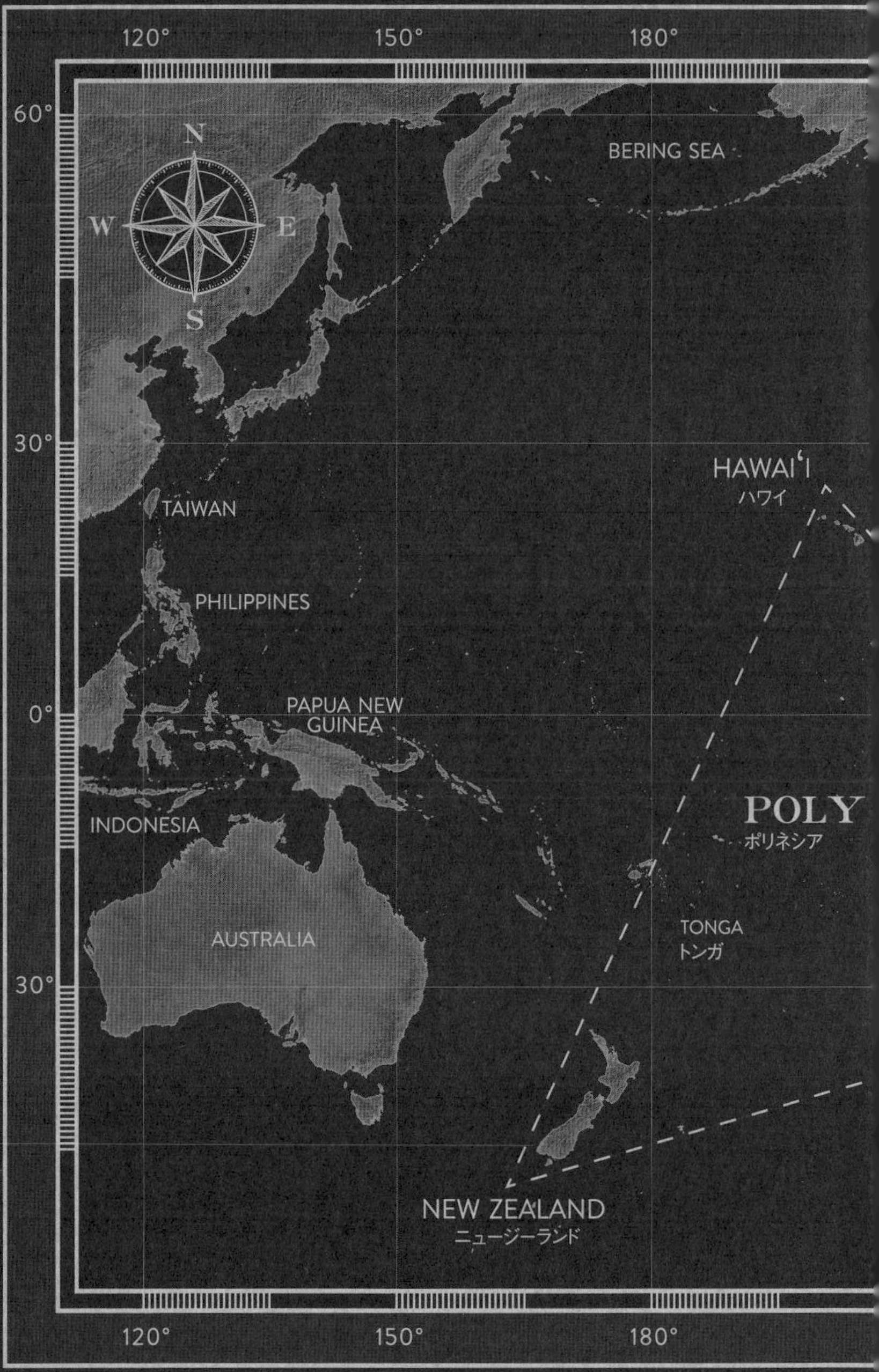

120°
150°
180°
60°
N
W
E
S
BERING SEA
30°
HAWAIʻI
ハワイ
TAIWAN
PHILIPPINES
0°
PAPUA NEW GUINEA
POLY
ポリネシア
INDONESIA
AUSTRALIA
TONGA
トンガ
30°
NEW ZEALAND
ニュージーランド
120°
150°
180°

ジェームズ・クック船長の肖像画。ウィリアム・ホッジスによる(1775-1776年)。
ロンドン、グリニッジ、国立海洋博物館

トゥパイアが描いたジョセフ・バンクスとザリガニの売買をするマオリの絵（1769年）。大英図書館

アカデミック・ローブ姿のピーター・ヘンリー・バック（テ・ランギ・ヒロア）（1904年頃）。
ニュージーランド国立図書館、アレクサンダー・ターンブル図書館

フェリックス・フォン・ルシャンの肌のカラーチャート。
ハーバード大学、ピーボディ考古学・民族学博物館

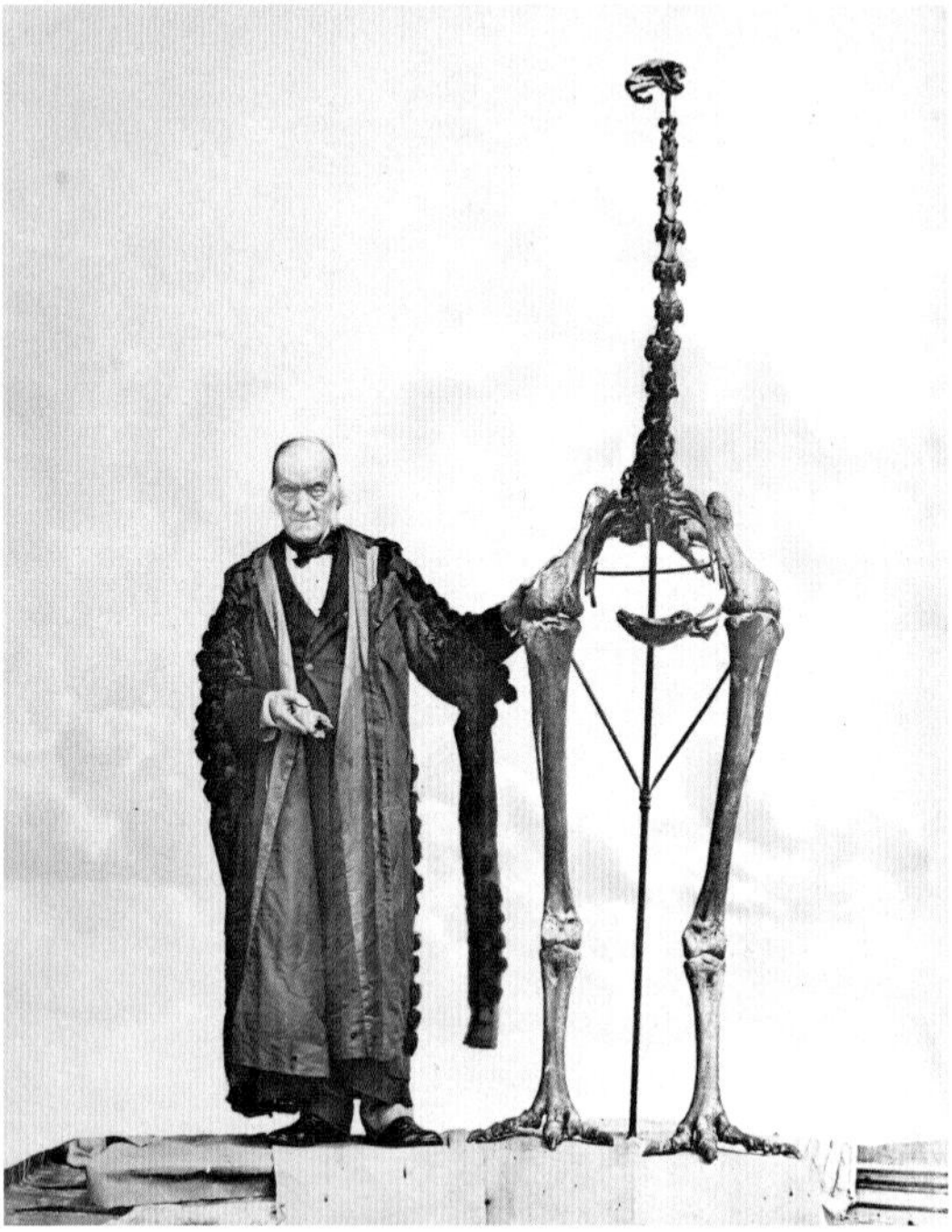

ジャイアントモア(Dinornis novaezealandiae)の骨格の脇に立ち1839年に贈られた骨を握るリチャード・オーウェン。リチャード・オーウェン『Memoirs on the extinct wingless birds of New Zealand』(ロンドン、1879年)より。ウィキメディア・コモンズ

ワイラウバーから出土したモアの骨でつくったリール型のビーズと「クジラの歯」のペンダント。
ニュージーランド、クライストチャーチ、カンタベリー博物館

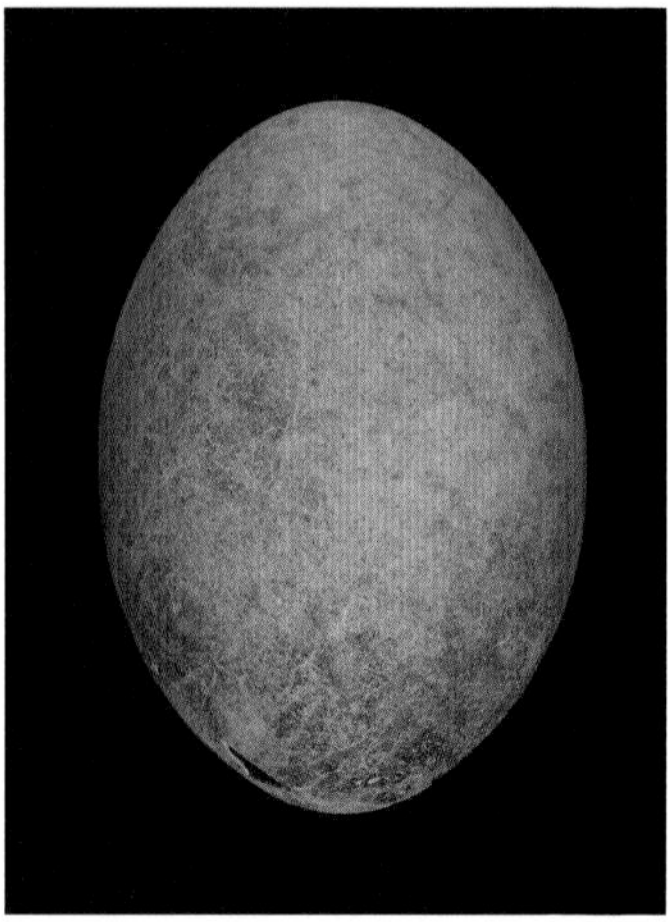

ジム・アイルズがワイラウバーで1939年に発見したモアの卵。撮影ノーマン・ヘケ。ニュージーランド国立博物館テ・パパ・トンガレワ

ルイス・ジョン・スティール、チャールズ・F・ゴールディによる「マオリのニュージーランド到着」（1898年）。
オークランド美術館トイ・オ・タマキ、1899年に亡きジョージ&ヘレン・ボイド夫妻より寄贈。テオドール・ジェリコーの作品「メデューズ号の筏」（1818-1819年）をもとにポリネシア神の航海を漂流航海の仮説に沿って描写している。

バヌアツ　イースター島テオウマで出土した3000年前のラピタ土器を復元したもの。撮影フィリップ・メトワ。
スチュワート・ベッドフォートとマシュー・スプリッグス提供

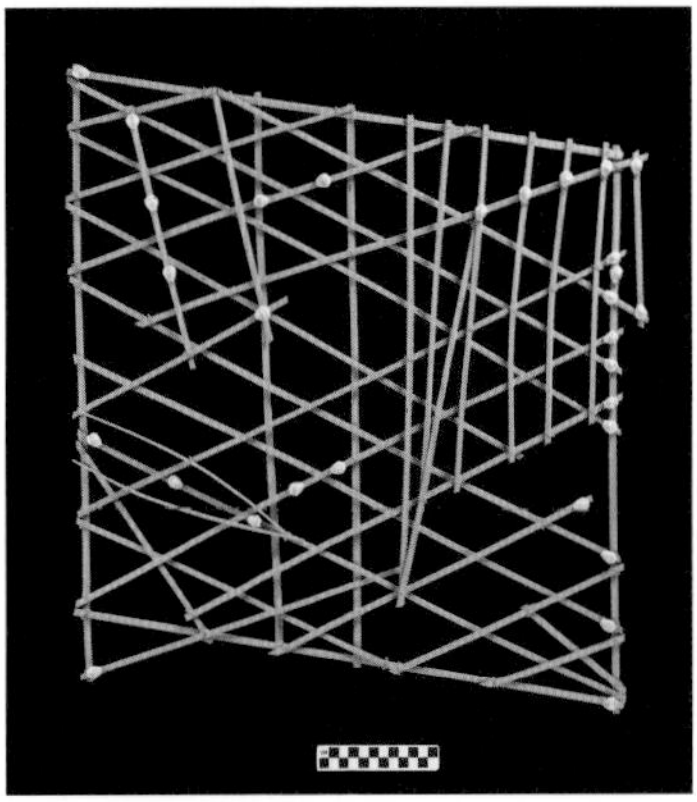

マーシャル諸島、ミクロネシア人のスティック。チャート。
デンバー自然科学博物館

2016年マラマホヌア世界公開で自由の女神像の傍を航行するホクレア。
撮影ナアレフ・アンソニー。'Ōiwiテレビ、'Ōiwiテレビ、ポリネシア航海協会

海を生きる民

ポリネシアの謎

目次

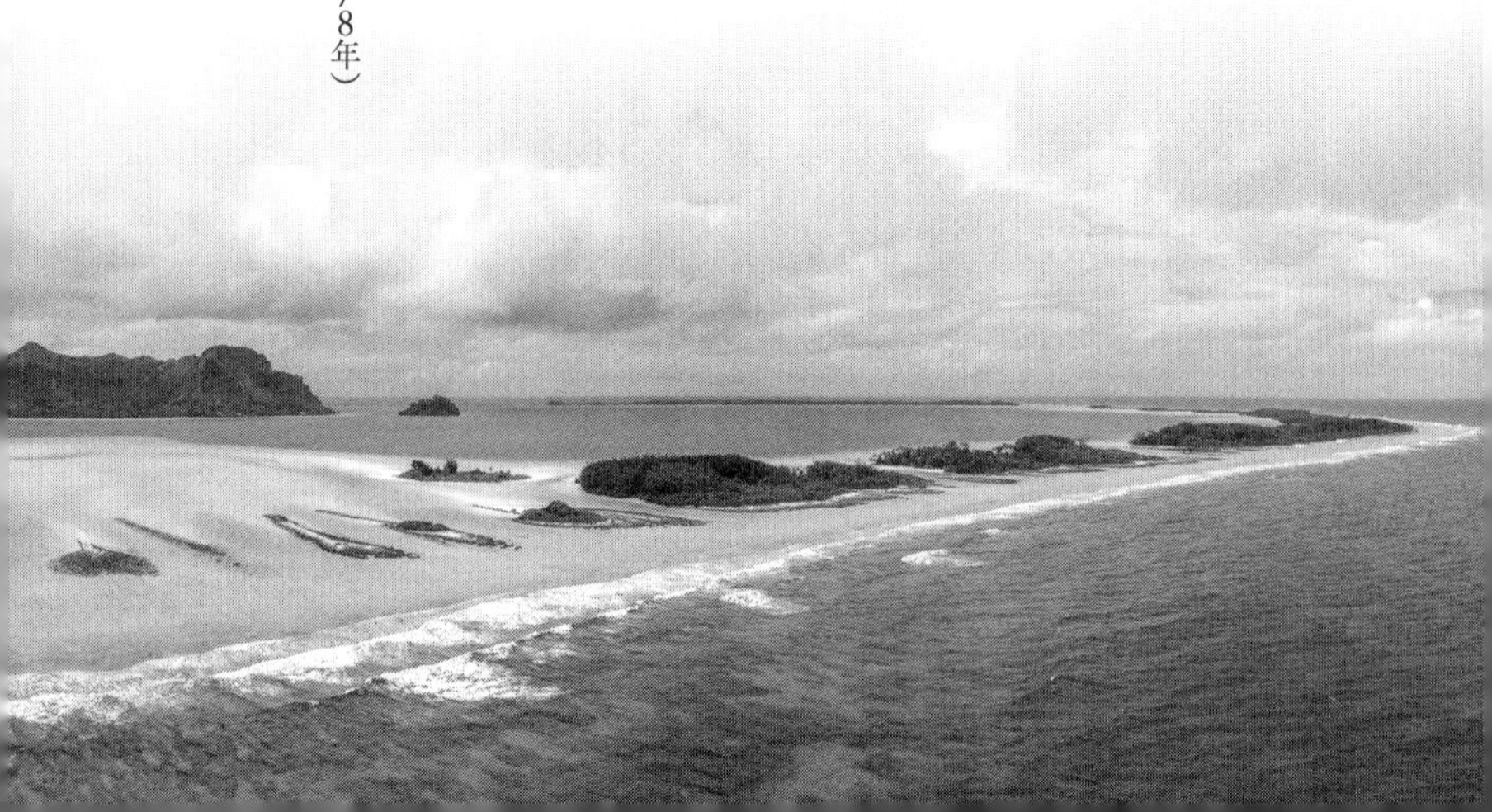

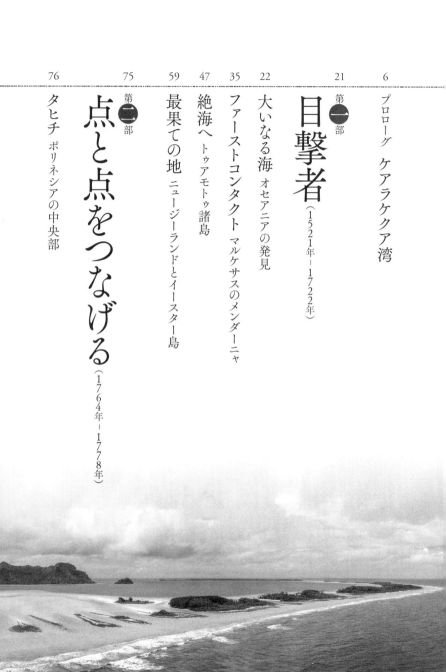

©Shutterstock.com

プロローグ
ケアラケクア湾

ハワイ諸島のビッグアイランド（ハワイ島）の西側にケアラケクア湾はある。島を形成する5つの大きな火山のひとつマウナ・ロア山に季節風がぶつかって雨が降り、風下側の湾には乾いた空気が吹いてくる。ケアラケクア湾は南西に向かって開く小さめの湾だ。幅2キロメートル足らずの湾口から見ると両端に平地が少々、中間部は切り立った崖が続く。古代にはその崖の秘密の洞窟にハワイの王族の亡骸《なきがら》が埋葬された。ケアラケクアという名はハワイの言葉で「神の通り道」を意味する。長らく外界との接触がなかったポリネシアにヨーロッパ人がやってくる直前までハワイ島の最高権力者の拠点であったこ

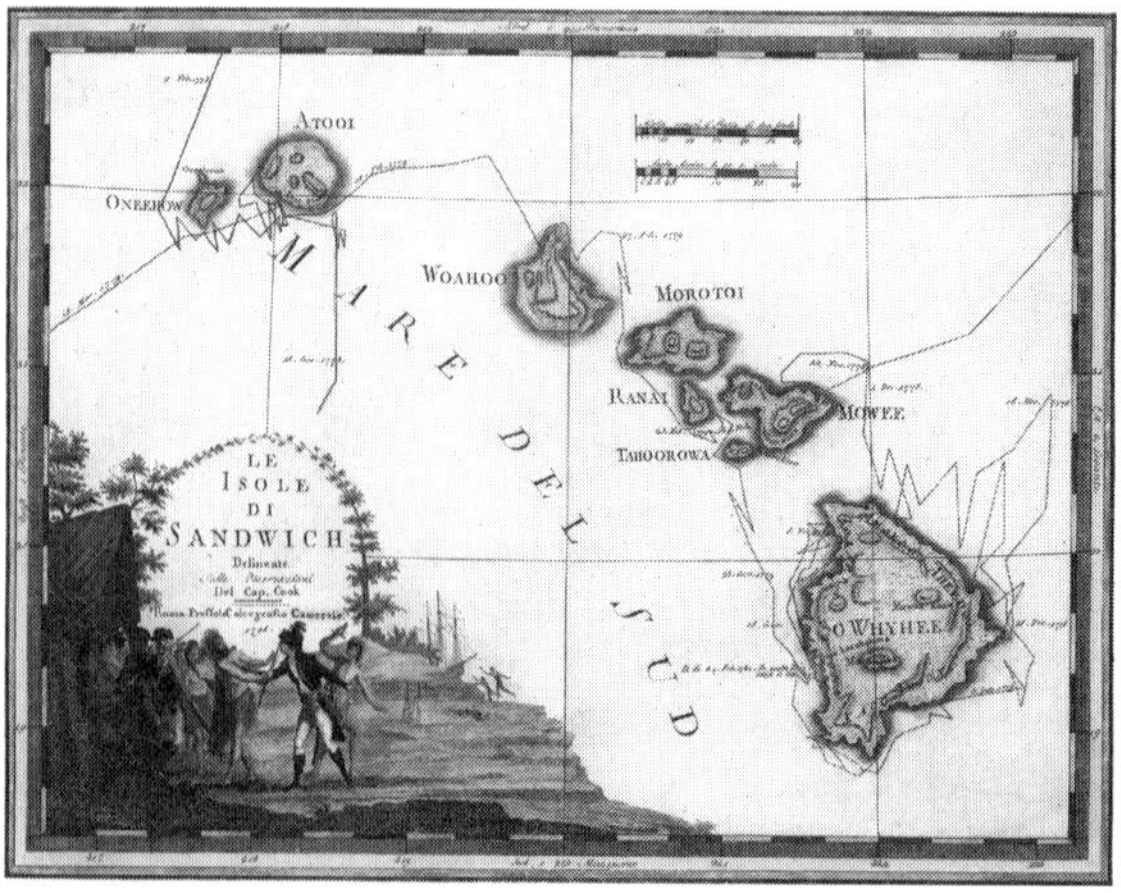

クックが製作したハワイの海図をもとにしたジョヴァンニ・カッシーニによる
サンドウィッチ諸島の地図（ローマ、1798年）
マウイ島カフルイ　ストーリー・オブ・ハワイ・ミュージアム

の土地は、あのカメハメハ1世の祖先の地でもある。

ケアラケクア湾に行くにはカイルア・コナから幹線道路を南下し、コナコーストのにぎやかな町を後にして小さな集落をいくつも通過する。山の中腹を走るハイウェイからナポオポオ・ロード［160号線］に入り、くねくねしたカーブを海の高さまでくだっていく。砂地に強いメスキートとギンネムの木々の間に、ハイビスカスとプルメリアが花を咲かせている。道は大きく右に折れる。そのまま道なりに進むと、枝を大きく広げた2本のジャカランダの木の下でついに行き止まりとなる。その先は石だらけの浜で、右側の目と鼻の先には高くそびえる赤い断崖が迫り、ずっと先の海岸線に目を凝らすと生い茂った低木のギザギザとした輪郭が見える。

すぐ脇には聖なる場所ヒキアウ・ヘイアウが壁のようにそそり立つ。溶岩が固まったラバストーンをきれいに積みあげ、長方形の舞台のようだ。私と夫のセブン、3人の息子は太平洋を渡る長い旅の終盤に、初めてここを訪れた。同じように築かれた神殿は他の島でも出会っていた。ヌクヒバ島の森の奥で、オアフ島ノースショアの高い岬で、ライアテア島の浜辺でも。ポリネシアではマラエと呼ばれることが多く、ヨーロッパ人が太平洋に到達するまで、聖なる力が宿る神聖な場所だった。首長と聖職者が儀式をおこない、神に生贄《いけにえ》――人間である場合も――や供物を捧《ささ》げて航海の無事、健康、食料のめぐみ、戦の勝利を祈った。マラエはやぐら、木の彫像、骸骨などの装飾がともなうこともあり、カプという厳しい掟《おきて》（タプと呼ぶ地域もあり、「タブー」の語源である）で支配されていた。カプは日々の暮らしから霊の世界まであらゆる事柄におよぶ規則と禁忌の体系で、古代ポリネシアの人々の生活のすみずみにまで浸透していた。

当時の雰囲気を感じとるために、私たちはヘイアウに沿って歩いてみた。いま残っているのはプラットフォームのように石を空積みした部分だけだ。浜の端に高さ3メートル、長さ30メートル以上にわたって石が積まれている。幅は長さの約半分。1700年代後半にヨーロッパ人が初めて見た時にはこの2倍近くの規模であったという。湾全体を見下ろす堂々たる建造物であったにちがいない。あくまでも想像だが。上にのぼるための石の階段にはロープが張られて立ち入りが禁じられている。それ以外にも不法侵入を禁じるという標識は、少なくとも3つあった。石をいじったり外したり、壁をよじ登ったりするなど冒瀆《ぼうとく》的な行為をしないよう訪問者に呼びかける文言が書かれている。ほかと比べて注意書きが多いのは、訪問者の数が格段に違うためだろう。けれども禁止条項の文言が目につくと、どうしても場の雰囲気はちがってくる。私たちが最初に訪れたマラエはマルケサス諸島の深い森のなかにあった。遺跡のあいだを自由に歩き回って思い思いに長い時の経過を味わうことができたのは得難い経験だった。

ハワイ島のヘイアウの前には同じ黒いラバストーンで築かれたオベリスクが建っている。こちらはポリネシアの様式とは異なり石がセメントで固められている。高さは4メートルに満たないほどで、次の言葉を刻んだブロンズ製の銘板が取り付けられている。

このヘイアウにて、1779年1月28日、
ジェームズ・クック船長は
船員ウィリアム・ワットマンの

イギリス式葬儀を執り行った
ハワイ諸島において
記録に残る初のキリスト教の儀式として

私たちがヘイアウに期待する物語とはまったく異質の内容だ。脳卒中で命を落とした船乗りワットマンが、遺志にしたがってキリスト教の儀式で海岸に葬られた。もちろん偶発的な出来事であり、キリスト教の本格的な布教が始まるのはもっと先のことだ。それでもこの銘板はある決定的な変化を暗示している。太平洋にヨーロッパ人がやってきた――ポリネシア人が最初にやってきて植民した時以来の重大事件である。私たちがヘイアウを訪れたのは、古代のポリネシアの謎の一端に触れることができればという軽い気持ちだったかもしれない。しかしこの銘板が示すように、こうしてふたつの歴史が交差した時からケアラケクア湾への旅は始まっていたのだ。

クックとハワイ諸島の接点は、太平洋とヨーロッパ人との関係を大きく変えた。1778年1月といえば、クックが三度目の航海に出て1年半が過ぎようとしていた頃である。先の二度の航海で南太平洋のかなりの領域を探検し、オーストラリアの東海岸からニュージーランドをぐるりと回り、主要な諸島の多くを海図に記し、初めて南極圏に突入するところまで行った。最後となる三度目の航海でクックは太平洋の新しい領域に向かった。赤道の北側だ。ヨーロッパにとって念願の北西航路発見に挑んだのである。そして北アメリカ太平洋岸北西部のヌートカ湾をめざしていた時に偶然、カウアイ島を発見した。

当時、ハワイ諸島はヨーロッパの地図には存在していなかった。なぜそんなに長いこと発見されずにいたのか、不思議なくらいだ。スペインのガレオン船は1560年には北太平洋ですでに稼働していた。アカプルコとマニラを年に一度か二度は往復し、アカプルコから西に向かう往路はハワイのすぐ南側を通過していた。また東への復路はハワイのすぐ北側を通過していたのだ。それなのに200年以上ものあいだ、ハワイ諸島には気づかなかった。クックはタヒチ島から北へと航海するさなかにハワイの列島に出会った。古代ポリネシアの船も同じ航路をたどっていたことが後に判明している。ハワイ発見はヨーロッパ人探検家にとって太平洋で最後の偉大な成果だった。

クックは、初回はハワイ諸島にごく短期だけ立ち寄った。北の海域を探検できる期間は限られていたので時間的な余裕がなかった。その年の秋、北部の海域を氷が覆い始めるとともにハワイ諸島をつぶさに調べることにした。11月下旬にはマウイ島の北岸まで南下し東に針路をとると、目の前にハワイ島が堂々たる姿をあらわし山の頂きは思いがけず雪で覆われていた。強い北東風を避けて乗組員たちが休息できるように、島をまわって風下側に向かうことにした。突風が吹き荒《すさ》ぶなか船はゆっくりと進み、ほぼ2ヶ月かけてビッグアイランド［ハワイ島］のケアラケクア湾に到達したのは1779年1月の後半だった。そこで彼らは不思議な出来事に遭遇する。

この時のクックは太平洋についておそらく同時代のヨーロッパ人の誰よりもくわしかったはずだ。10年で三度の航海をおこない、それぞれが数年がかりだった。ポリネシアの主要な諸島をすべて訪れ、島民が集まる光景を何度となく見てきた。たいていはクックの船が着岸するのを見に集まってきた。

その彼が、これほど多くの人間が集まるのを見たことがないと記録に残している。出迎えのカヌーは1000隻はくだらないだろう、「湾の岸は人でぎっしりと埋め尽くされ、船の両側には浅瀬の魚のように何百人も泳いでいた」と。人数にも驚かされたが、雰囲気も独特だった。太平洋の島民とヨーロッパ人との初期の接触は、かなり緊張に満ちたものだった。小競り合いとなって死者が出ることもあったのだが、この時にはなぜか祝祭のようなムードが漂っていた。島民がまったく武装していないのを見てクックと船員らはとまどいをおぼえた。

いざ上陸してみると、島民はすぐさま彼らを案内して海岸のヘイアウに向かった。先を行く者たちは「オ・ロノ、オ・ロノ」としきりに大声で叫ぶ。岸に集まった何百人もの見物人はイギリス人が近づいてくると地面に身を投げ出し、ひれ伏した。島民はクックを石造りの舞台のような建造物の上に連れていき、赤い布を羽織らせ、ブタの丸焼きを捧げた。神官ふたりが詠唱を始めた。クックと複数の木の彫像に対し、神官が交互に詠唱するのに合わせて群衆は「オ・ロノ」と呼びかける。クックは経験が豊富だったが、こんな歓迎を受けたのは初めてだった。尋常ではないなにかが進行している。これはどういうことかと一行は理解しようとした——そして後の歴史家や文化人類学者も。

さまざまな解釈が出たが、もっとも説得力があるとされているのは、クックがハワイ諸島に到着したのは偶然にもマカヒキと呼ばれる毎年の一連の儀式のさなかだったという説だ。10月から2月にかけておこなわれる祭りは、ロノという神が戻ってくる時に山場を迎える。ロノ神はカヒキ（ハワイの言葉でタヒチ、あるいは「遥《はる》かなる場所」を意味する）からやってきて、儀式として島を時計回りにまわり、個々の地区を訪れて貢ぎ物を集める。ロノは平和と豊穣《ほうじょう》の神であり、この祭りでは長い棒に横木をつけて白い布を垂らして神をあらわす。

クックの船は島を時計回りにゆっくりとまわり、高いマストに白い帆が張られていた。まさに運命のいたずらとしか言いようがない。神が一時的に人間の姿であらわれたのだと島民は受け止めた。「ロノ神に間違えられた」――そう言われることが多いが、それは正しい解釈ではない――のではなく、あのタイミングであんなふうに登場したクックには神の力が宿っているとみなされたのだ。

クックは2週間ケアラケクア湾に滞在し、島民たちはひたすら敬意を示し続けた。1月末にワットマンが亡くなり、ヘイアウでキリスト教とハワイの儀式を執りおこない埋葬した。クックは埋葬の辞を読み、ハワイの神官は墓にブタを供えた。3日後、船は錨《いかり》を上げて出航した。物語はそれで終わるはずだった。だが数日後、強風を受けてフォアマスト［前檣《ぜんしょう》］が割れてしまい、クックは修理のためにケアラケクア湾に船を戻した。今回、出迎える者はほとんどいなかった。

歓待を受けて長居しすぎたせいだろうとクックは思った。そこに形而上学的な深い理由があるとは知る由もなかった。マカヒキの季節が終わり、ロノの化身としてクックは旅立ったとされていた。再び戻ってくることにはなっていたが、それは来年のはず。それなのにあっという間に戻ってきた。そんな再来があるはずがない。イギリス人側は技術的な問題と説明したが、当時ハワイ島を治めていた首長カラニオプウは聞く耳を持たなかった。あまりにも早い再来は「侮辱である」と主張した。

すでにマカヒキの祝祭気分はなく、湾全体にいらだちと不信感が充満していった。海岸では船大工がマストの修理にとりかかったが、盗みや言い争い、叱責と口ごたえが絶えなかった。不穏な雰囲気が続いて3日目、怒号、衝突、武器の使用へとエスカレートし、そのさなかにクックが殺された。偶発的としか言いようのない出来事だった。数ある島のどこで、いつ、起きても不思議ではなかったが、こうしてケアラケクア湾で現実となってしまった。

クックの殺害現場はヘイアウから約1・6キロ先の湾に張り出したところだ。1874年にクックの終焉《しゅうえん》の地として高さ約8メートルのオベリスクが建造された。肉眼では、低木が生い茂る緑色の岬に白い小さな姿が見分けられる。レンズ越しに見ると、まるで白い小さな教会が尖塔だけを残して地面に埋まっているようだ。カアワロアに至る道路はない。オベリスクにはハイウェイから徒歩で、ヨットかモーターボートで、そばのナポオポの桟橋からカヤックで向かう方法もある。

夫セブンと息子たちはカヤックに興味を示したので車でナポオポオに向かった。神殿の厳《おごそ》かな雰囲気に包まれていたヘイアウに対し、ナポオポオの桟橋は各種アクティビティの拠点だ。駐車場にはたくさんのバンが停まり、色鮮やかなカヤックが積み込まれたりおろされたりしていた。よく日焼けして引き締まったアスリート体型のツーリストは水着とライフジャケット姿で行き来し、地元ハワイの大柄の男たちは明るい黄色のパドルをたくさん抱えて歩き回っている。ふくらはぎにはタトゥーが入っている。あきらかにレンタル業者とわかるそのひとりにセブンが近づいて話しかけた。

「やあ、カヤック一隻を借りるのにいくらかかる？」

「30ドルだよ」男はそうこたえ、さらに続けた。「でも25ドルでいいよ、ブラザー」

太平洋の旅を始めて8週間ちかく、私たちのパスポートには6カ国のスタンプが押され、訪れた島は14、8種類の言葉で挨拶できるようになっていた（どれもよく似ている）。どこに行っても必ずこういうやりとりがあった。〈やあブラザー、調子はどう？　やあブラザー、出身は？　やあブラザー、困っていることはないか？〉トンガでは女性連れの男性が、ほとんど見ず知らずの私たちに自分の車を貸してくれた。ハワイでは知人のいとこが自宅を提供してくれた。太平洋のどの島でも、人々は足を止めて夫に話しかけた。あなたは誰か、どこから来たのかと。

なぜかと言えば私の夫セブンはポリネシア人だからだ。彼はマオリ族で、ニュージーランドの諸島に紀元二千年紀の初めに植民したポリネシア人の血筋を引いている。ハワイの人々もポリネシア人だ。彼らの祖先がハワイ諸島に植民したのはもう少し前の紀元一千年紀の終わり頃である。どちらも祖先はポリネシアの中央の島々――タヒチ、ソサエティ諸島、マルケサス諸島、クック諸島――から渡ってきた。さらにそうした島の人々の祖先はもっと西の島々から船でやってきて住み着いた。しかもこの移動と拡散は短期集中で徹底していた。そして彼らが植民した領域はあまりにも広大だった。大量移民の時代が訪れるまでは、ポリネシア人は世界でもっとも広く拡散した民族であった。

カヤックのレンタル係とセブンとの出会いはまさに先史時代の民族拡散のレガシーである。そしてヒキアウ・ヘイアウの石の建造物のように、何千キロも離れたトゥアモトゥ諸島で、タヒチ島で、トンガタプ島でこれとそっくりな出会いがあった。この先何千キロ進んでも、何百もの島を訪れても、きっと同様の経験をするはず。セブンは生まれた国を飛行機で飛び立って9時間後に異国で降りても、そこで仲間として迎え入れられるのだ。そこからさらに別の方向に9時間飛んでも、やはり仲間として扱ってもらえる。出発点に戻るには飛行機で9時間かかるという場所でも。

これがまさにポリネシアン・トライアングル。ハワイ、ニュージーランド、イースター島を結んだ太平洋中央部の三角形だ。16000平方キロの領域に含まれるすべての島に、かつて船で人々が集団でやってきて定着した。その際に同じ言語、慣習、数多くの神話、独自の道具と技術、各種植物と動物を「スーツケースに一式詰め込む」ように運んできた。彼らは文字を持たず金属製の道具の知識もなかった——地図もコンパスも——が、地球上で最大の海洋を植民地化し、ニューギニアとガラパゴスに挟まれた居住可能な地表すべてを占拠し、近代まで世界最大の単一文化圏を築いていた。

クック船長ら探検家がやってくるまで1000年あまり、そこにはポリネシア人だけが暮らしていた。地球上で極めて珍しいことだが、ポリネシアの島嶼《とうしょ》ではひとつの例外もなくそういう状態が続いた。やがてヨーロッパ人探検家が——マルケサス諸島にメンダーニャが、ニュージーランドにタスマンが、イースター島にロッフェヘーンが——到来するまで、ポリネシア文化は文字通り栄光ある孤立を保っていたのだ。おかげでポリネシアはひじょうに魅力的な研究対象となったという言い方もできる。長い孤立状態は言語の変化、言語多様性と社会進化の研究にうってつけの条件を整えた——天然の実験室と呼ぶ者もいる。

現在までポリネシア人同士のつながりが巨大な網の目のように張り巡らされているのは、やはりこの長い孤立状態の結果だ。夫のセブンという名前は、ニュージーランドの伝統にしたがえばタウウィトゥ（Tauwhitu）——ウィトゥ（whitu）は同語源語のフィトゥ（fitu）、ヒトゥ（hitu）、イトゥ（itu）、ヒク（hiku）とともにポリネシアで「7」を表す——であり、プヒという航海者に由来する。プヒは祖先が暮らしていたハワイキからニュージーランドまで、8隻の大きなカヌーの船団でやってきた。

実際にそうであったかどうかは別としても、彼の祖先がポリネシア東部の島からアオテアロア（ニュージーランドのポリネシア名）にやってきたのは確実だ。そしておそらくその祖先は、さらに別の島からやってきた。じつに単純明快な系図である。侵略者と征服者が入り混じる混沌《こんとん》としたものはない。とちゅうでヴァイキングとノルマン人とジュート族が混じったりもしない。何世紀ものあいだ世界のこの領域にいたのはポリネシア人だけだ。セブンの祖先は、航海用のダブルハル［双胴］のカヌーで外洋を何千キロも渡る技術を磨いた人々と考えてまずまちがいない。

これはすごいことだと私は――おそらく私だけではないだろう――思う。自分の系譜をこんなに確実に、しかもはるか昔まで辿《たど》っていける人がどれだけいるだろうか。その驚異的な系譜にわが子が連なっていることは大きなよろこびだ。いったいぜんたいポリネシア人の祖先は〈いかにして〉島嶼すべてを発見し入植を果たしたのだろうか。それは大いに興味をかき立てられる。太平洋の島嶼は地球上で人間が最後に定住した場所だった。もちろんそれには理由がある。砂漠や氷に閉ざされた場所よりもなお人を寄せつけない場所だったからだ。それでもポリネシア人は広大な海に散らばる居住可能な島をすべて発見し、入植した。

そのことが知られるようになったのは、太平洋にヨーロッパ人が到来し、島という島に人がいるとわかったためだ。しかしヨーロッパ人が到来した時にはすでに、ポリネシア人の探検と長距離航海の壮大な歴史は終わりを迎えていた。古代の船乗りの全盛期が幕を閉じ、彼らが運んだ文化は広大な海域に拡散した子孫が受け継ぎ、たがいに孤立したまま発展していった。冒険者たちは入植して開拓者となった。もはや大洋を渡る船乗りではなくマルケサス諸島の言葉でエナタ・フェヌア（「大地の人々」）である。むろんいまでも船を操り諸島内を行き来し、時には他の諸島にも出かけ、多くは海から生活の糧を得ている。ポリネシアン・トライアングルの中心から遠ざかるほど――ニュージーランド、ハワイ諸島、イースター島、マルケサス諸島も――別の場所から渡ってきたという歴史は実感が薄れ、神話的な感覚になっている。

太平洋に到来したヨーロッパ人は凄《すさ》まじい困難に耐え多くの人命を犠牲にしながら、その広大さを思い知らされた。そこに点在する小さな島に人間が暮らしているとは思いもよらなかっただろう。なぜ人がいるのか、ヨーロッパ人には不思議でならなかった。文字も金属製の道具も持たない人々が、クックの言葉を借りれば「広大な海洋のすべての島に広がる」ことができるとはどういうことなのか。この難題は「ポリネシア人の起源問題」として人類の地理的な大きな謎のひとつとなった。

この300年間、さまざまな分野の人々が謎解きに挑み、奇想天外な仮説もたくさん登場した。たとえば、ポリネシアの島は沈んだ大陸の山頂にあたり、島民は大洪水の生き残りである。ポリネシア人はアーリア人だ、アメリカ先住民だ、さまよえるユダヤ人の末裔《まつえい》だ。気まぐれな風に弄ばれた漂流者や漁師が住み着いた。これはあくまでも仮説だ。ことによったら真実はもっと衝撃的かもしれない。ニュージーランドの民族学者エルスドン・ベストは、「ポリネシアの航海者についてすべてを綴《つづ》ることができるなら、それはこの世の不思議が詰まった物語となるだろう」と語った。

言うまでもなく、これは〈先史時代〉のことだ。過去の出来事を知るのは、たとえ文献資料があってもたやすいことではない。ここには文字で記録されたものは存在しない。証拠と呼べるものはすべて部分的で曖昧で、いろいろな解釈ができる。あまりにも高度な技術で素人には判断がつかないものもある。本書の執筆を始めた時には、航海した人々について、大海原を渡った勇敢な男たちと女たちについて綴っていくのだろうと考えていた。史上まれに見る大冒険を成し遂げた人々のことを。けれどもすぐに悟った。いまあきらかになっていることをもとによほど話を膨らませなければ、それは不可能である。ポリネシア人の太平洋への植民について綴るならば、〈なにが起きたのか〉よりも〈私たちがどのように謎を解き明かすのか〉だと気づいた。

太平洋の歴史を物語る証拠は時代とともに形を変えてきた。16世紀、17世紀、18世紀にはヨーロッパ人探検家たちが観察したことを記録に残した。彼らの報告には、ポリネシアの文化がまだ外界の影響を受けていない頃の様子が、おおまかではあってもじつに魅力的に描かれている。19世紀にはポリネシアの島で口頭で伝承された語りなどが資料として活用された。20世紀の初めからは科学的な手法が利用されるようになり、生体の特徴を計測して使うバイオメトリクス、放射性炭素年代測定、コンピュータ・シミュレーションから新しい情報が次々にもたらされた。そして1970年代にはついに実験的な航海へと踏み出し、歴史にまったく新しい光を当てた。

これだけの種類の証拠——しかも部分的、断片的、多様な解釈が可能なものも——をもとにポリネシアの真実を解き明かすのだから、一筋縄ではいかない。たとえて言うならば、帆船がジグザグを描くように進み、時に後戻りし、ある方角に一気に進んだかと思うとUターンしてもともとの航路に戻る、進んでいたコースへと逆戻りするような様相を示すだろう。あらゆるデータは難点を抱えている——言語学、考古学、生物学、民俗学それぞれのデータで。またポリネシアについての議論に太平洋と縁のないオックスフォードやベルリンの専門家の先入観が入り込むこともあった。

だがそれもまた歴史の一コマだ。太平洋の歴史には船に乗り込んだ男と女（とイヌとネコとニワトリ）も、ポリネシア人とは何者か、どこから来たのか、広大な宇宙の星のように散在する島嶼をひとつ残らずどうやって見つけたのかと不思議に思う人々も歴史の一部。本書は太平洋の古代の船乗りと、彼らの歴史を紐解《ひもと》こうと悪戦苦闘した多くの人々——船乗り、言語学者、考古学者、歴史家、民族誌学者、民俗学者、生物学者、地理学者たち——についての物語である。

第一部 目撃者

（1521年－1722年）

いち早く太平洋の探検を企てたヨーロッパ人が多彩な島々に遭遇し、人々に出会った軌跡を辿る。

大いなる海
オセアニアの発見

たとえ宇宙から地球を眺めたとしても、太平洋の端から端までを一望することはできないだろう。東西の幅は実に2万キロ近く、地球の外周の半分ほどを占めている。経度にして180度近くある。さらに北はアリューシャン列島から南は南極大陸まで南北約1万6000キロにわたって広がっている。その広さときたら地球の陸地すべてがすっぽり入り、さらに南北アメリカ大陸がもうひとつ入るほど。まさに桁外れの海域。これが太平洋の最大の特徴だ。

人類にとって長らくこの海域は未知の世界だった。大海原がどこまで続いているのか、行く手に陸地はあるのかないのか、誰も知らずにいた。西に行くほ

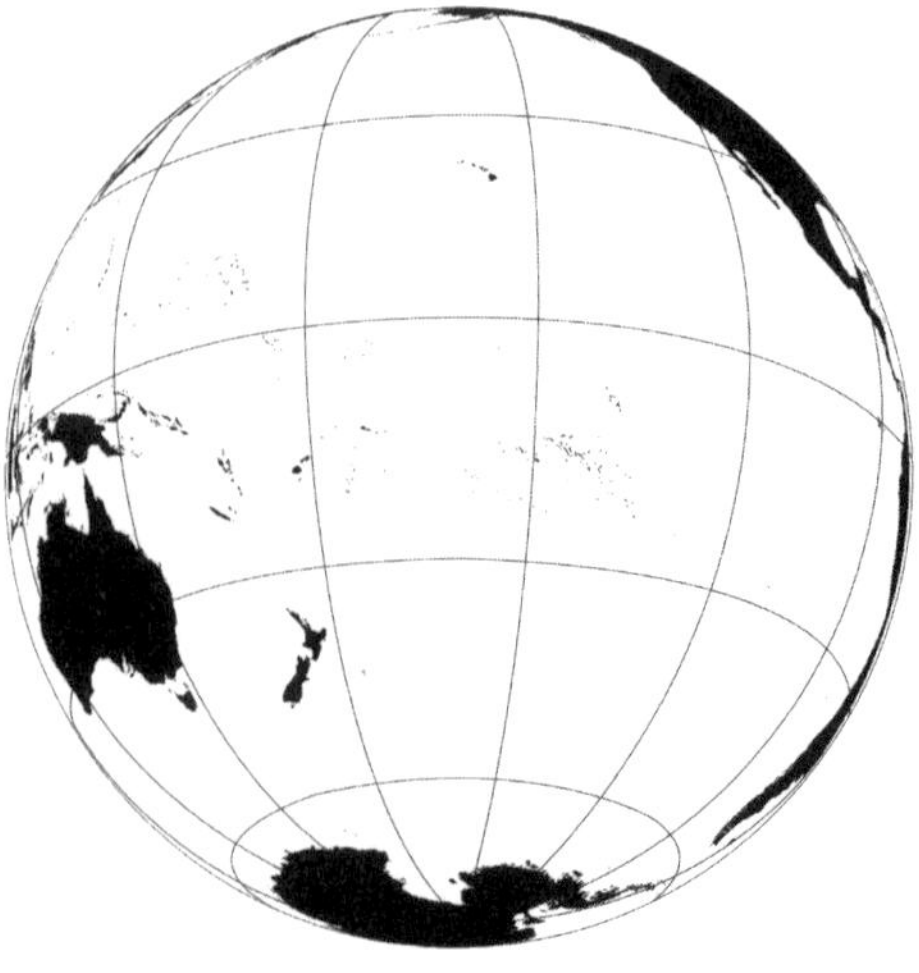

地球に占める太平洋の大きさ
C・スコット・ウォーカー、ハーバード・マップ・コレクション、ハーバード大学所蔵

ど島と島との距離は短く、東にいくほど距離は広がって何千キロにもなる、などということは知る由もなかった。海域によっては陸地がまったく存在しない、風の向きや気象が周囲とはまったく異なる——あるいは真逆——といったことも知られずにいた。ようやく人間が太平洋の端に入植を果たしても、中央部はその後も長く人を寄せつけないまま時が過ぎた。

そもそも太平洋の島に初めて人が到達したのは最終氷期のこと。当時の海面は今よりも120メートルも低く、現在の東南アジアの島々はスンダランドと呼ばれる大陸の一部であった。おかげで現在のインドネシアの大部分を歩きまわることができた。ただしボルネオとバリの東へはカヌーで行くか、さもなければ泳ぐしかない。最初の移住者がどういう方法を取ったのかは知りようがない。彼らが何者であったのかもわからない。わかっているのは、少なくとも6万5000年前には現在のオーストラリアとニューギニアの大きな島々——当時はサフルという大陸の一部だった——に人が到達していたということだ。

ニューギニアと水域を隔ててビスマルク諸島、その先にはソロモン諸島がある。人々の東への進出はどうやらそこで止まったらしい。行く手を阻んだ原因としては海面の上昇、陸地と陸地の距離が大きくなった、移動するにつれて植物と動物の種が少なくなったことが考えられるが、単に生き延びられなかったのかもしれない。グリーンランドに定住しようとしたものの命を落としたノース人の例もある。あるいは諦めて撤退したのか。ともかく、そのままの状態で2万年から3万年ほどが過ぎた。大陸棚の端まで来た人類の前に、地球でもっとも広大な海域が立ちはだかったのだ。

やがて太平洋の西部に新しい集団が渡ってきた。約4000年前のことだ。彼らは視界におさまる島伝いの移動ではなく、初めて外洋に漕《こ》ぎ出す真の船乗りだった。私たちが抱く海の民のイメージにかなり近く、小さな島々の海岸沿いに住み着いていた。谷合の土地や高地、丘陵よりも、浜や半島、砂州を居場所とし、世界有数の豊かな海とともに暮らした。熱帯の海は透明で暖かく、よく育ったサンゴは迷路を描き、食べられる生き物の種類はじつに多彩だった。食生活はおもに海の幸。各種の魚や貝はもちろん、ウナギ、ネズミイルカ、カメ、タコ、甲殻類も食べた。波の穏やかなラグーンのサンゴ礁で漁をしたり、外洋に出てマグロなど遠海魚を釣ったりもした。巻貝、二枚貝、リュウテンサザエ、シャコ貝、ウミギク貝を採り、海底にいるナマコを採り、岩の隙間にいるトゲだらけのウニを取り出した。

海辺の暮らしからはさまざまな独創的な技術が生まれた——ルアー、網、堰《せき》、そしてカヌーづくりの技。手網と投網をつくり、錘《おもり》をつけて沈め、軽石をつけて浮かせた。釣り針とルアーの材料にはカメの甲羅やニシキウズガイという円錐《えんすい》型で真珠光沢のある巻貝を使った。彼らの船について、「カヌー」の一言ではほとんど伝わらない。それよりも船に関する彼らの語彙から想像してみよう。「ロープをしっかり縛る」、「プランク」、「船首」、「帆」、「ストレーキ」、「竜骨」、「パドル」、「ブーム［帆を下から支える支柱］」、「ベイラー［船底にたまった水を汲《く》み出すバケツ］」、「腰掛梁《こしかけばり》」、「錨《いかり》」、「帆柱」、「支柱」に相当する言葉を彼らは使っていた。「積み荷」、「漕ぐ」、「追跡」、「出港」、「風上に帆走する」、「針路をとる」を意味する言葉もあった。「デッキ」、「船首像」、「ローラー」を指す言葉も。カヌーのアウトリガーが張り出していない側を指す「カタエ」という言葉まであった。ちなみに、私たちの語彙にはそれに相当する言葉はない。

海沿いの土地で暮らしていただけに、海に関わる語彙は豊富だった。特徴的なのが、島の風下側と風上側、リーフの内側と外側という区別のしかただ。方向を示す際には、陸上では海の方角か海ではない方角、海上では風向きにもとづいて決めていた。波にまつわる言葉は泡、細かな泡、大波、砕波、うねりなど数えきれないほどある。また外洋は「生きている」、波が穏やかな状態は「死んでいる」といった比喩も使われた。サンゴは魅力的な漁場をもたらしてくれるが、船には危険でもある。そのため水中に沈んでいる、または隠れているサンゴを意味する言葉があった。表面が滑らかなサンゴは、「石の花」と表現された。潮溜《しおだ》まり、水路、海峡をあらわす言葉もあった。小島を指す言葉は、「ちぎり取る」という動詞に由来していた。陸と陸の間の割れ目（岩礁の間を通る水路など）を指す言葉は2点間の距離をあらわす言葉（島と島の距離など）へと進化し、距離が大きくなるにつれて遠く深い海を意味するようになり、やがて空間そのものをあらわす言葉となった。

ただひとつ、なかったのは大洋そのものをあらわす言葉だ。「太平洋」に相当する言葉がない。彼らの子孫にあたるタヒチ人はタヒチの島々の西側一帯を Te Moana Urifa［テ・モアナ・ウリファ］と呼んだ。これは「悪臭がする海」という意味だ。東側の領域は「月の海」を意味する Te Moana o Marama［テ・モアナ・マラマ］と名づけていた。このように部分的に海域を指す言葉はあったらしい。しかしひとつの大洋という概念を示す言葉は見当たらない。とはいえ、自分たちが住む島を取り巻く海をひと続きのものとして認識していなかったとは考えられない。彼にとってそれは「潮流」、「海域」、「塩水」を意味するタシク、「深い（もしくは遠い）海」、「外洋」をあらわす masawa［マサワ］であった。

ヨーロッパ人の目線に立つと、太平洋の見方はかなり変わってくる。なにしろ、初めて太平洋に到達した時からの記録がある。始まりは1513年9月25日（もしかしたら27日かもしれない）。スペインのコンキスタドール、バスコ・ヌーニェス・デ・バルボアはパナマ地峡を横断して海に到達し、マル・デル・スール［南の海］と名づけ、〈ラ・オートラ・マル〉「別の海」と表現した。すでに大西洋とインド洋を知っていたヨーロッパの人々にとって太平洋とは、まさにそういう存在だった。すでに明らかになっている大洋と陸地との関係でいえば、〈もうひとつの〉海だ。ヨーロッパとアメリカの間に北の海［マル・デル・ノルテ］、大西洋があり、新世界と東洋の間に南の海があったというわけだ。ヨーロッパ人は基本的に地理学的な観点から太平洋をとらえ、まっさきに知りたがったのは、どれだけ大きいのか、どこからどこまで広がっているのか、横断するのはどれほど大変なのかという点だった。

太平洋を横断した最初のヨーロッパ人は、ポルトガル人航海者フェルディナンド・マゼランである。1519年に、香料諸島［スパイス諸島］への西回りの航路を探すためにスペインを船出した。マゼランは南米を越えるルートがあるのではと考え、大西洋を横断した後に現在のリオ・デ・ジャネイロを経由し、そこから沿岸をずっと南下した。南緯52度まで到達すると大陸の先端は間近となり、ついにマゼランは海峡を発見した。巨人族パタゴンが住む土地と信じられていたパタゴニアと、火の島を意味する南側のフエゴ島に挟まれて曲がりくねったその海峡は、後に彼の名前を冠して呼ばれることになる。38日間の苦闘の末にようやく海峡を脱して大洋に出た。めずらしく穏やかな天候で、海は驚くほど静かだった。マゼランは太平洋と命名し、現在も私たちはそう呼んでいる（ただし、マゼラン以後、多くの航海者が嵐に苦しめられ、太平な海という名前には大いに違和感をおぼえてきた）。

マゼランの旅は、ようやく始まったばかりだった。当時の航海者と同じくマゼランも地球の大きさについて、大陸同士の位置関係について正しく認識していない。南の海に到達したらインド諸国まではすぐだと信じ切っていたのだ。が、実際はとてつもなく遠く離れていた。それから3ヶ月あまり、島影ひとつ見ることなく航海が続いた。目にしたのは、小さな環礁ふたつだけ。マゼランはそれを不幸な島々、デスベントゥラダス諸島と名づけた。太平洋横断を始めた時から食料の備蓄はかなり減ってきており、乗組員たちは飢えをしのぐためにネズミ、おがくず、帆桁に使われている皮まで食べる有様となっていった。反乱、難破、壊血病、飢餓などに苦しめられた航海だった。きわめつきはフィリピン諸島の乱闘で指揮官のマゼランが命を落としたことだ。3年後についに遠征を終えて帰還したのは当初5隻だった艦隊のうち1隻だけだった。乗組員188人のうち帰還できたのは、わずか18人。それでも太平洋を横断し、その大きさを確かめるという成果がもたらされた。ヨーロッパからインド諸国に至る西回りの航路も見つかった。ただしそこには「人間の能力ではほぼ把握不能なほど広大な海」が待ち受けていた。

広大な上に、おそろしいほどがらんとしている。太平洋の地図を見ると、大海原のところどころに小さな島がいくつかかたまっている程度にしか見えないだろう。西部にV字型を描くように並ぶ島々、熱帯付近に散る島々――アジアの大陸に巨人が立ち、一握りの土をペルーの方角に向かって放り投げたように――が目につくくらいだが、これは地図がつくる錯覚だ。太平洋にはたくさんの島がある。

数え方にもよるが、20000や25000くらいはある。その大部分はとても小さいので、地図の縮尺にしたがうと肉眼では見えないサイズになる、というケースが多い。島名の活字のほうが、肝心の島よりもはるかに大きくなってしまう。さらに島がまったく存在しないだだっ広い海域が、北部、南部、東部に存在している。よく言われるのは、マゼランがチリ沿岸とフィリピンの間の島を見事に「すべて見落とした」ということで、この事実ばかりが強調されがちだ（実際、彼は島のひとつも見つけられず、いくつもの諸島を巧みにかわすように進んだ）が、おそろしく広大な海域に陸地が占める割合がどれほどささやかなものであるのかを理解すれば、なにかを発見できるほうがむしろ驚異的だ。

マゼラン艦隊の数少ない生存者アントニオ・ピガフェッタは航海の時のことを書き残している。ネズミ一匹は食べ物として半エキュの値で取引され、ゾウムシがついたビスケットのかけらを食べ、おぞましい臭いを放つ水を飲まなくてはならなかった様子を。簡潔な記述に留《とど》まっているのは、すさまじい実態をできれば思い出したくないという気持ちがあったのではないか。太平洋横断の章は、次のように締め括《くく》られている。「主と聖母マリア様のお導きがなければ……私たちはこの大海の藻屑《もくず》と消えていただろう。このような航海を志す者は、この先二度とあらわれることはないと私は確信している」。この予想はみごとに外れた。マゼランに続けとばかりにヨーロッパ各国から続々と探検家が太平洋へと乗り出していった。インド諸国には宝の山があるとわかったのだから、彼らはそれをめざした。未知の海が広がる未知の世界への抑えがたい好奇心も原動力となった。そしてそれぞれが新しい情報をたずさえて帰還し、太平洋の全貌は数世紀をかけて徐々にあきらかになっていった。

広大な太平洋をヨーロッパ人が探検してまわるのは容易ではなく、完了までに300年ちかくかかった。その間、島民との接触は偶発的なものに限られていた。接触した初期の探検家の報告はきわめて貴重だ。なにしろポリネシアが外界と接触した瞬間に居合わせたのだ。その当事者でなければ知り得なかった情報を私たちに伝えてくれる。

たとえば当時のポリネシア人の人口について。この数字を特定するのは困難だ。太平洋によそ者が入ってきた際に天然痘、インフルエンザ、はしか、猩紅熱《しょうこうねつ》、赤痢などの伝染病を持ち込み、それがすべての群島に広まりポリネシア人の死亡率を劇的に高めたという事情もある。公式の人口調査がおこなわれるようになったのは、多くの島で疫病で人々が命を落とすようになってからのことだ。それ以前の島の人口密度について知るには、初期のヨーロッパ人探検家の記録が参考となる。むろん、科学的なデータというわけではない。どこまで妥当といえるのか専門家の議論は続いているが、貴重な資料であることはまちがいない。

初期の探検家の目を通して見えてくることは、他にもある。たとえば、島にどんな動物がいたのか。ポリネシア人が太平洋の彼方《かなた》から運んできた動物は、おもに4種類。ブタ、イヌ、ニワトリ、ネズミだ。いずれも人間と共生関係を持つ「共生動物」で、ポリネシアの人々が太平洋をどのように移動したのかを知る手がかりとなる。自力で島から島に渡れない動物がいるということは、確実に人がどこかから来たということだ。そして彼らがどこに向かったのかを類推する手立てになる。

どの島にもこうした動物がすべていたわけではない。イースター島にヨーロッパ人がやってきた時にはネズミとニワトリはいたがブタとイヌはいなかった。ニュージーランドにいたのはネズミとイヌだけでブタもニワトリもいなかった。マルケサス諸島にはブタ、ニワトリ、ネズミがいたが、初期のヨーロッパ人の記録にイヌの記述はない。またイヌはいたがなぜか人間はいない、という島もあった。過去にはいた動物が死に絶えたと思われるケースもある（たとえばマルケサス諸島の発掘調査では過去にイヌがいたことが判明している）が、そもそも最初から島に到達していなかった可能性もある。かならずしも4種類すべてがいなかったということは、裏返せば、先史時代に生きた動物を連れて太平洋を航海することがどれほど過酷であったかを示しているのではないか。別の島との行き来がある程度あったなら、当然ニワトリとブタを調達していたはずだ。

むろん初期の探検家が〝見ていない〟ことはいくらでもあるし、彼らの観察はおそろしく表面的なものにとどまっている。マルケサス諸島にはタヒチ島とイースター島とのつながりを物語る重要な建築物と彫像があるが、彼らはどれひとつとして見ていない。イースター島の「巨大な石像」についてはきちんと記録が残っているが、食用の作物の栽培については混乱した内容だ。ニュージーランドを初めて訪れたヨーロッパ人はマオリに驚いて上陸していない。つまりなにも見ていないのである。

太平洋の歴史とこうした観察者バイアスの問題については、数多くの指摘がなされている。初期のヨーロッパ人探検家はそれぞれのレンズを通して世界をとらえていた。16世紀、カトリック教徒のスペイン人とポルトガル人は島民の異教崇拝を憂慮し、17世紀のオランダ人商人は交易できるものはないかと夢中でさがした。18世紀にやってきたフランス人が興味を示したのは、島民の社会関係と「自然状態」についてだ。こうした初期のヨーロッパ人に共通していたのは、経験的知識の収集という目的で派遣されたということだ。そこになにがあるのかを発見し、なにを見たのかを報告するのが第一の目的だった。むろんそこには領土拡大、政治的支配、征服、通商という思惑があったのだが、ともかく探検家たちは現地での観察と報告に励み、数世紀かけて情報は蓄積されていった。

ただしヨーロッパから訪れた初期の探検家は太平洋地域の特徴を正しくとらえてはいない。なにが彼らをつまずかせたのか。彼らが地理的な面で間違いを犯していたことは、ヨーロッパの古い地図を見ればよく理解できる。

たとえばヨーロッパで作成された初期の世界地図には、15世紀のいわゆるプトレマイオス図がある。これにはオセアニアは影も形もないし、後にクックが地球の「4分の1」と表現した部分もない。プトレマイオス図に載っているのは当時人が住んでいた場所、存在が知られていた場所だ。ヨーロッパの西、アジアの東、南回帰線の南は、まだなにもない。やがて南北アメリカ大陸が発見されたのを機に地図はがらりと変わり、16世紀に作成されたものは現在のものにかなり近くなっている。ヨーロッパ、アジア、アフリカ大陸の輪郭は驚くほどの精度だ。新世界の形は歪《ゆが》んではいるけれど、いまの地図で見る南北アメリカ大陸と似ても似つかないというわけではない。

いっぽう、太平洋はこの時期も依然として「無」に近い。主要な諸島すら載ってない。カリフォルニアが島になっていたり、オーストラリア大陸が半島のような形になっていたりする。ニューギニアの大きな島はやたらに大きく描かれたりしているが、もっとでたらめなのはソロモン諸島だ。1568年に発見されはしたものの、それから200年間見失われただけあって、姿形も位置もバラバラ。太平洋の西部に正しく収まっているケースもあるが、太平洋のちょうど真ん中あたりに記載されていたりする。要するにあまり情報がなかったということだ。

　こうした地図の最大の特徴といえば、南極付近に描かれた巨大な陸地だ。北米とヨーロッパとアジアすべてを合わせてもかなわないこの大陸こそテラ・アウストラリス・インコグニタ、「未知の南方大陸」と呼ばれ、地球のほぼ4分の1の面積を占めていた。南極大陸とティエラ・デル・フエゴ諸島とオーストラリアがひと続きになって西は喜望峰のあたりまで、南はインド洋と太平洋、南回帰線まで達するほどの大きさを誇る。

　このテラ・アウストラリス・インコグニタはヨーロッパの地理学上の大きな汚点だ。あくまでも抽象的な存在で、実在を証明する証拠はまったくない。古代ギリシャから受け継がれた天動説では北半球と南半球の大陸の重量が釣り合っていなければ世界がひっくり返る、16世紀の偉大な地図製作者で地理学者のゲラルドゥス・メルカトルの言葉を借りれば「木《こ》っ端《ぱ》微塵《みじん》になって星屑と化す」とされていた。地球全体の釣り合いという発想はなるほどと思わせるものがあった。なにより、実際に南半球に到達したヨーロッパ人は北半球の陸地の多さと裏腹の光景を見て、こんなはずはないという思いを抱いたのではないだろうか。

　ヨーロッパ人は300年近くの間、太平洋にテラ・アウストラリス・インコグニタ「未知の南方大陸」、あるいはテラ・アウストラリス・ノンドゥム・コグニタ、つまり「知られざる南方の大陸」があるはずと考え、自然とそこに自分たちの願望を投影させた。理想郷、乳と蜜の流れる地、黄金郷、地上の楽園などと。ニューギニアのそばの諸島がソロモンと名づけられたのは、旧約聖書のソロモン王の富の源、金の産地オフィルとの連想があったからだ。それ以外にも、マルコ・ポーロが発見したとされる神話の土地——ビーチ（Beach）、ルカチ（Lucach）、マレトゥール（Maletur）——や、インカ帝国のトゥバック・インカ・ユパンキ王が奴隷、黄金、銀、銅の玉座を持ち帰ったとされる伝説の島があると言われた。

テラ・アウストラリス・インコグニタの存在を信じて約３００年もの間、ヨーロッパ人は太平洋を探検し続けた。きっといつか見つかると確信して旅をし、経験を積んだ。確かに大陸はあった——南極大陸が。しかしそれは彼らが思い描く大陸ではない。もっと大きく、温暖で、緑豊かで、肥沃な大地が広がる快適な場所、人が暮らしやすく、すばらしい交易品がある場所が見つかるはずだった。第二のインド諸島、それが無理なら第二の新世界が。オランダ人航海者ヤコブ・ルメールは南緯51度で「植物が浮いている」のを、「吠《ほ》える40度」と呼ばれる南緯40度から50度にかけての海域で複数の鳥を目撃したと報告している。セオドア・ジェラーズは南緯64度でノルウェーの山岳地帯を思わせる陸地を見たと報告している。太平洋で海賊行為を働いたとされるエドワード・デイビスの噂《うわさ》もあれば、「ヨーロッパとアジアのすべてを合わせたほど巨大な」陸地があるというペドロ・フェルナンデス・デ・キロスの主張もあったが、結局テラ・アウストラリス・インコグニタと思われる大陸は確認されなかった。

ヨーロッパ人航海者が実際に太平洋で見つけたのは、見渡す限り果てしなく続く大海原だった。何日も何週間も、時には何ヶ月も、頭上に広がる空と水平線まで続く海以外なにも見えず、海面は「盛り上がっては沈み込む」をひたすら繰り返す。いくら目を凝らしても小さな島影も雲もない。難破船もなく、島の姿すらまったくないこともあった。このまま永遠に航海が続くのかもしれないと思い始めた時、水平線の彼方からポツンと島があらわれるという具合だった。

ファーストコンタクト

マルケサスのメンダーニャ

ポリネシアにやってきたヨーロッパ人が最初に見つけた島は――マゼランが見つけた無人の環礁ふたつは別として――マルケサス諸島の一部だ。マルケサス諸島は赤道のすぐ南に、ペルーからは西に約6500キロのところにある。ポリネシアン・トライアングルの東端にあたり、西と南にはそれぞれ数百キロ圏内に島があるが、東の方角から北の方角にかけて180度は何千キロ先まで行ってもなにもない。

多様なポリネシアの島のなかでマルケサス諸島は「高島」の部類に入る。高島とは、かんたんにいえば山が多くなかには海抜数百メートル

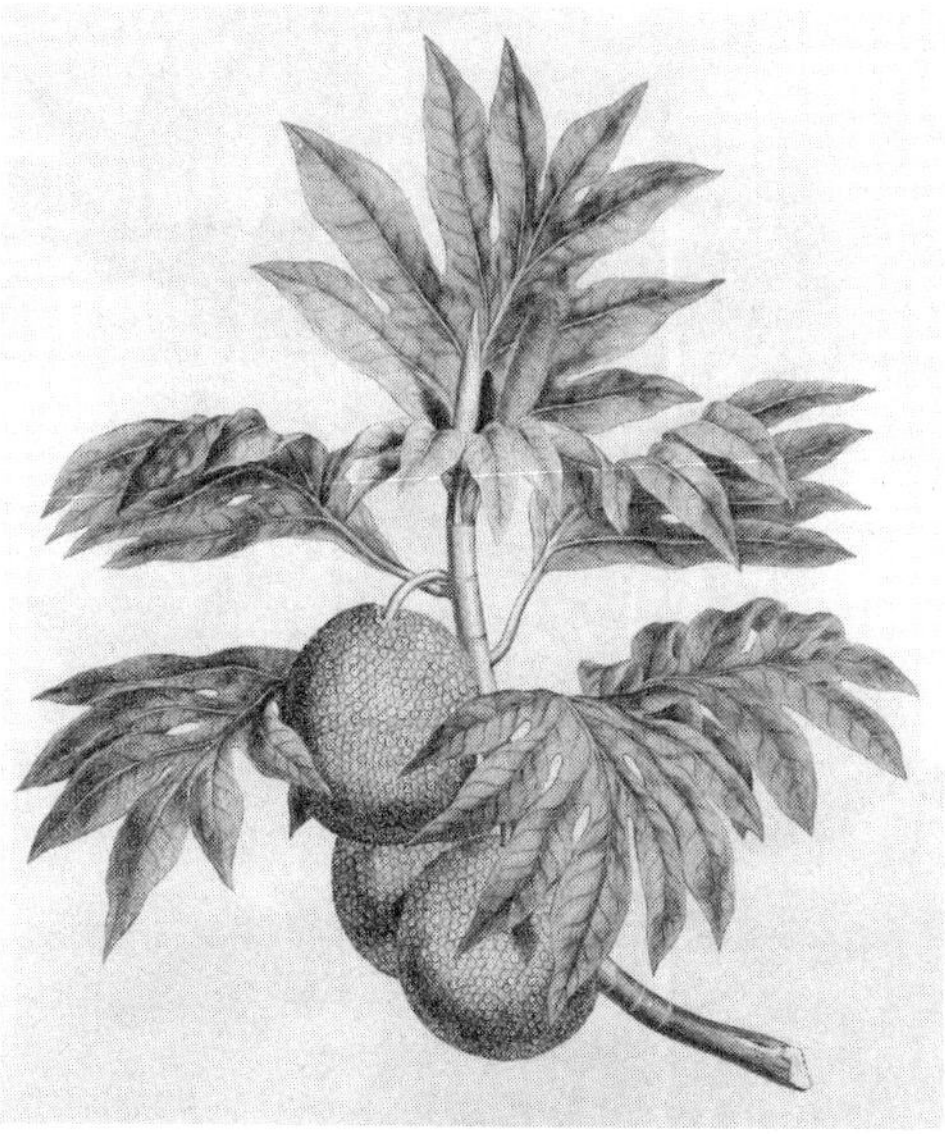

シドニー・パーキンソンの
絵をもとに描かれたパンノキの実
『An Account of the Voyages』
ジョン・ホークスワース(ロンドン、1773年)
プリンストン大学図書館、
DEPARTMENT OF RARE BOOKS AND
SPECIAL COLLECTIONS収蔵

もの高さに達するものもある島のこと。地質学的に説明すると高島はもともと火山だった。高島が弧を描くように連なっている場合、ひとつの構造プレートが別の構造プレートの下に入り込んで群島が形成されている可能性があるが、太平洋中部ではホットスポットでこうした群島が形成された。地下のマグマ溜まりから噴き出した溶岩でできた島が、たいていは北西から南東へと連なっている。これは太平洋プレートが北西に向かって移動しているためで、古い島はいちばん北西に、そこから南東に行くにしたがって新しい島となる。太古の昔から島が生まれては地殻ごと移動し、その後から新しく島が生まれるという繰り返しだった。わかりやすい例がハワイ諸島だ。南東の端には活火山が複数あるビッグアイランドと呼ばれるハワイ島があり、そこから北西に向かって島は古く小さくなり、その先は水没した海山の連なりとなる。いっぽうハワイ島の南東には新しい火山が出現している。この先10万年以内に島として海上に姿をあらわすことになるだろう。

高島の特徴は、対照的な景観を併せ持つことだ。島全体を形づくるのは玄武岩。それが豪快に浸食されて巨大な柱や城壁、尖塔のような姿となる。島の風上側は、湿気をたっぷり含んだ風が山にあたって湿度が高くなり緑が豊かに生い茂る。いっぽう山を越えた乾いた風を受ける風下側はカラカラに乾き切ってしまうこともある。黒々とした巨大な塊のような山々に対し、海は明るく開放的でなんとも対照的な風景だ。山の頂から少しくだったあたりから深い森となり、標高が低くなるにつれて蔓《つる》がからまる木々は姿を消してココヤシと草地の光景に変わり、モクマオウの葉がやさしく音をたてる風通しのいい風景となる。稜線は海際ですうっと真横に延び、山間の滝でしぶきをあげていた水はゆるやかな川の流れとなって海に達する。波打ち際は岩と潮溜まりが続き、ところどころに三日月型を描く明るい砂浜があらわれる。沖合のリーフまでは鮮やかなエメラルドグリーンのラグーン。そしてリーフに沿って線を引くように連なる白波の向こうは深い群青色の外洋がはるか遠くまで広がっている。

マルケサス諸島は高島の特徴をいくつも備えている。壁のように高くそびえる岩、尖塔のように尖《とが》った岩、浸食で深くえぐられた岩の裂け目、緑豊かな渓谷などは典型的な風景だ。しかし観光客向けのパンフレットで紹介されるようなポリネシアの島とはかなり趣が違う部分もある。マルケサス諸島のすぐそばを通るフンボルト海流［ペルー海流］は冷たい水を南米沿岸に沿って北へと運ぶ。そのためマルケサス諸島にはもともとサンゴ礁がない。ラグーンもない。外洋の波から守られた湾は数えるほどしかなく、ビーチも少ない。垂直に切り立った崖が多い海岸線は凸凹を描いて延々と続いている。

また海沿いの平地もマルケサス諸島にはほとんどない。つまり人が暮らすのに適した土地が乏しい。たとえばハワイ諸島は海沿いの平地にめぐまれており、高島の観光といえば海沿いのドライブが一般的だ。島内の移動も人々の交流も、畑やプランテーションや住宅もこうした土地があってこそ。昔も今も人は山と海の間の平地で暮らしてきた。マルケサス諸島の場合、人間が暮らせる場所は渓谷に限られる。切り立った山に挟まれたり阻まれたりしながら、渓谷は島の中央部から放射状に伸びている。

マルケサス諸島のこうした景観は昔から多くのヨーロッパ人を魅了してきた。靄《もや》に包まれた峰、緑に覆われた山襞《やまひだ》、海から突如あらわれたようにそびえる崖は先史時代の面影を宿し、神々しいばかりに美しい。作家ロバート・ルイス・スティーヴンソンは1888年にこの地を訪れ、巨大な屹立《きつりつ》する岩山と黒々とした力強い稜線を目の当たりにして畏怖の念に打たれ、「刻々と移り変わる美の様相に目を奪われ、底知れぬ闇の迫力に慄《おのの》く」と記している。

島に初めて到達したポリネシア人も、もしかしたらスティーヴンソンと同様の思いを抱いたかもしれない。太平洋で高島を発見した彼らは歓《よろこ》びに沸いたことだろう。陸地がある、水がある、安全が確保できる、食料を調達できる、と。実際はどうであったのか。マルケサス諸島の遺跡からはいち早く移住した人々が残した多種多様な釣り針が出土している。サンゴ礁が多い島から渡ってきた人々の釣りの技術は、おそらく通用しなかった。マルケサス諸島の沿岸の海域は水深が深く波も荒れている。必要にかられてさまざまな方法を試し、新しい技術が一気に花開いたにちがいない。いっぽうで彼らが運んできた動物（イヌ以外）は繁殖によって増え、パンノキは根づいて育ち、人口も増えた。あまりにも大幅に増加して最初のヨーロッパ人がマルケサス諸島にやってきた時には、「密に」暮らしていた人々がゾロゾロと出てきた。

1595年、スペイン人のアルバロ・デ・メンダーニャがマルケサス諸島を発見した。入植者を運ぶ船でソロモン諸島に向かう途中のことだった。「発見した」という言い方は、むろん適切ではない。そもそもヨーロッパ人探検家が太平洋でなにかを発見する、という表現がおかしい――少なくともポリネシアのすべての島に関しては。後にフランス人はルイ15世がマルケサス諸島を所有すると主張するのだが、定住することですでに島を所有している人々をさしおいて、第三者が島の所有権を主張するのは無理がある。発見したという表現は、それ以上の違和感を醸し出す。すでに人が住み着いているのだから発見とはいえないだろう。要するに、18世紀のフランス人や16世紀のスペイン人が「発見した」という場合はかならずしも「人類の歴史において初めて発見した」わけではなく、「その領域外の人々に初めて知られた」という意味に近い。

それはメンダーニャの二度目の太平洋の航海だった。第一回の遠征は約30年前、テラ・アウストラリス・インコグニタ［未知の南洋大陸］をめざしたものの、ソロモン諸島まで到達した後に苦労を重ねてペルーに帰港した。大変な航海だった。サイクロンに見舞われ、乗組員は壊血病に倒れ、船内の統制が乱れ、食糧不足に陥った――一日の配給が「水半パイント、その半分は潰れたゴキブリ」のみという事態にまで追い詰められた――にもかかわらず、メンダーニャは再度挑戦すると心に決めていた。26年間、彼はスペイン王家の支援を求め続け、ついに1595年、願いは聞き入れられた。

二回目の遠征は、一回目の航海に輪をかけて壮絶なものとなった。最初から暴力と意見の衝突が絶えず、無秩序な混乱状態となった。当のメンダーニャは未開の異教徒への布教という使命感に燃えていた。が、口うるさい彼の妻は船内で煙たがられ数々の騒動を引き起こし、兵士の多くは身勝手で冷酷だった。自分たちがどれほど遠く離れた場所をめざしているのか、司令官であるメンダーニャ――彼にとっては二度目の航海であるにもかかわらず――を始《はじ》め誰ひとりとして理解していなかったようだ。結局、彼らはめざすソロモン諸島にはたどり着けないままサンタ・クルーズ諸島の島で植民地を建造しようとしたが、強盗、殺人、待ち伏せ攻撃に加え、斬首事件が二度も起きるなど目も当てられない状況となった。メンダーニャは病に襲われて衰弱し、正気を失い、高熱に苦しみ破滅的な死を遂げた。彼を失った遠征隊は島の植民地化を断念してフィリピンに向けて船を進めた。

メンダーニャの船の操縦士を務めたペドロ・フェルナンデス・デ・キロスが記録を残している。それによれば南米沿岸から出港後わずか5週間で初めて陸地を目にした。これこそめざす島にちがいないとメンダーニャは確信し、乗組員を跪《ひざまず》かせて『我ら神であるあなたを讃《たた》えん』と感謝の祈りを捧げるように指示した。むろん、これはとんだ思い違いでソロモン諸島は約6500キロも先。船で行くには5週間はかかる距離だ。太平洋の規模の大きさについて初期のヨーロッパ人航海者はあまりよくわかっていなかったことが窺《うかが》える。それでもメンダーニャは自分の思い違いに気づき、これは未知の陸地だと改めて結論をくだした。

その島はマルケサス諸島の南端に位置し、住民はファトゥヒバと呼んでいた。スペイン人の船がやってくるのを見た住民は、約70隻のカヌーで船隊を組んで岸から漕ぎ出した。アウトリガーが張り出したカヌーを見慣れていなかったキロスは丹念に記録している。船体に装着された木製の構造物「腕木と浮き木」で水面を「押さえつけ」て転覆しない仕組みだ。たいていのヨーロッパ人にとっては初めて目にするものだったが、アウトリガーの歴史は紀元前二千年紀の東南アジアの島まで辿ることができる。細長く平たい船（つまりカヌー）で外洋を安全に航行するための画期的なイノベーションだった。

マルケサス諸島の住民は一隻のカヌーに3人から10人が乗り込み、それ以外に多くが泳いだりカヌーにつかまったりして、総勢400人はいただろうとキロスは述べている。彼らは「激情をあらわにして猛然と」カヌーを漕いでやってきた。そして陸地を指しながらメンダーニャの船に向かって「atalut」と叫んだ。この言葉については、1950年代にマルケサス諸島でフィールドワークを行なった人類学者ロバート・C・サッグスは次のように解釈している。住民らはメンダーニャに船を岸に近づけろと言っていた──「船乗り同士の友好的な声がけ」であったと。それともメンダーニャらをとらえるために巧みに誘導する戦略だったのか。

キロスの記録では、島民はこわがる様子もなくスペインの船にぴたりとカヌーを着けて、ココナッツ、プランテン［食用バナナ］、葉で巻いた食べ物（おそらくパンノキの実のペーストを発酵させたもの）、切った竹の大きな節に満たした水を差し出した。「船を、乗組員を、なにごとかとギャレーから出てきた女性たちを見て……彼らは笑った」。一人の男が誘われるままにカヌーから船に乗り移り、メンダーニャは彼にシャツを着せ帽子をかぶらせた。集まっていた島民は仲間の姿をおもしろがって笑い、やんやの歓声を送った。続いて約40人の島民がスペインの船によじ登り、さっそく船内を歩き回った。キロスの記録では、彼らは「まったく物怖《ものお》じせず手当たりしだいなんでも手に取った。船の兵士の腕っ節の強さを試すようにあちこち指で触ってみたり、顎鬚《あごひげ》と顔をじろじろと見たりした」。ヨーロッパ人の服装を不思議がる彼らに、兵士たちは靴下を下げたり袖をまくったりして肌を見せたところ、島民たちは「おとなしくなり、とても満足した様子だった」。

メンダーニャと航海士がシャツ、帽子、装身具類を渡すと、マルケサス諸島の島民はさっそく首に巻きつけた。彼らは盛んに歌ったり大声をあげたりと、ますます騒々しくなっていったため、スペイン人側はうんざりして船から降りるように身振りで示した。が、相手は従うどころかますます図に乗り、デッキで目にしたものを片っ端からつかんだり、乗組員用の分厚いベーコンを竹製のナイフで削ったりする始末だった。ついにメンダーニャは発砲を命じた。島民はいっせいに海に飛び込んだが、若者がひとりだけ船べりにしがみついて頑として離れようとしない。意地なのか、それとも恐怖のあまりしがみついていたのか。ついにスペイン人側が剣で斬りつけ、若者は手を離した。

それで一気に雲行きが怪しくなった。カヌーから長い顎鬚をたくわえた老人が立ち上がり、大声をあげてスペイン人の船をしかと見据えた。残りの者たちはホラ貝を吹き、櫂《かい》でカヌーの両側の海面を叩《たた》いた。スペイン人に向かって槍《やり》を振り回したり投石機で石を飛ばす者もいた。これに対しスペイン人側はアルケブス小銃を構え島民に狙いを定めたが、火薬が湿っていて発砲できない。「島民の大声と、彼らがたてる音のけたたましさで異様な光景だった」とキロスは記している。ようやくスペイン人兵士の銃が火を噴き、十数名の島民が撃たれ、先の老人は額を撃ち抜かれて死亡した。とたんに島民らはカヌーの向きを変えて大急ぎで岸に戻った。しばらくしてから3人の男が乗ったカヌーが1隻、スペインの船団に近づいてきた。ひとりの男が青々とした葉をつけた枝を差し出し、スペイン人に向かって長々と口上を述べた。和解の申し入れではないかとキロスは感じたが、スペイン人側は反応しなかった。やがて島民はココナッツを数個残して離れていった。

マルケサス諸島の住民とメンダーニャの船団との遭遇は、ただただ混乱と「災い」に終始したが、「もしも誰かの仲立ちで双方が理解し合えたなら、こうはならなかったかもしれない」とキロスは述べている。ヨーロッパ人とポリネシア人の初期の接触は、だいたいこのようなものだった。一つひとつの行為にはなんらかの意味があるとしても、全体としては不可解で攻撃的で、時には殺すか殺されるかという状況を招いた。

メンダーニャらの場合、マルケサス島民4人が「大胆不敵」にもスペイン船からイヌを1匹連れ去ったり、ひしめきあう島民のカヌーに向けてスペイン人兵士が発砲し幼い子どもを連れていた男を殺したりした。島に上陸したメンダーニャの指示でカトリックのミサが執りおこなわれ、島民は異邦人の真似《まね》をして跪いた。マルケサス諸島民二人に十字を切る方法と「イエス・キリスト、聖母マリア」と唱えることを教えた——こうして播《ま》いた種が実を結ぶことを期待して。メンダーニャの妻ドーニャ・イサベルは島の女性の美しい髪に目を留めて少し切り取ろうとしたが、強い抵抗にあってあきらめた——髪は呪術に使われるので頭に触れることはタブーとされていた。

スペイン人は「力を誇示するため」に島民3人を撃ち殺し、見せしめとして遺体を吊《つ》るした。メンダーニャは島の植民地化をもくろみ、兵士30人を残そうと考えた（一部は妻とともに）が、兵士たちに見事につっぱねられている。スペイン人たちは島を離れるまでに島民を200人以上殺していた。キロスによればその多くは、理由もなしに殺されている。そんなところに残されてむざむざ殺されるのはごめんだと兵士らが考えても無理はない。

メンダーニャの部下らの冷酷で傲慢な態度はキロスを辟易《へんえき》させた。逆に島民に対しては、さまざまな点で称賛の念を抱くようになる。彼らはやがて人間の美の極致とヨーロッパで位置付けられるようになるのだが、キロスはいち早くその姿を伝えていた。後にマルケサス諸島を訪れた人は島民が「たぐいまれな素晴らしさ」を備え、自分がこれまでに出会ったなかで「もっとも美しい」と描写している。大袈裟《おおげさ》な物言いをしないジェームズ・クックですら、彼らを「この海を見渡しても、あるいはどこを見渡しても、こんなに優美な人種はいない」と大絶賛だ。

キロスによれば島民は姿形が整っており、すらりと伸びた長い足、長い指、目も歯もとても美しい。艶やかな肌は「ほぼ白」く、長く伸ばした髪を「女性のように」垂らしていた。裸で泳ぐ彼らの顔と体の装飾を見てキロスは青い塗料で描かれたものと思ったが、実際は刺青《タトゥー》であった――英語の「タトゥー」という言葉はポリネシアの『タタウ』に由来する。タトゥーの習慣はポリネシア全体で見られるが、なかでもマルケサス諸島の人々のタトゥーはみごとで、全身余すところなく、まぶた、舌、両掌、鼻の穴のなかまでタトゥーで覆われていることもあった。キロスはマルケサス諸島の女性についても述べている。美しい目、細いウエスト、美しい手の彼女たちは「美人で名高いリマの女性よりも」美しいと。いっぽう、男たちは長身で顔立ちがよく、しかも屈強であった。際立って体格のいい者もいて、それに比べればスペイン人はとても小柄に見えた。子牛を軽々と顔の高さほどまで持ち上げてスペイン人たちを驚かせる場面もあった。

キロスの記録は民族学的な意義は別として、とても興味深い。なにしろポリネシア社会について、ヨーロッパ人が記録したもっとも古い記録なのだ。それによればマルケサス諸島の人々はブタとニワトリを飼い、プランテン、ココナッツ、カラバッシュ、ナッツ、男児の頭ほどの大きさの緑色の果実を食べていた。ヨーロッパ人にとっては未知の、その緑色の果実はパンノキの実だった。2世紀後、太平洋で起きたバウンティ号反乱事件でパンノキは注目を集めることになる。タヒチ島で乗組員がウィリアム・ブライ艦長に反乱を起こしたバウンティ号はパンノキの苗木を運んでいたのだ（西インド諸島にパンノキを移植してアフリカから連れてきた奴隷の安上がりな食糧にしようというもくろみがあった）。マルケサス諸島の人々は共同で大きな家で暮らし、石を敷き詰めたり積み上げたりした一画があった。彫刻をほどこした木像を収めた神託所で礼拝をおこない食べ物を供えた。石と貝殻で道具をつくり、おもな武器は槍と投石器だった。そして偉大なカヌーの作り手だった。サイズは大から小までさまざま。3人から10人が漕ぐアウトリガーつきの小さなカヌーもあれば、30人以上で漕げるほどの「とても長く、みごとな」大型カヌーもつくられていた。「聞いてみたところ、こうした大きなカヌーで他の島に行ったという」とキロスは書き残している。

具体的にどの島に行ったのだろう。それはわからないままだ。気になるのは、スペインの船団の一隻に黒人がいるのを見たマルケサス諸島民が南のほうを示して「向こうに彼のような男たちがいた。自分たちはそこに行って戦い、相手側は矢を持っていた」と身振り手振りで伝えたという記録だ。はてこれはどういうことか。おそらく初期の記録によくある誤認のたぐいだろう。西側のずっと先の島を指していたのかもしれない。が、ポリネシアでは弓が武器として使われたことはない。マルケサス諸島の南方の島といえばトゥアモトゥ諸島、そのずっと南東にイースター島だ――いずれも、住民の文化と身体的な特徴はマルケサス諸島民とよく似ている。敵対していた可能性はあるとしても、相手は弓を使わず肌の色は黒くはなかった。

島を特定できないとしても、キロスの記録からはマルケサス諸島民が想定する世界には「他の島々」が存在していたことがわかる。後に島を訪れた者たちは、「私たちが見たことも聞いたこともない島々について島民があたりまえのように話す」のを聞いている。また、干ばつの時に「複数のカヌーで他の島々を探しに行った」という話もあった。これを踏まえると、1775年にジェームズ・クックがマルケサス諸島に着いた時に「食料が尽きたところからやってきたのだろうか」と島民が思ったのも納得がいく。

メンダーニャはマルケサス諸島に約2週間滞在し、諸島の最南端の4島に名前をつけた。北部の島と離れている群島を見つけてサンタ・マグダレナ、サン・ペドロ、ラ・ドミニカ、サンタ・クリスティーナとヨーロッパ風に命名したのだが、いずれも本来のポリネシアの名前ファトゥヒバ、モタネ、ヒバオア、タフアタにかなり前から置き換えられている。メンダーニャは諸島全体を自分のパトロンであるペルー副王のカニェーテ侯爵、ドン・ガルシア・ウルタド・デ・メンドーサにちなんでマルケサス諸島と名づけ、こちらは1595年以来定着している。むろん島の住民は別で、彼らにとって島々は陸地を意味するテ・フェヌアで、そこに住む者はテ・エナタ——人々——であった。

メンダーニャの船団が去った後、ほぼ200年もの間マルケサス諸島はヨーロッパ社会から忘れられていた。当初から海図に正確に記載されていなかった上、スペイン人はテラ・アウストラリス・インコグニタ探しでライバルを出し抜くためにあえて曖昧にした。いっぽう、南方大陸が存在すると断言したスペイン人がいた。堂々たる体軀《たいく》で美しい人々が暮らし、ブタとニワトリが飼育され、みごとなカヌーをつくるマルケサス諸島こそ、なによりの〝証《あかし》〟だとキロスは述べている。「航海のための機器もなければ物資を運ぶ船もない」人々が長距離の航海などできるはずがない、したがって近くに「島の連なり、あるいは大陸が広がっている」と考えるのが妥当である、「そこから渡って来たのでなければ、奇跡でも起きない限りここにこうして住民がいるはずがない」と考えたのである。マルケサス諸島を知って想像上の大陸が存在すると確信した。それなのに肝心のマルケサス諸島は曖昧な存在にされてしまった。ポリネシアとヨーロッパの出会いはなんとも皮肉に満ちたものとなった。

絶海へ
トゥアモトゥ諸島

メンダーニャはペルーのスペイン副王領パイタの港を出て西にほぼまっすぐ針路をとり、マルケサス諸島を発見した。メンダーニャ以降の船は別の港を出て別の航路をとり、別の群島を発見した。かならずしもそうしようと計算していたわけではない。16世紀、17世紀、そして18世紀に入っても、ヨーロッパの探検家は船で行きたいところに行くことはできなかった。太平洋の風と海流には決まったパターンがあり、そもそも太平洋への侵入経路もごく限られていたため、島の発見もそうした条件に縛られていた。

　太平洋では大気の大きな循環がふたつあり、それを抜きに気象を語ることはできない。北半球では大

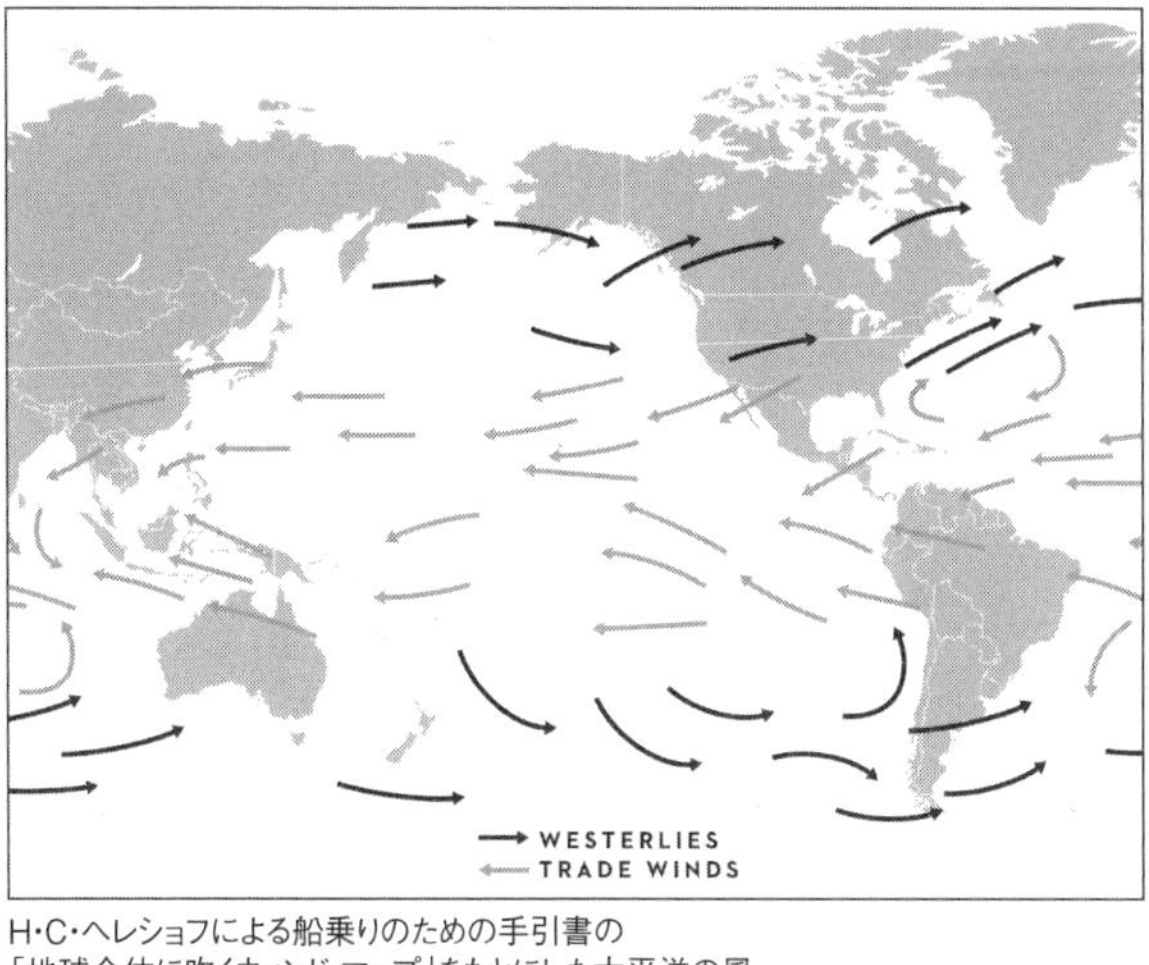

H・C・ヘレショフによる船乗りのための手引書の
「地球全体に吹くウィンド・マップ」をもとにした太平洋の風
レイチェル・アハーンによる抜粋。ウィキメディア・コモンズ

気は時計回りに、南半球では反時計回りに流れる。北緯・南緯ともに30度から60度にかけてはほぼ西風、つまり西から東に風が吹いている。北半球ではこの偏西風がヨーロッパ、アジア、北米大陸全体を通過する。いっぽう南半球は大陸が少ないため猛烈な風速に達する場合がある——緯度が高くなるにつれて「吠える40度」、「狂う50度」、「絶叫する60度」などと呼ばれる。

赤道から北緯および南緯約30度まで——南回帰線と北回帰線の間あたり——は風の向きがほぼ逆方向となる。これが貿易風で、北半球では強い北東風が、南半球では南東風がつねに吹いている。赤道付近は熱帯収束帯（ＩＴＣＺ）と呼ばれる領域で、風は弱く風向きは一定していない。雷をともなう嵐がたびたび起きる。ここはドルドラムスという名でも知られており、無風地帯として初期のヨーロッパ航海者に恐れられていた。暑さと凪《なぎ》が彼らを苦しめた。飛行機で太平洋上を飛び赤道を越える——たとえばロサンゼルスからシドニーへ——際には、フライトの半ばあたりで気流が乱れている空域を経験するが、これがＩＴＣＺだ。

太平洋のおもな海流のパターンも基本的に同じで、赤道に沿って西に流れ、陸地の手前で方向を変えて北半球では北に、南半球では南に向かい、大きな楕円を描くように循環する。この二つの間に、赤道に沿って東に流れる赤道反流があり、ものごとはいっそうややこしくなる。

帆船で赤道付近を航行するのはきわめて難しく、まったく無風状態になることもめずらしくない。熱帯付近では一般的に、風と海流の関係で船は西に向かってスムーズに進み、南北の方向には進めず、東方向に進む機会はひじょうに少ない。太平洋を東に向かって航行するには緯度の高い、つまりずっと北あるいは南に行くしかない。すると今度は西方向にはまったく進めなくなる。

太平洋を航海した初期のヨーロッパ人がいちばん苦しんだのは、じつは太平洋への進入路だった。パナマ運河とスエズ運河という近道が建設される前には、ヨーロッパの船が太平洋に行くにはアフリカの最南端か南米の南端を通る以外なかったのだ。アフリカ経由の東方航路はなんといっても最長のルートで、南下して喜望峰をまわりインド洋の端から端まで横断し、その先にはオーストラリアという謎の障害物が待ち受けていた。それにくらべて南米経由の西方航路は短いという点で魅力的だったが、とほうもない危険をともなった。おそろしいホーン岬をまわらなくてはならない。南米大陸のとがった先端のすぐ先が南極の氷という過酷な海域である。猛烈な風、凄まじい波、凍りつくほどの寒さ、突き出した硬い岩棚も加わり航海長にとってはまさに悪夢。風、雨、みぞれ、雪、雹《ひょう》、霧に翻弄され、波はおそろしく不規則で高い。

ホーン岬を航行する恐怖を伝えるエピソードには事欠かない。1740年代のはじめ、イギリス海軍代将ジョージ・アンソンが率いる8隻の船団はホーン岬で次々に襲いかかる嵐で足止めされ、ノアの方舟《はこぶね》のように40日40夜苦しめられた。乗組員は恐怖のあまり正気を失い、船団のうち2隻は風に吹き飛ばされて消えてしまった。そしてアンソンは究極の手段を取らざるを得ない状況に追い込まれる。それは「フォアマストの横静索《シュラウド》に人員を配置」することだった。荒れ狂う風に帆布では役に立たず、やむなくマストを支える索具に乗組員を置き、人間を帆として使ったのだ。高い索具から少なくとも一人が風に吹き飛ばされて転落し、海へ。凍るような海中で懸命に泳いで耐えていたが、やがて巨大な波にさらわれてどこへともなく消えていった。激しい嵐のなかで仲間の船員たちはなすすべもなかった。

ウィリアム・ブライ艦長が指揮するバウンティ号がホーン岬にさしかかったのは、それから約40年後。タヒチ島をめざしホーン岬をまわろうとした際にやはり続けざまに嵐に襲われた。猛り狂う風で羅針盤の針はめまぐるしく振れ、容赦なく叩きつける波でずぶ濡《ぬ》れになりながらブライ艦長は「荒れ狂う海」と壮絶な戦いを1ヶ月繰り広げた末、ついに降伏した。東に針路をとり、追い風を受けてアフリカの喜望峰をまわる航路への変更を決断した。それは航海が1万6000キロ長くなることを意味し、結果的に乗組員の反乱でバウンティ号の航海は終わった。

ホーン岬をまわらずにマゼラン海峡を通過するという選択肢もあった。1520年に開拓されて以来、大西洋から太平洋に入るルートして知られていた。南米大陸とティエラ・デル・フエゴ諸島に挟まれた全長約560キロの航路は細く曲がりくねっていて、航行するだけでも並大抵の苦労ではなかった。予測のつかない風と潮の流れも厄介だ。マゼランはとんでもない幸運の持ち主で、わずか38日間で通過した。だが1767年にこの海峡に挑んだイギリス人のサミュエル・ウォリス艦長は4ヶ月以上かかった。1日平均5000メートルにも満たない航行距離ということになる。

マゼラン海峡は南緯52度から53度のあたりで大西洋と太平洋を結ぶ。ホーン岬はだいたい南緯56度である。ホーン岬をまわるにはそれ以上に達する必要がある。クックが初めてホーン岬に挑んだ時には船は南緯60度にまで達した。50度台でも60度でも、太平洋に出ると船は前に進まない。猛烈な西風が行く手を阻むのだ。それ以上南下すれば氷と雪——南極圏に近い。東は南米大陸にぶつかる。残るは北だけだ。

初期のヨーロッパ人航海者に突きつけられた条件——風、距離、行く手を阻む大陸、航海能力——

を考え合わせれば、なぜ彼らがほぼ同じような針路をとって広大な海原を航行したのかがわかってくる。わずかな例外を別にすれば、彼らはそろって南太平洋を北西に向かって斜めに横断している。正確には北に進んで貿易風を捉えたら西へと直角に曲がりながら進んだ。重要な発見をするにはそれが最適だから、などと考えたわけではない。歴史家J・C・ビーグルホールは端的にその理由を述べている。「陸地がほとんどない大海原を航行するには、必然的に北西に進む航路が主流とならざるを得なかった」と。針路を決定するのは海流と風の向きだった。その結果、大きな島でも航路から外れていれば気づかれないままだった。ハワイ諸島が発見されるまでに何世紀もかかっている。逆にトゥアモトゥ諸島のプカプカ環礁のような極めて小さな島が何度も発見されている。

トゥアモトゥ諸島はロウ諸島ともデンジャラス諸島とも呼ばれ、太平洋についての初期のヨーロッパ人の記録ではほぼ主役級の扱いだ。理由はかんたんで、北西に向けて横断する航路上にあるからだ。トゥアモトゥ諸島は約78の環礁すなわち「低島」が南北方向に約1300キロに渡って広がっている。ちょうどマルケサス諸島とタヒチ島の中間あたりだ。環礁は大部分が小さめで幅が平均約16キロから20キロほど。際立った特徴は――航海している側にとって――とにかく高さがないこと。海抜6メートルに達する島はない。たいていは一番高くても海抜3・5メートル程度だ。作家スティーヴンソンの表現を借りれば、「海に浮かぶ皿のように平たい」。だからいきなり船の前に出現する。そうと承知していた後の船乗りは、島とリーフが迷路を描くように点在して迷宮とも呼ばれたこの一帯にできるだけ近寄るまいとした。

上空からトゥアモトゥ諸島を見れば、サファイア色の海に緑と白で描かれた円が王冠のように浮かび、なんとも眩《まばゆ》い。だが間近で見た初期の探検家にとって、それは発見と呼べるほどのものではなかった。それなりの大きさの島はひとつ、それ以外はポリネシアの言葉で「モトゥ」という小島がリーフに沿って円を描いている。モトゥはサンゴだけで形成されている。砂も丸石もサンゴブロックもビーチロックもすべてサンゴだ。遠くからは緑に覆われているように見えても表土が薄《うっす》らと覆っているだけなので耐塩性の低木や木がなんとか育つだけ。雨以外には天然の水源はないのだが、ガイベン・ヘルツベルグのレンズと呼ばれる興味深い現象がある。海水の上に真水の層が浮き、それが多孔質のサンゴ岩に染み込む。島が小さすぎない、干ばつの状態ではない、井戸を深く掘りすぎないといった条件がそろえば砂を掘って真水を汲み出すことができる。17世紀のオランダ人水兵たちはたまたま発見した島でこれに成功し、ワーターランドと名づけた。

サンゴ環礁が形成されるしくみを最初に解き明かしたのはチャールズ・ダーウィンだった。ビーグル号で太平洋を航海していた際にトゥアモトゥ諸島を通過し、その時に帆柱のいちばん上から見た環礁の第一印象を記録に残している。「真っ白な砂浜が長く伸びて青々とした植物で覆われている。細長い砂浜は左右どこまでも続いて水平線とひとつになる。帆柱の先端からは、環礁の内側の穏やかな海面が見渡せる」ダーウィンの時代にはサンゴが生き物――ある作家は「微小動物」と表現している――で、比較的浅い海に限って成長できるとわかっていた。そのサンゴが大洋のまんなかで見つかった。水深はあまりにも深くて、当時の通常のやりかたでは測れなかった（深すぎて錨をおろす場所が見つからなかった環礁をオランダ人は「底無し」と名づけた）。そこになぜサンゴが？　ダーウィンも次のような問いを設定している。「サンゴはどうやって巨大なリーフを築くことができたのか？」当時有力とされていたのは、水中の火山の火口に沿って環礁が成長したという説だ。太平洋全体で高島と低島がとても近いので、この火山活動説はもっともらしく思われた。けれども説明のつかないこともあった。最大級の火口よりも大きな環礁の存在だ。さらに、多くの火山島の周囲をサンゴ礁が囲んでいたのだ。しかもかなり近い距離で。火口のなかに火口があるという説明はあまり説得力がない。

いまも広く受け入れられているダーウィンの説は、環礁と火山島との関係があるというところまでは同じだが、活動をやめた噴火口に沿って環礁が形成されたというのではなく島の沿岸の浅瀬にサンゴが育って環礁ができたというものだ。サンゴ礁には島の沿岸の裾礁《きょしょう》、海岸からある程度離れて島を取り巻く堡礁《ほしょう》、輪のなかに島が存在しない環礁がある。ダーウィンはこれが地盤沈下によって次々に形成されると説明したのだ。島が沈んでいくいっぽうで島を取り巻くサンゴは成長を続け、時間の経過とともに、裾礁は堡礁に、堡礁は環礁になっていく。

環礁は泳ぐ生き物と飛ぶ生き物にとって楽園だ。世界の海水魚の4分の1を超える種が暮らしている。エンゼルフィッシュ、クマノミ、バットフィッシュ、フエダイ、フグ、エンペラー、アジ、エイ、ベラ、バラクーダ、サメなど多様な魚をはじめ、カメ、ロブスター、ネズミイルカ、イカ、巻貝、二枚貝、カニ、ウニ、カキ、そして多様なサンゴ。環礁は鳥の安息所でもある。昼間は海上を飛び夜は陸地に戻る鳥、夏はアラスカで過ごし熱帯で越冬するために何千キロも飛んでくる渡り鳥もいる。

ところが陸上の生命となると、話は変わってくる。トゥアモトゥ諸島の典型的な環礁を例に挙げると、在来種の植物や木は30種類といったところ——これに対し高島のタヒチ島であれば400種類は超えるだろうし、ニュージーランドほどの規模の島ともなれば在来種は何千種類にもなる。そして陸上動物ではトカゲとカニだけ。環礁のなかでも場所によっては陸地にいるのと変わらないと思える——高い木や低木が視線を遮るような場所——が、どんな方角でも数分も歩けば錯覚だったと気づく。やや大きめのモトゥでも、ぶらぶら歩いているうちに左右両側に海が見えるところに出る。そんな瞬間、自分が踏み締めているのは普通の「地面」ではない、海のなかの世界が一時的に顔を出しているに過ぎないのだと痛感する。動くもの、見えるものはすべて海の領域に属している。海面が大きく盛り上がってリーフに打ちつける、水路を通じて満ちたり引いたりする潮、そしてラグーンの色合いのたとえようのない美しさ。

それでも人は住んだ。ヨーロッパ人が初めて太平洋に達したときには、すでに大きな環礁にはもれなく住人がいた。安定した暮らしには不向きと思われる小さな環礁でも、かつて人がいた形跡があった。初期の探検隊が無人の小さな環礁で発見したのは、打ち捨てられたカヌーと木の下に積まれたココナッツだった。人の気配はないのにイヌが何匹もいるという環礁もあった。オランダ人の船乗りが見つけた穴には水が少し残っていたが、ほとんどは何者かが汲み上げてしまっていた。この事実が物語るのは、絶海の孤島のような小さな陸地にも人はなんらかの方法でやってきた。そして去っていくことができたということだ。

初期の記録ではこうした人々についての記述は限られている。ヨーロッパ人の船はトゥアモトゥ諸島では食料も水も補給できず、安全な港もなかった。リーフが多い複雑な海域を航行するのは危険すぎた。長居は無用とばかりに早々と船を出そうとしたため現地の人々についての記録もごくわずかだ。トゥアモトゥ諸島の住民については長身で均整のとれた体格（キロスが「どっしりとした」と表現しているのは、「たくましい」という意味合いだったのだろう）、漆黒の髪を伸ばして垂らし、肌は茶色あるいは赤みを帯びていると描写されている。オランダ人探検家ルメールは彼らのタトゥーについて、全身に「ヘビ、ドラゴンなど爬虫類《はちゅうるい》がくまなく描かれている」とよく見ている。じつはこのタトゥーのためにヨーロッパ人はポリネシア人の肌がどんな色なのかをなかなか特定できなかった。後のオランダ人が見たイースター島の住民は濃い青色の染料で模様が描かれていなかったため、肌の色は淡い黄色と記録されている。

低島の人々はココナッツ、魚、甲殻類を始めとする海の幸を食べていた。動物については、イヌがいたことははっきりしている。ナイフ、道具、ネックレスには貝殻が使われていた（後の調査隊によって玄武岩の手斧《ておの》が発見されるが、それは火山岩を調達できる高島から入ってきたものにちがいない）。おもな武器は槍で、異邦人の襲来にもそれで武装して臨んだ。こうした島々で住民が武器を手に浜辺に立っていた、走っているのを見たという当時のヨーロッパ人の報告はいくつもある。船に向かって彼らは叫び、身振りでなにかを示した。陸への招待とも、出ていけという意思表示とも受け取れたが、「意思疎通ができない」者同士ではなかなか確かめようがない。

後には、環礁の住人の「移動と流浪の習慣」について観察した人々がいる。住人は転々と居場所を変えていくため、「ある島に人が集中して人口密度が高くなるいっぽうで、他の島は寂れていることも」あった。人々はカメを獲りに、鳥の卵を集めに、ココナッツを集めに、諸島の他の島に出かけていたので、人口の一部はつねに「出払っている」状態だった。これでは人口調査のしようがない。さて、ここで大きな疑問が浮かんでくる。環礁には木らしい木はほとんどない。大きな木があれば、太平洋の他の領域のように竜骨、船板、マストを建造するのに使えるだろうが、その木材がないということだ。では低島の人々はどうやってカヌーを調達したのだろうか。海に囲まれたこの環境で暮らすには、船はどうしても必要であったはずだ。

1606年の記録ではすでに、カヌーの船団が「島から」出てきたとある。おそらくトゥアモトゥ諸島アナー環礁のラグーンを越えてきたのだろう。ガレー船――櫂《かい》とマストの両方を備えた船――を半分ほどに縮めたようなサイズの船は筵《むしろ》のようなものが帆に使われていた。14人か15人が乗り込めるものが多く、最大では26人が乗れた。船は「木の幹を使わず、ひじょうに巧みに」つくられていたという記録は少々謎めいている。

もう少しくわしく知るには、A・C・ハッドンとジェームズ・ホーネルの『オセアニアのカヌー』に掲載されている写真が参考になる。写っているのはトゥアモトゥ諸島の南部に位置するヌクタバケ島の小型船だ。1760年代にサミュエル・ウォリス鑑長がこの船をイギリスに持ち帰り、現在は大英博物館に所蔵されている。解説によれば「現存するポリネシアのカヌーで完全な姿としては最古」であるという。全長わずか3・6メートル、14もしくは15人が乗るだけのスペースはなさそうだ。上縁部の焦げ跡から、小型の釣り舟だったと思われる。釣り糸が擦《こす》れてその摩擦で焦げたのだろう。

驚きなのは、その構築方法だ。ヌクタバケ島のカヌーは不規則な形の木の部品で構成されている。

部品の数は少なくとも45個。それをじつに独創的に縫い合わせている。縫い合わせるのに使っているのは、ココナッツの内側の殻からつくったロープの組紐だ。装飾的なオーバーステッチが特徴のクレージーキルトにしか見えない。この材料で精密に縫い合わせて舟をつくる、しかも厚板でつくったものにひけをとらないほどの頑丈なものをつくっていたということだ。いったいどこからそんな発想が出てくるのだろう。知恵と倹約の精神はもちろん、なにより舟が必要だったからだろう。お日様を描くように丸い木片を放射状の縫い目で編み込んだり、明らかに別の船の厚板を再利用したとわかる部分もある。

18世紀と19世紀、太平洋東部でカヌーづくりの最高の腕を持つのはトゥアモトゥ諸島の人々と言われた。高島であるタヒチ島の首長が巨大なカヌーをつくろうとした際には、「低島の男たちの助けが必要」だったという。18世紀、イギリス人艦長はトゥアモトゥ諸島で見た全長約9メートルのダブルハル［双胴］のカヌーについて述べている。厚板を縫い合わせて「ひじょうに精巧につくられ」ており、「悪天候にも耐えられるように」継ぎ目は鼈甲片《べっこう》で固定されていた。ポリネシアのカヌーは各パーツに名称があった。漕ぎ手が腰掛ける部分、櫂、船底にたまった水を汲み出す柄杓《ひしゃく》、錨、舵取《かじと》りオールに至るまで。トゥアモトゥ諸島では船を形成する板にまで名前がついていた場合があったという。海を渡った先人たちの「勇気、忍耐、成功」を古い木材は象徴していたのだ。

ヨーロッパ人は彼らの船づくりの技術に称賛の念を抱いていた。とはいえ、木片を縫い合わせた舟で移動するのは無謀なのではという思いもあった。18世紀初めの探検家は、幅の細い舟が沖合約5キロあたりに出ているのを見ている。人ひとりが両膝をぴったりつけてようやく座れるほどの幅だったそうだ。ヌクタバケのカヌーのように「たくさんの小さな木片を植物製の紐でつなぎ合わせ」たもので、ひとりで軽々と持ち運びできそうだった。そのカヌーが海を進む光景はなにかの啓示のようにも感じられた。「心許《こころもと》ない舟でただひとり、一本の櫂だけを頼りに遠くまで漕ぎ出す姿に私たちは感動した」と記されている。まったく違う次元で海との関わりを持つ人々——環礁を住処《すみか》とし、木片を縫い合わせた舟で漕ぎ出す人々——であると直感しながらもそれ以上の記録はない。踏み込んで考えることもなく、あるいはその時間もなかったのか、探検家は航海を続けた。

最果ての地
ニュージーランドとイースター島

中部太平洋の島はすべて高島か低島、すなわち火山島かサンゴ島しかない。ところが太平洋の端に近い南西部に、地質学的にまったく異なる成り立ちの一群の島々、ニュージーランドがある。ポリネシアン・トライアングルの三点のうちのひとつにあたり、ポリネシアというパズルの重要なピースのひとつだ。そして他の島々とは異なる点がいくつもある。まず緯度が違う。北米のノースカロライナ州とメーン州ほどの差があり、ニュージーランドは熱帯ではなく温帯地域だ。夏には暑くなるが冬には南部で雪が降る。広大な陸地で平野、湖、川、フィヨルド、山岳地帯があり、ポリネシアの他の島の面積を合計して

マーダラーズ・ベイ［現在のゴールデン・ベイ］（1642年）、
アベル・ヤンスゾーン『タスマニア日誌』（アムステルダム、1898年）
プリンストン大学図書館　DEPARTMENT OF RARE BOOKS AND SPECIAL COLLECTIONS所蔵

8倍してもニュージーランドの面積にはかなわない。

地質学的に「大陸性」である点もポリネシアでは例外的だ。大昔にゴンドワナという超大陸が存在し、現在のアフリカ、南米、南極、オーストラリア大陸とインド亜大陸を含んでいた。そしてニュージーランドもその一部だった。およそ1億年前に超大陸は分裂を始め、現在の太平洋へと散っていった。超大陸から生まれた大部分の島は海中に沈んだものの、オーストラリアプレートと太平洋プレートがぶつかるあたりではテクトニクスの力で突き上げられた。それが現在のニュージーランド、ポリネシアの言葉でアオテアロアと呼ばれる陸地となった。いまもプレート境界にあるので地震が起き、火山が活動している。

大昔は古いゴンドワナの一部、その後は島として何千万年も孤立していたニュージーランドには特異な進化の歴史がある。かつてゴンドワナの一部だった島には哺乳類《ほにゅうるい》は存在していなかったようだ。陸生哺乳類が登場したのは人類が到達してから。あまり離れていないオーストラリアで生息していた独特の有袋目の哺乳類――ウォンバット、コアラ、カンガルー、齧歯《げっし》動物、反芻《はんすう》動物、ワイルドキャット、ワイルドドッグ――も、いなかった。オットセイなど泳ぐ哺乳類やコウモリなど飛べる哺乳類だけがニュージーランドに到達できたわけだが、コウモリがどうやってそこまで行き着くことができたのかははっきりしない。ニュージーランドの3種類のコウモリのうち2種は南米のコウモリの子孫であることがはっきりしているので、おそらく先史時代の大嵐に運ばれるようにして太平洋を渡ったにちがいない。

ニュージーランドには興味深い固有の植物と動物が多く残っている。たとえば巨大な針葉樹、そしてムカシトカゲ。トカゲに似ているが、たいていの恐竜より古い時代に遡れる唯一の爬虫類だ。さらに、鳥。天敵もライバルもいなかったのでニュージーランドの鳥は生息地を選ぶことなく、あらゆる環境で生きられるように進化し、「キリン、カンガルー、ヒツジ、フクロシマリス、ハリモグラ、トラの生態的同位種」となった。その多くは飛ぶことができず、体はとても大きかった。すでに絶滅したモア［恐鳥］――飛べない巨大な鳥でダチョウ、エミュー、レアの近縁――の最大の種は、立った状態で高さ約3・5メートル近く、体重は180キロを超えていた。モアは草食動物だったが先史時代の鳥には、たとえばヒョウのような鉤爪《かぎづめ》を持つ巨大なワシなど捕食者もいた。草食のオウム、飛べないカモ、高山の草地でヒツジのように草を食《は》む鳥、ネズミのように下生えのなかをチョロチョロ走りまわるミソサザイのような小さな鳥もいた。

ニュージーランドに初めてやってきたヨーロッパ人は、こうした生き物をいっさい目撃していない。ひとつには、その多くがすでに絶滅していたためだ。人間と共存した種もあったがモアの12種類すべて、ハーストイーグル、アドゼビルの2種、その他多くが17世紀にヨーロッパ人が来る前にいなくなった。第二の理由は、ヨーロッパ人が上陸しなかったからだ。たとえ森の中を大きなモアが歩いていたとしても、見るチャンスはなかった。

ニュージーランドとヨーロッパ人を引き合わせたのは、つきつめていうと地理と風だった。その点ではポリネシアの他の島々も変わらない。初期のヨーロッパ探検家は南米側から太平洋に入るケースが圧倒的に多かった。ただし西側から入るルートもある。1642年、オランダ東インド会社に所属する船長が初めてこの航路をとった。

オランダ東インド会社は本拠地をバタヴィア（現在のインドネシアの首都ジャカルタ）に置き、17世紀の商業を牽引《けんいん》した。この時期、太平洋地域のおもだった発見はいずれも、新しい市場と新しい交易品を探し求めるオランダ人船長によるものだった。そのひとりが、1642年に南太平洋に2隻の船で向かったアベル・ヤンスゾーン・タスマン船長だ。タスマン船長がとった針路は、一見、無謀に感じられるものだった。ジャワ島を出てインド洋を西に進み、アフリカ南東部沿岸の大きな島マダガスカルの沖合に浮かぶ小さな島モーリシャスへ。そこからずっと南下し、強い偏西風にぶつかり東方へと押し戻され、インド洋を横断してついに太平洋に到達した。1万6000キロ近く航行して、出発点から4000キロ足らずの海洋に到達したわけだ。インド洋の風と海流は太平洋と同様に反時計回りに還流しているため、これほど長く、直感と相容《あいい》れない航海となった。

インド洋と太平洋の間にはオーストラリア大陸が大きく立ちはだかる。17世紀にこの大陸を最初に見つけたオランダ人は西海岸の沖合を通過していた。タスマンの船はもっと南を通過したのでオーストラリア大陸に出会うことはなかった。モーリシャスの次に彼が初めて見た陸地は、後に彼の名にちなんでタスマニアと名づけられた島だった。船はさらに東に進み、現在のタスマニア海を横断して約1週間後、タスマンは「groot hooch verheven landt」――「高くそびえる大きな陸地」に遭遇する。陸地の大きさを海上から見積もるのは難しいだろう――ヨーロッパ人探検家はたびたび島を大陸と誤解していた。しかしタスマンの前にあらわれた陸地はまちがいなく大きかった。黒々とそびえる険しい山々、深い谷、山頂部を覆う雲。岩だらけの海岸を「大きな波とうねり」が激しく叩く。上陸できそうな場所はどこにもないと見たタスマンは方向転換し、陸地に沿って北東に進んだ。

それから4日間、西からの風を受けながら、岩に衝突しないように一定の距離を置いて船は進んだ。海上から臨む陸地はひたすら暗く荒涼とした様子だった。そしてついに彼らは大きな湾に着いた。湾の岸に沿って東向きに、長い弓なりの砂州が伸びていた。あちらこちらから煙が立ち昇るのが見えた。あきらかに、人がいる。タスマンと航海士らは上陸を決断し、翌日の日没には湾のなかで錨を下ろしていた。岸で火が焚《た》かれているのが見えた。そしてカヌーが数隻。そのうちの2隻が、うす暗いなかを漕ぎ出してタスマンの船に近づいてきた。すぐそばまで来ると住民が「大きな荒々しい声」で呼び掛けた。オランダ人には理解できない言葉だった。バタヴィアで用意してきた語彙のリストがあったが、それとは符号しない。タスマンらが用意したリストには、探検家ウィレム・スホーテンとヤコブ・ルメールが25年前に収集した言葉が並んでいたにちがいない。だが島民が使う言葉はどうやらちがうらしい。住民がなにか——おそらくホラ貝——を口にあてて吹くと、オランダ人にはムーア人のラッパのように聞こえた。今度はオランダ人ふたりがラッパを吹いた。あたりがすっかり暗くなった頃、今日はここまでとばかりに住民は岸へと戻っていった。

翌日の早朝、1隻のカヌーが船に近づき、またもや数名の住民が呼びかけた。今回オランダ人は白いリネンとナイフを見せ、船に乗るように身振りで誘った。カヌーの男たちは誘いに乗らず、しばらくして岸に戻った。タスマンは二度目の会議をおこない、「停泊するのに適し、住民は友好関係を結びたがっている（ように思われる）ため」、船を沿岸に近づけることが決まった。ちょうどその頃、カヌーが7隻、岸を離れた。そのうちの2隻がオランダの船のそばにぴたりとついた。オランダ船の乗員が一方の船からもう一方に小さなボートで移動を始めた。そのボートが2隻のカヌーの間を通った瞬間、カヌーの男たちが攻撃をしかけ、船体をぶつけ、ボートに乗り込んでオランダ船の乗員たちに斬りつけ、殴り、ボートから投げ出した。じつに素早く獰猛《どうもう》で、圧倒的な攻撃だった。オランダ人船員3人はその場で殺され、一人は致命傷を負い、海に落ちて後に救出された者が3人。オランダ船から船員らが発砲したが、すでに手遅れでカヌーは遠ざかっていた。弾が届く距離であったとしても、当たらなかったのだろう。住民たちは無事に逃げおおせた。オランダ人水兵ひとりの遺体とともに。

大胆な襲撃はタスマンを動揺させた。しかも湾内のカヌーは増えていくばかりだ——最初は4隻、そして7隻、11隻、しまいには22隻に。タスマンはただちに出帆するよう命じた。けれども相手は執拗《しつよう》だった。湾のなかでオランダ船を追いまわし、やがて先頭付近のカヌーに立つ男が撃たれて倒れると、ようやく追跡を諦めた。タスマンはここを人殺しの湾《マーダラーズ・ベイ》と名づけ、ニュージーランドへの上陸は断念した。タスマンらが攻撃され、現在ゴールデン・ベイと呼ばれているその湾は、ニュージーランドの北島と南島を隔てる大きな海峡のちょうど入り口にある。そのことをタスマンは知らずに終わった。そして自分が発見した「大陸」が、じつはふたつの大きな島であったことも。彼は、ここはテラ・アウストラリス・インコグニタ［未知の南方大陸］の一部かもしれないと思いスタテン・ランドと呼んだ。1616年にスホーテンとルメールがスタテン・ランドと名づけた陸地とつながっているかもしれないと考えたのだ。ただ、スホーテンとルメールのスタテン・ランドは8000キロ以上離れた南米の先端にある島だったので、可能性は低かった。

確かなのはタスマンがニュージーランドの住民を目撃したということだ。今日のマオリにあたる人々だ。彼の記録によれば、身長は平均的「だが、声と体軀からは威圧感を覚える」。肌の色合いは「茶色と黄色の中間」で黒く長い髪を頭頂部でまとめて日本人の髪型のようであった。彼らの船は細い2隻のカヌーを並べて「厚板などを渡し、そこに座る。一見、水にそのまま腰掛けているように見える」1隻に12人ほどが乗り、「非常に巧みに」船を操った。

これは17世紀にポリネシアの他の地域でヨーロッパ人が見たダブルハルの船を思わせる。タスマンの次にヨーロッパ人がニュージーランドを訪れたのは1世紀あまり後のことだったが、その時にはすでにダブルハルのカヌーはほとんど見られなくなっていた。18世紀後半と19世紀にニュージーランドで目撃されたのは、シングルハルの巨大な戦闘用カヌー、ワカタウアだった。最大で全長30メートル、幅1・5メートルから1・8メートルで、70人から80人が乗り込むことができた。ポリネシアの他の領域でこんな桁外れのサイズのカヌーは誰も見ていない。理由はたったひとつ、そこまでの大きさに木が生長しなかったからだ。一本の木の幹から彫り出した船は沿岸部と川を航行するものに限られ、大洋横断の船はつくられていない。

カヌーづくりのこうした変化からは、文化の移り変わりを読み取ることができる。なにが変化をうながしたのかという理由も。マオリが外洋を航行するためのダブルハルのカヌーをつくらなくなったのは、遠洋航海をしなくなったからだろう。タスマンの記録からは、17世紀半ばの時点では少なくともニュージーランドの南島では、ポリネシアの他の地域で見られるような長距離航海に適した船がつくられていたことがわかる。

タスマンは住民による「忌まわしい行為」以外ほとんど接点もないままニュージーランドを離れ、北東に針路をとった。約2週間かけて船が到達したのはトンガの島々だ。ここは太平洋のなかでも島が多く、人口密度もひじょうに高く、近隣の諸島同士の関係も密接だった。トンガとサモアはともにポリネシアン・トライアングルの西端に位置し、たがいの距離は数百キロ。ポリネシアの西門にあたるトンガとサモアはもっとも古くから人が住み着き、ポリネシア最古の言語があり、ポリネシアのルーツをさぐることができる。

この領域に到達したヨーロッパ人はタスマンが初めてではなかった。1616年、オランダ人探検家スホーテンとルメールがトンガ諸島の北の端を航行し、ふたつの島に停泊してココナッツ、ブタ、バナナ、ヤムイモ、魚を確保し、現地の言葉を収集している。北上してきたタスマンはトンガ諸島南端のトンガタプ島に上陸した。人々は友好的で交易に熱心であるというのがタスマンの印象だ。肌の色は茶色で豊かな漆黒の髪、身長は平均よりも高く、「腹のあたりから太腿《ふともも》まで黒い染料で模様が描かれている」と記録を残している。大人数で近づいてきた彼らは平気で船にあがり、乗組員側との軋《あつ》轢《れき》もほとんどなかった。新鮮な食料と水を手に入れられるとタスマンはよろこぶいっぽうで、ニュージーランドの苦い教訓から部下たちには武装させていた。油断してはならないというタスマンの思いとは裏腹に、トンガ人の関心はもっぱら交易に向けられていたようだ。タスマンの記録も大半はその詳細にあてられている。雌鳥1羽を釘または糸に通したビーズと、小さなブタ1匹をダンガリー生地1ファゾム［両手を左右いっぱいに広げた長さ］と、ココナッツ10個から12個を銀のバンドつきのナイフ1本と釘8本から9本と、ヤムイモ、ココナッツ、樹皮布をズボン1枚、小型鏡、ビーズ数個と交換したようだ。

タスマンはここでも、言葉が通じるかどうか試してみた。オランダ人が収集した語彙のリストを使い、水とブタについて尋ねた——なぜかココナッツ1個と雌鳥1羽を示しながら——という記録が残っている。どうやら相手には伝わらなかったようだ。具体的にどんなやりとりがあったのか、とても気になる。語彙を適切に使ったのだろうか。発音は合っていたのか。身振り手振りは逆効果になっていなかったか。スホーテンとルメールが作成したリストには、ほんの数百キロメートル離れた場所で収集した言葉が含まれていた。それだけに興味がかきたてられる。リストには「ブタ」にあたる言葉として「Pouacca」が載っている。ブタの意味でポリネシアに共通する「puaka」という言葉があるので適切だ。「水」は「Waij」となっている。オランダ語から英語に綴りと発音を直せば「vie」に近くなり、ポリネシアで「水」を指す複数の言葉とひじょうに似ている。ということはタスマンの言葉は通じる可能性があった。もしも通じていたなら、もっとちがう展開になっていたかもしれない。

初期の探検家がめざすべき太平洋の未知の領域は絞られた。1721年、オランダ航海者ヤーコプ・ロッへフェーンはオランダを出てホーン岬をまわり、南米沿岸を北上した。太平洋の南東部に陸地があると何十年も前から言われていた。島かもしれない、列島、高くそびえる大陸の一部かもしれない。17世紀に目撃したという海賊の名にちなんでデイビス・ランドと呼ばれた幻の陸地を見つけようと多くが挑み、果たせなかった。ロッへフェーンはなんとしても見つけようと心に決めた。南米の岸を出てから大海原をひたすら2800キロメートルほど進み、ついに陸地を目にした。1722年のイースターの日曜日に彼の前にあらわれたのは、世界でもっとも孤立した島であり、しかもそこには人が暮らしていた。

イースター島は現地語ではラパ・ヌイと呼ばれ、周囲は約500万平方キロメートルの大海原が広がっている。いちばん近い島といえば西に1600キロメートル以上離れたヘンダーソン島という小さな島と、もっと小さいピトケアン島だ。どちらもヨーロッパ人が太平洋に到達した時には無人だったが先史時代に人がいた形跡があった。イースター島は高島に分類されるのだが小さな古い島で激しく風化が進んでいる。乾燥し、川はなく、降雨量にむらがあり、島を守ってくれるサンゴ礁はない。決して人が暮らしやすい環境ではない。かんたんに見つかる島でもない。ポリネシアン・トライアングルの南東部の頂点にあたり、ポリネシア文化の東の端と言われている。

ロッヘフェーンは最初、これこそ「未知の南方大陸の長い岸の一端」と期待した。が、期待は次々に破られていくことになる。遠くからは金色の砂丘に見えたのは、「枯れ草」と「焦げた植物」だった。島民が身につけていた多色づかいのみごとな布は、近くでよく見ると樹皮を打ち伸ばして土で染めてつくったものだった。耳に「銀のプレート板」を飾っているのかと思えば、シロニンジンに似たものでつくられていた。ロッヘフェーンは島の「壮絶な貧しさと不毛な土地」に衝撃を受けたと述べている。なにも育たない、というわけではない。島民の健康はバナナ、サトウキビ、タロイモ、サツマイモでじゅうぶんに支えられていた。島には木がまったくなかったのだ。木がなくては説明のつかないことがいろいろあった。イースター島で有名なのはモアイ像だ。あの巨大な石像を運んで建てるには丸太の上を滑らせて移動させる方法をとったと思われる。そのためのレバー、ローラー、スキッドには強靱《きょうじん》な木材が欠かせなかったはずだ。

モアイ像は一枚岩を彫ってつくられた。斜め上向きの特大の頭と鼻、きゅっと結ばれた薄い唇が特徴で、いまやギザのピラミッド並みの知名度があり、謎めいているという点でもひけをとらない。平均的なモアイの高さは約4メートル、重さは約12トンだが、高さ6メートルから9メートルのものもある。未完成ながら高さ約22メートル重さ270トンと推定できるものも。この岩は火山灰が固まった凝灰岩で、わかっているだけで約900体残っている。その半分ちかくは彫られた採石場にいまも横たわっている。3分の1は島内のさまざまな場所に運ばれ、石の台に建てられ石の帽子をかぶせられている。残りは島中に転がっている。どうやら途中で放棄されたらしい。

モアイ像をどうやって建てたのか。ロッヘフェーンをはじめとして、この謎は多くの人々を惹《ひ》きつけてきた。そもそも像はなにを意味するのか、なぜ彫られたのか、とつぜん制作がストップした（半分彫って岩についたままのモアイが採石場には複数残っている）のはなぜか、そしてどうやって設置されたのか。わからないだけに人々の想像力はかき立てられた。地元で入手できる材料だけで像を運べるかどうかもあれこれ試してみた。たとえば左右に揺らしながら進める、バナナの木の上を転がす、木製のそりに載せて引っ張るなど。だが10トンや20トン、30トン以上の石の塊を動かすには島では調達できない車輪、金属、牽引するための動物、縄類、そしてなんといっても木材が欠かせない。ロッヘフェーンが1772年に指摘したように、島には木がなかった。

確かにロッヘフェーンは高い木々を見ていない。だがイースター島の堆積物から木の花粉、ヤシの実の化石、木の根の化石、木炭のかけらなど考古学的発見があり、かつて多様な木々が存在していたことがわかった。オセアニック・ローズウッド、マレーフトモモ、チリサケヤシに似た木など22種類ほどの種がイースター島で生長していたことが特定された。チリサケヤシは南米大陸では約20メートルの高さにまで育つ。食用になる果実をつける木や火を熾《おこ》すのに使える木、カヌーづくりに適した木は2種類以上、さらにポリネシアの島々で樹皮のロープをつくるのに使われる木も。これだけそろっていれば人はじゅうぶんに暮らしていけたはずだ。絶滅したたくさんの鳥も暮らせただろう。

その森になにかが起きた。「太平洋で、いや地球上における極めて深刻なレベルの森林破壊」を引き起こした原因について、活発に議論されている。生態学的な脆弱《ぜいじゃく》さと人間がもたらした変化が引き金になったという指摘もある。イースター島の堆積物を調べると、紀元1200年頃に浸食が急速に進んだこと、石炭粒子が劇的に増加したことがわかる。焼畑式農業がひろくおこなわれていた太平洋ではしばしばこれは人間活動の指標とされる。そこから、イースター島の生態学的環境の崩壊はポリネシア人が入植した時から始まったという見方がある。

具体的には、入植とともに木々を伐採して開墾に取りかかり、農園と果樹園をつくった。イースター島よりも温暖で湿度が高く緯度がもっと低く、もっと大きい、あるいは他の陸地にもっと近い島であれば、同じことをして生態学的環境が変わったとしても、崩壊はしなかったかもしれない。イースター島の場合は危うい条件が揃《そろ》っていた。生長の遅い木々だったので伐採するとすぐには次の木が育たない。もともと痩せていた土壌は林冠を失って「熱、乾燥、風、雨」にさらされ、浸食されて表土を失う。そして島そのものが木や植物を育てられなくなる。こうして連鎖反応のようにひとつ、またひとつと環境の劣化が進む。それがある段階に達すると回復の見込みはなくなる。また、島民が放心状態で最後のヤシの木を切り倒す写真――心痛む光景――の影響もあったのか、島の森林破壊を引き起こしたのはナンヨウネズミなど島民の共生生物であったという議論もされた。ナンヨウネズミは木の実、種、樹皮を好んで食べる。木登りができて繁殖のスピードは早く捕食者はいない。その結果、イースター島つまりラパ・ヌイの原生林は破滅に追い込まれたのだと。

どういう理由があったにしても、木がなくなればたちまち島民の暮らしに影響が出たにちがいない。日陰がない、木の実がない、衣服やロープをつくるための樹皮がない、家を建てる材料も燃料もない。なにより、カヌーをつくる手立てを失ったことは大変な痛手だった。海洋を航行する大きなカヌーをつくる木材がない。島を離れたいという時にはどうしても必要なカヌーだ。絶海の孤島の住民にとって絶望的な状況ではないか。森林破壊は巨大な石像の時代の幕を閉じた、という言い方もできるかもしれないが、それ以上にイースター島を決定的に孤立させてしまった。

イースター島での短い滞在を挟んでロッヘフェーンの船は航海を再開し、北西に向かった。いつしか船団はトゥアモトゥ諸島の北側の島々のあいだに入り込んでいた。船団の一隻アフリカーンシェ・ガレイ号がタカポト環礁で座礁したのをはじめ、この群島は彼らを嫌というほど苦しめた。スホーテンとルメールはまさにこのタカポト環礁を「地獄［Bottomless］」と命名していた。けっきょく無事に地獄から逃れて航行を続け、マカテア島という隆起サンゴ礁の島に着いた。ロッヘフェーンの目に映った人々は「Paaslant（イースター島）の人となにからなにまでよく似て」いた。さらにポリネシアン・トライアングルの西端のサモアに着くと、またしてもそこには「パスクア島［イースター島］

の住民と同じような屈強な体格、体には文様」を描いた人々がいたのである。

こうしてヨーロッパ人は太平洋という遥か彼方の領域を探索し、そこで暮らす人々を知り、1722年までには全体像を描く準備が整っていた。未知の南方大陸をまだあきらめたわけではない。が、放ってはおけない難題が持ち上がっていた。ロッヘフェーンは次のように綴っている。「私たちは数々の島を見つけ、そこに人が暮らしていることを発見した。これを総括するにあたっては、ひとつの疑問が未解決ではあるが、そのこたえはおそらく私たちの手の届かないところにあり、問いかけは静寂に吸い込まれていくだけだろう」。持ってまわった言い回しで肝心の問いかけの内容がぼかされている――ロッヘファーンのあきらめの境地が伝わってくる――が、要するに〝彼らは何者で、どこから来たのか？〟である。

ポリネシアで別々の集団に属する人々の類似性をヨーロッパ人として最初に見抜いたのが、おそらくロッヘファーンだ。いったい彼らはどのように島々にやってきたのか。それがロッヘファーンには最大の疑問だった。こんな孤立した場所に、こんな離れた場所にどうやって渡ってきたのか。それがどれほど過酷なものであるのか、ロッヘフェーンは身をもって知っていた――1月半ばにホーン岬をまわり、太平洋を横切って向こう端に到達したのは翌年の9月だ。航海術が編み出された時期を考えれば、スペイン人とポルトガル人よりも前にそれだけの距離を船で渡ることなど、とうていできない。それがロッヘフェーンの考えだった。できるなどと思うことすら「荒唐《こうとう》無稽《むけい》」と言い切っている。

可能性は二つ。第一はスペイン人が入植者として人を太平洋の島に運んだ可能性だ。しかしスペイン人にとってなんの得があるのだろう。わざわざ「遠く離れた地域にインディアンの植民地」を建設する理由がどこにあるのか。そもそもスペイン人が島に到達した時にはすでに人がいたと、当のスペイン人が一貫して主張している。となると第二の可能性しかない。「島とともに発見された人々」――現在のポリネシア人――はよそから移ってきたのではない、神様がそこに彼らをつくった。それがロッヘフェーンの見解だった。

ポリネシア人はもともとそこにいた。つまり島にいきなり誕生した人々という発想は、あまりにも突飛だ。１７２２年当時であってもそうであったにちがいない。それほどまでにヨーロッパ人にとってポリネシア人の起源が謎だったということだ。しかもポリネシアには未知の広大な領域が残されており、どれほどの〝規模〟の謎であるのか、はかり知れなかった。ヨーロッパの探検家は2世紀あまりかけて大洋を縦横に航行してきたが、かならずしも知識が蓄積されていたわけではない。長年、覇権争いが繰り広げられてきたため、スペイン人とオランダ人が知識を共有することはないままだった。そして誰もが未知の南方大陸の夢をまだ見ていた。変化が近づいているとも知らずに。

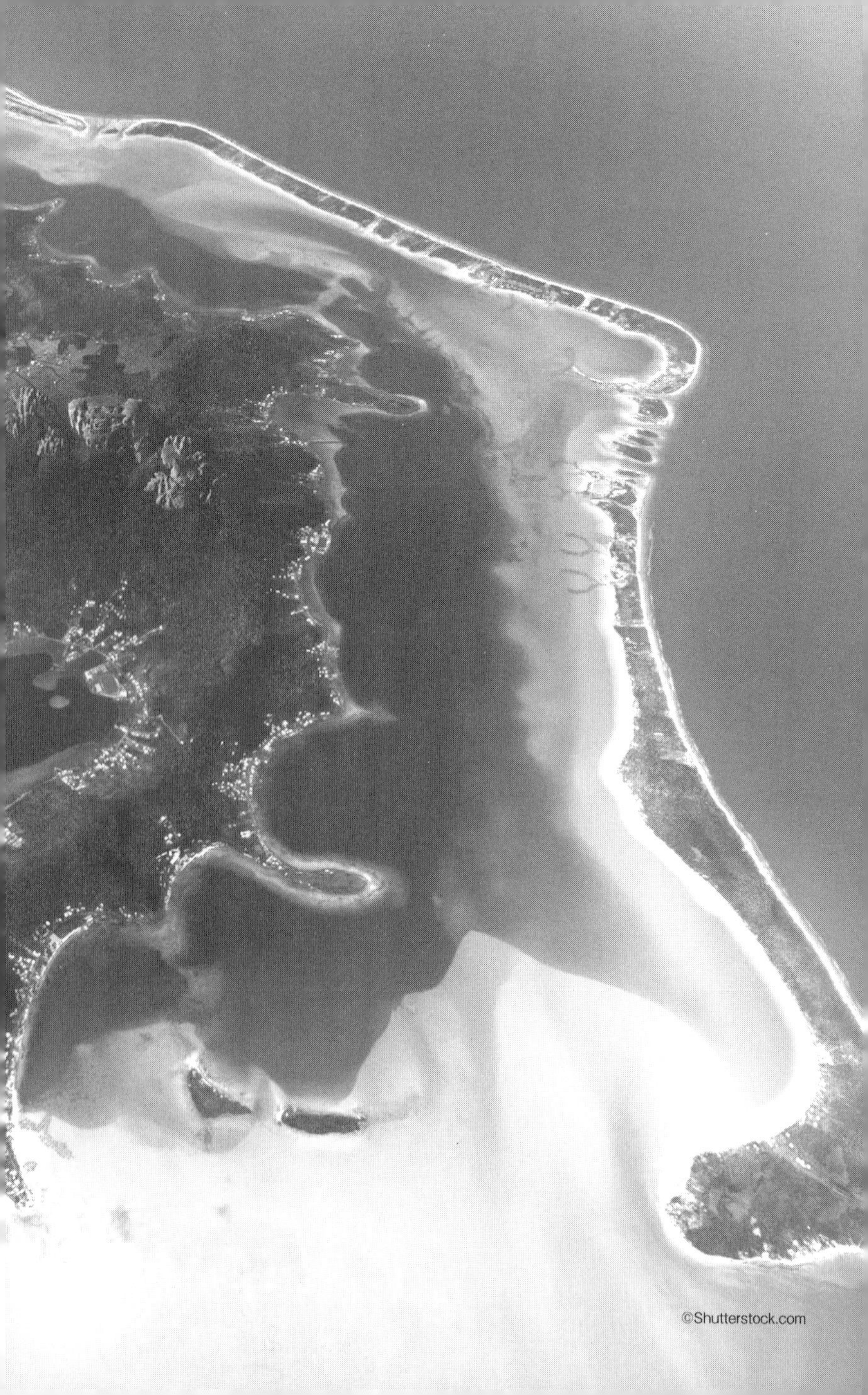

第二部

点と点をつなげる

（1764年－1778年）

クック船長のポリネシア中央部への航海。
タヒチで神官で航海士のトゥパイアと出会う。
ともにニュージーランドに航海し、
トゥパイアが重要な発見をする。

タヒチ
ポリネシアの中央部

ポリネシアを訪れたヨーロッパの遠征隊は、1595年のメンダーニャ以降18世紀半ばまで、わずか5つの隊にとどまった。それが変わったのは1764年からだ。遠征隊も回数も劇的に増えた。イングランド、フランス、スペイン、ロシアからの遠征隊が活発に活動した。太平洋に遠征隊が複数、同時にいることもあった。ポリネシアの滞在も日数単位ではなく週単位、月単位と長くなった。

理由はいろいろあるが、なんといっても1763年に七年戦争が終結したことだ。ヨーロッパ列強、さらには植民地を巻き込むこの世界大戦で、イギリス海軍は圧倒的に優位な立場を確立した。そして国

「Otaheite[タヒチ]、Oaite Peha[ヴァイテピハ]湾の眺め」(1776年)ウィリアム・ホッジス画
ロンドン、グリニッジ、国立海洋博物館、ウィキメディア・コモンズ

王は速やかに新たな領土と航路の獲得に乗り出し、1764年にジョン・バイロン艦長を英国軍艦ドルフィン号で第一回の太平洋遠征に派遣した。1766年の帰還後、ドルフィン号は直ちにサミュエル・ウォリス艦長の指揮でふたたび出航した。ウォリスは1768年に帰還した。入れ違いのように三度目の遠征がおこなわれた。最初の二回はおもに戦略的な目的を果たすための航海だった。バイロンの目的はフォークランド諸島の主権を主張、ニューアルビオン（カリフォルニア）沿岸の調査、北西航路を探すこと。ウォリスはニュージーランドとホーン岬のあいだの大陸を探すことだった。三度目の航海はちがっていた。まったく科学的な目的のためであり、金星の太陽面通過という天文現象を観測できる地点に科学者を運ぶ航海だったのだ。

金星の太陽面通過とは金星が地球と太陽の間を通過する現象で、正確に計測すれば太陽系の大きさの計算に活用できる。天文学の懸案を18世紀の天文学者が解決するチャンスだった。金星の太陽面通過はめったに起きることではなく、8年間に2度の機会を逃せば、次は1世紀以上先になる。初めて観察されたのは1639年（1631年にも起きたが、気づかれずに終わった）。それ以降、17世紀には一度も起きていない。18世紀後半の天文学者は、1761年と1769年にこの現象が起きることと、その後は自分たちにはチャンスはめぐってこないと理解していた。次回は1874年だからだ。1761年の金星の太陽面通過を観測し記録しようとさまざまな国が取り組んだが、残念な結果に終わった。そこで次こそはとイギリス王立協会など各国の専門家の組織は着々と準備に取り掛かっていた。生きている間の最後のチャンス、1769年の観測を失敗するわけにはいかなかった。

焦点となるのは観測地点だ。金星の太陽面通過は昼間でなければ完全に観測できないため、その条件を満たす場所を確保する必要がある。1761年にはユーラシア大陸の大部分がこの条件を満たしていたが、1769年の観察に最適な場所は太平洋の真ん中。なんとも厄介なことになった。「可視円錐域」に入る、つまり観測場所として絶好の地点にあったのは太平洋東部のマルケサス諸島、そして西部のトンガ諸島だった。マルケサス諸島は1595年に最後に目撃されたきりで海図上では曖昧に記載されていた。トンガ諸島は1642年にアベル・タスマンが行ったきりだ。両諸島に挟まれた領域には、知られている限りでは平たい環礁があるだけだった。危険なリーフをともない、安全な港はない。食料や水を確実に補給できる見込みもない。それでも王立協会は着々と遠征隊派遣の計画を進め、最終目的地が〝決定される〟こととなった。

遠征隊のトップには、経験ゆたかな海尉が抜擢《ばってき》された。無名の人物だったが、調査業務に関しては折り紙つきだった。その人物、ジェームズ・クックは当時40歳と若くはなく、海軍での地位が高いわけでもなく名門の出でもなかった。長身で体格がよく、知的で厳格、そして勤勉であった。ほぼ独学ながら数学と天文学に造詣が深いことで知られていた。ニューファンドランド島沿岸で測量をおこなった際には日食を観測し高く評価された。そんなクックが司令官として率いる航海は、英国海軍の遠征としては型破りなものだった。船は1隻のみ（しかも小型）、向かう先は広大な海洋で、海図はほとんど白紙状態だった。成功して栄光を手にする可能性はあるが、それだけにリスクはとてつもなく大きい。

司令官が決まり、船が決まり、エンデバー号と新たに命名されて船員、科学者など乗り込む人々が選定された。そのひとりが若きジョセフ・バンクス卿だった。行動的で観察力に富み、航海の費用は全額自分で負担した——伝記では肯定的な意味で「お坊ちゃん育ち」と表現されている。バンクスは画家2人、秘書、召使4人、イヌ2匹を連れていた。遠征隊の具体的な目的地ははっきり決まらず、ついにエンデバー号出港まで残り2ヶ月半となった。そんななか、思いがけずドルフィン号が帰還を果たした。驚くべき成果を携えて。

＊

ウォリス艦長率いるドルフィン号は太平洋南部の領域を徹底的に調べるために送り出されていた。ホーン岬をまわり、西経100度から120度へと（約6400キロから8000キロ）進んだ。その針路を保持できればニュージーランドに達することができただろう。しかし現実には不可能だ。西寄りの強い卓越風がそれをゆるさない。マゼラン海峡から太平洋に出たドルフィン号をウォリスは西に進めようとしたが、北へと押しやられた。そして最初に目にした島は、トゥアモトゥ諸島の一部だった。そうなるだろうということは、予想されていた。ただ、ウォリスは先人たちよりも少し南を航行していた。そのためトゥアモトゥ諸島を越えた先で、世紀の大発見をすることになる。ヨーロッパ人が「ポリネシアのハート、タヒチ島」と出会った瞬間だった。

タヒチ島はソサエティ諸島を構成する最大の高島である。ソサエティ諸島はポリネシアン・トライアングルのちょうど真ん中に位置し、ふたつのグループに分かれている。風上側にはタヒチ島、モーレア島など。風下側にはライアテア島、ボラボラ島などがある。一つひとつの島は海洋のこの領域の島としては大きいほうだ。ただ客観的に見て大きいというわけではなく、タヒチ島は全長64キロ足らず。しかしこの島1600キロ以内に、これを超える陸地はない。初期の太平洋の地図にはソサエティ諸島が存在しない。なぜか発見されなかったのだ。マゼラン、メンダーニャ、キロス、スホーテン、ルメール、バイロンはすぐそばを通っている。時には160キロも離れていないところを。ロッヘフェーンにいたってはボラボラ島の山の頂を見ているのに、すでに発見されている島だろうと思ってそのまま航海を続けた。

タヒチ島の発見はヨーロッパ人にとってみれば、願ってもない幸運だった。ウォリスが見つけた島は、1769年の金星の太陽面通過の観測地としてうってつけというだけではない。それはまさに航海者には夢の島だった。マルケサス諸島のような山岳地帯があるいっぽうで海沿いには人が暮らせる土地がある。リーフに縁取られクリスタルブルーのラグーンが広がっている。ひとことでいえば、人にやさしい地形だ。ハワイ諸島から南に約4000キロという位置も気象学的に理想的で、暑すぎず乾燥しすぎず、湿気が多すぎず、ハリケーンや台風が多すぎるということもない。現代の私たちにとって快適な旅先であるように、18世紀の航海者にも楽園だった。

人が暮らしやすいだけあって、もちろんタヒチ島には住民がいた。ドルフィン号の乗員が最初に見たタヒチ島は、海から山がそびえ立ち雲がその頂を覆っている姿だった。島まではまだ距離があった。ウォリスの判断で島への接近は翌朝まで待つことになった。夜明けとともに船は島に向かって進み、あと10キロか11キロという時、不意に霧に包まれた。「誰もが不安でたまらなかった」とドルフィン号のマスター、ジョージ・ロバートソンは記録している。波が「リーフか岩にぶつかる凄まじい音」を立てるほど岸に接近していたのだ。とつぜん霧が晴れ、乗員は驚きの光景を目にした。岸に襲いかかって砕け散る波、そしてカヌーに乗った男たち総勢800人あまりの姿がそこにあった。

ヨーロッパ人が到来する前の太平洋にどれほど住民がいたのか、正確に見積もることは難しい。ドルフィン号が到達した頃のタヒチ島の人口は約6万から7万人あたりだったのではないか。諸島全体には合計30万人はいたかもしれない。とすれば戦士が数千人、カヌーが数百隻存在していたとしても不思議ではない。ロバートソンはのちに、ドルフィン号は500隻を超えるカヌーに取り囲まれ、カヌーには「少なく見積もっても」4000人は乗っていたと述べている。これだけの人間がいる島に上陸しようとすれば、相当な摩擦を覚悟しなければならない。「痛手を受けることを恐れていてはなにもできない」という立場の者もいた——その読みは、結果として当たってしまうのだが。多くの乗組員は壊血病で衰弱し、航海を続行するのは現実的な選択ではなかった。なにより彼らを引き止めたのは、夜の間に岸から船に漂ってきた熱帯の植物の妖艶な香りだったかもしれない。

タヒチ島の住民らはカヌーでドルフィン号の周囲をぐるりとまわり、プランテンの枝を掲げて滔々《とうとう》と言葉を発し、枝を海に放り投げた。イギリス人側は彼らにちょっとした小物を見せ、船に乗らないかと身振りで招いた。タヒチ人は快活で言葉数も多かった。ティエラ・デル・フエゴ諸島のパタゴニア人の言葉に似ているとロバートソンには感じられた（両者には何の関係もない）。カヌーの数はさらに増えていく。やがて「颯爽《さっそう》とした元気な若者」が船尾に近い鎖を伝ってするするとのぼってきたかと思うと、さらにシュラウドをのぼりオーニングの上から後甲板を見下ろして高らかに笑った。それを見てタヒチ人たちが船に登ってきた。あちこち見てまわり、目についたものを片っ端からつかむ。だが——案の定——タヒチ人はしだいに「むっつり」した様子を見せ始め、イギリス人もいらだちを暮らせていった。そこに9ポンド砲が火を吹いた。タヒチ人はいっせいに船から飛び降り、カヌーに向かって泳いだ。ウォリスは船を出すよう部下に命じ、島民は岸に戻った。

だがウォリスはタヒチを去ったわけではない。安全に上陸できる場所をさがして移動を始めたのだ。島沿いに航行するドルフィン号に島民はさまざまな戦術を仕掛けてきた。ある時はブタ、ニワトリ、ココナッツ、パンノキの実、バナナを山のように持ってきた。別の機会には叫んで騒いで船の錨を持ち去ろうとしたり、船を待ち伏せしたりした。ヨーロッパ人の側はわけがわからず、そのたびにタヒチ人の親愛の情にこたえようとしたり、応戦しようとしたりした。

じつはタヒチ人もなにが起きているのかわけがわからず、困惑していたのである。それから30年ほど後にタヒチで暮らした宣教師ジェームズ・カバーは、これを目撃した人々の子孫から話を聞いている。タヒチ人はヨーロッパ人の船を初めて見て仰天した。ポリネシアの神話の「浮かぶ島」と思った者もいた。すぐそばまで近づいて確かめてみると、船であるとわかった。しかし彼らが知る船とは似ても似つかない——タヒチの戦闘用カヌーの全長はドルフィン号と変わらなかったが、幅はもっと狭く高さもなく、巨大なマストも索具や帆など複雑な構造も備えていなかった。

当時のタヒチ人はどう受け止めていたのか。彼らの側の客観的な記録がない以上、多くの歴史家のように「情報をもとに推測」するしかない。当初、彼らはドルフィン号が祖先の土地からやってきたと思ったようだ——神話の故郷ハワイキ、あるいは死者の世界テ・ポからやってきたのだと。異邦人を戦いの神オロの化身に重ねた可能性もある——ケアラケクア湾でクックが島民と遭遇した時のように。船体の両側面の赤い色、水兵の上衣の赤、イギリスの領有であると示すために立てた三角旗の赤は島民にオロ神を連想させたのかもしれない。稲妻と雷（実際は大砲と砲火）は神の恐るべき力を思わせたのだろう。タヒチ人の女性と少女が岩の上とカヌーの船首で生殖器を露出させ、イギリス人はこれを「猥褻《わいせつ》な悪ふざけ」、「官能的な誘惑」と解釈したが、人類学者アン・サーモンドによれば異邦人に向けた儀式の一環としての行動で、「自分たちの祖先である神の領域テ・ポへの道をひらき、神の力を異邦人に向ける」ためのものだった。

島沿いに航行していたドルフィン号は最終的にマタバイ湾で停泊した。それを機に状況は急展開を迎える。ドルフィン号の乗組員はいつもと同じように朝を迎えた。複数のカヌーが船に接近し、物々交換が始まった。釘や「子どもだましの安物」とブタ、ニワトリ、果実が「ひじょうに公正に」にやりとりされた。岸には何千人もの見物人が集まっていた。湾には何百隻ものカヌーが出ていた。その多くはへさきに少女をひとり乗せている。「それを見ようと、船べりに乗員が鈴なりになった」。カヌーの底に大量の石が積まれているのを見て不審に思った水兵もいたのだが、大多数は島民が「よからぬ企《たくら》み」を抱いているなどとは露ほども思っていなかった。それくらいタヒチ人の「男も少女も皆、屈託がなく楽しげに見えた」。

1隻のダブルハルカヌーが明らかに重要人物と思われる男性を乗せて岸を離れた。にぎやかだったタヒチ人の群衆が静かになった。カヌーの人物は赤いマントのようなものに身を包んでいる。彼が白い布でくるんだ棍棒《こんぼう》を高く突き上げ、その瞬間、タヒチ人がいっせいにドルフィン号に向かって石を投げ攻撃を開始した。大量の投石で、わずか数秒のうちに「甲板は大小の石でいっぱいになり、乗員数人は切り傷と打撲傷を負った」。ドルフィン号側は静観する構えだったが、タヒチ人が「一段と声を荒らげて石を雹のように投げてきた」のを見て対応を切り替え、大型の銃の使用に踏み切った。効果は絶大だった。炸裂《さくれつ》する発砲音、飛び散る火花、弾が命中するとカヌーが激しく振動し、タヒチ人は「恐れおののいた」。宣教師カバーによれば、彼らは「声を揃えて、Eatooa harremye! Eatooa harremye! 神がおいでになった！ 神がおいでになった！ と叫んだ。神が雷と稲光を降り注いでいると思ったのだろう」。

凄まじい攻撃は長くは続かなかった。ドルフィン号から発射されたぶどう弾はカヌーに、そして離れた場所まで退却していたタヒチ人にも当たった。砲手が特に狙いを定めたのは装飾をほどこした大型カヌーで、船体のちょうど真ん中を撃って真っ二つにした。おびただしい数のカヌーの船団は散り散りばらばらになった――あっというまに、とウォリスは記している。30分後、湾には一隻のカヌーも残っていなかった。

マタバイ湾の戦いは、ポリネシアとヨーロッパ人の接触を象徴していた。ニュージーランド、ルルトゥ島、ハワイ島など各地で同じようなことが起きていた。攻撃、待ち伏せ、カヌーに乗った戦士による投石が。ところがどういうわけか、ヨーロッパに伝えられた逸話といえば美と魅惑に満ちたポリネシア、そこで暮らす少女たちのことばかり――いまの私たちが抱くポリネシアのイメージそのままだ。

タヒチ人はそれ以降ドルフィン号を攻撃しようとはせず、交流することに熱心だった。ウォリスは島の女性首長プレアと親交を深めた。プレアはこの桁外れの新しい勢力と組んで政治課題に取り組みたいという意向があったようだ。乗員たちはタヒチ人への警戒感をあらわにする者、気さくに交流する者といろいろだった。ウォリスは早々に食料品調達のための公認市場を設け、サイズの異なる釘を通貨とした。船員の壊血病は徐々に回復し、果実と野菜よりも性的欲求を満たそうとするようになった。タヒチ到着から2週間後にはすでに闇市場が存在していた。通貨として人気があったのは釘で、あっというまにインフレが進み、数週間のうちに厄介な事態を引き起こしていた。ロープを固定するための金具はすべて引き抜かれ、ハンモックを吊るすための釘を支払いにあてたので男たちの3分の2は甲板で寝ていた。このままでは船がバラバラになってしまうと船大工は誰かをつかまえては愚痴をこぼした。

タヒチ島でのウォリスの体験は、親善と攻撃、恋と戦争に満ちた物語、光と影が交錯するものだっただろう。ポリネシアが未知の領域である時代は終わりを告げ、ウォリスのわずか8ヶ月後には次の船団がやってきた。今回はフランスの船で艦長はルイ・アントワーヌ・ド・ブーガンヴィル。ブーゲンビリアという美しい花は彼の名前に由来する。わずか9日のタヒチ滞在は彼らに鮮やかな記憶を刻みつけた。タヒチ人はヨーロッパ人との交流のしかたを学習していたので、フランスの船を襲うどころか、すみやかに迎え入れてもてなした。

美意識が高く博学のブーガンヴィルはタヒチ島のすべてに魅了された。「温暖な気候、景色の美しさ、川と滝で灌漑《かんがい》された豊穣な土壌」に目を奪われ、「ここはまさにエデンの園」と記した。絵を愛《め》でるように風景をとらえ、「雑然とした自然がつくり出す美は、芸術の力では決して模倣できない」と感嘆している。そして島には子どものままおとなになったような人々が「妬ましいほどしあわせな暮らしをいとなんでいるように見えた」。こんなところで難破したなら、考えられる限り最悪の事態は——フランス人にとって——「母国での楽しいあれやこれやを諦め、それと引き換えに憂いのない穏やかな暮らしを手に入れ、自然の美しいめぐみに満ちた島で死ななければならない」ことだと彼はいう。コスモポリタンが集まるパリの人々向けには、あえてタヒチ人の純真さと性の奔放さを強調して綴っている。ウォリスはタヒチを英国領と宣言し、国王ジョージ3世島という堅苦しい名前をつけた。これに対しブーガンヴィルは、海からあらわれた女神アフロディテが運ばれたキュテール島にちなんでヌーベル・キュテール島と新たに命名した。ル・ミラージュ・タヒチアンという言葉で象徴される怠惰、快楽主義のイメージを、すでにこの時のブーガンヴィルは感じ取っていたのだろう。

博識家

クック、トゥパイアと出会う

1768年、ウォリスがイギリスに帰還し、8月にはクックがタヒチ島に向けて出港した。翌年1月の終わりにはエンデバー号はホーン岬の太平洋側、ティエラ・デル・フエゴ諸島の沿岸に到達した。そこから大海原をひたすら進み、陸地の存在を初めて確信したのはようやく3月の終わりになってからだ。船は1日40キロから225キロほど、だいたい北西方向へと航行していた。風の加減で南西に向かわざるを得ないこともあった。クックは航海日誌に航行距離と方角、速度、風の強さ、船の位置の緯度と経度を記録していたが、1月が過ぎ2月になり、3月に入ると、他にたいして記録することがなくなる。行けども行けども海、雲のかたまりがあらわれ、風で散り散りに。海面が盛り上

「タヒチの戦闘用ガレー船の光景」(1776年)、ウィリアム・ホッジス画
ロンドン、グリニッジ、国立海洋博物館所蔵

がって泡が生まれ、ふわふわと散ってふたたび滑らかに。海中にはネズミイルカやカツオなど外洋性の生き物、空には鳥。高緯度のミズナギドリ科の鳥やウミツバメから、尾が赤と白の熱帯の鳥へと変わる。空と海の閉じられた世界をエンデバー号は波を切って着実に北をめざした。

艦長室のクックは気を緩めることなく、進行状況を記録していった。過去にこのあたりの海域を航行した人々の記録を見ると、遠くに低く厚い雲が見えて高島のようだったとある。クックの手元の海図のひとつ――アレクサンダー・ダルリンプルの「南太平洋の海図　1764年現在」――には、この付近に無数の「大陸の兆候」が記されている。ダルリンプルはテラ・アウストラリス・インコグニタ［未知の南方大陸］が実在すると信じて海図を作製し、ジョセフ・バンクスは出港直前にそれを入手していた。海図には過去2世紀にわたって発見されたすべての陸地、噂だけで未確認の情報も載っていたが、クックの前にはまだなにもあらわれない。一行はタヒチをめざし、太平洋南東部の大空間を北西へと6500キロ以上の航海を続けた。

念願の島が近づくにつれて、エンデバー号の船内には期待感が高まっていった。南緯39度に到達すると気候は「イングランドの春のように穏やかで快適」になったとバンクスは記録している。翌日、船をシャチが取り囲んだ。3月1日を機にバンクスは「ベストの着用をやめ」、翌日は「太平洋のもっとも穏やかな領域は目前であり、強風をおそれずにすむ日々も近いと予感する」と記した。だがそれからまもなく、一行を新たな災難が襲う。気候が蒸し暑くなり、いたるところにカビが繁殖した。それから数日後に風が強まり、貿易風をとらえたかと喜んだのも束《つか》の間《ま》、さらに厳しい気象条件が待ち受けていた。凄まじいスコール、暑さ、湿気、耐えがたいほど弱い風。

3月下旬、クックはセグロアジサシを見たと記録している。陸からそう遠くないところを飛ぶ鳥だ。そしてグンカンドリ。こちらも海上では休まないとされている。「日中に見た鳥はすべて夜には北西に向かって飛んで行った」と航海士は観察していた。数日後、丸太が船の脇を流れて行った。さらに翌日、海藻を見つけた者がいた。それまでの58日間、目に入るものといえば青い海の色だけだった。この頃、若い水兵ウィリアム・グリーンスレードが船から身を投げるという痛ましい出来事があった。勤務中にささやかな盗みをはたらいたことが発覚し仲間の水兵たちに追い詰められ、バンクスによれば、すっかりうなだれてしまった。釈明を求められても彼は応じることなく、海に身を投げた。哀れなグリーンスレード――一行の視界に太平洋で初めて島影があらわれたのは、そのわずか9日後だった。

全長約6キロの環礁で、楕円形のラグーンと小島がいくつかあり、幅の狭い砂浜とリーフが長く伸びていた。いっぽうの端には木立、中央付近には背の高いココヤシが2本生えている。その葉が東からの風を受けて揺れるのを見て旗のようだとクックは思った。島民がいた。男たちは「長い棍棒を手に、船と並行して歩いていく。我々の上陸を阻止するつもりなのだろう」。クックは水深を測り投錨《とうびょう》に適した場所をさがしたが、錨は底につかなかったので航行を続けるよう指示した。太平洋で初めて遭遇したこの環礁をクックはラグーン・アイランドと名づけた。ラグーンのある島はたくさんあるが、歴史家によればこれはトゥアモトゥ諸島の南東の端に位置するヴァヒタヒ環礁とのことだ。

さらに数日間、船はリーフと島の間を縫うように航行した。トゥアモトゥ諸島の島に出会うたび、クックは名前をつけた。たいていは島の見た目から発想してバウ［弓］・アイランド、チェーン・アイランド、トゥーグループスなどと。人がいる島もあった。クックは二度ほど船の速度を緩め、島民がカヌーで出てくるかどうかを確かめた――彼らは出てこなかった。クックはヤシの木を見ては感動し、リーフと海がつくりだす景色を讃えた。それを「湖」、「池」と一貫して表現しているのはイギリス的な感覚なのだろう。停泊に適した場所は見つからなかった。だがクックにとってはたいした問題ではない。なにしろ、あと少しで目的地だ。4月11日の朝、とうとう彼らの前にタヒチ島があらわれた。ごつごつとした黒っぽい島が海からそびえ立つ姿は、これまでの明るく平らな弧を描くサンゴ礁の島とはおそろしくちがう。

クックが速やかに投錨したのは、まさにウォリスが停泊した湾だった。上陸して拠点を定め、そこをヴィーナス岬と名づけた。これはブーガンヴィルを意識してのことではなく、あくまでも金星［ヴィーナス］の観測という目的に沿ったものだ。とはいえそのことだけしか頭になかった者は、おそらくいない。だからこそ船がまだ錨を下ろさないうちからクックは「鉄製のものと食料を交換する以外は……いっさい禁じる」と釘を指していた。タヒチ人はクックらを歓迎し、攻撃的なところなどみじんも見せず木立のなかを道案内した。バンクスによれば「たわわに実をつけたココヤシとパンノキの木」が鬱蒼《うっそう》と生い茂り、そこここに家があった。その光景は「およそ人間が想像できる限りの……究極の理想郷」を描いた絵画と見まごうばかりだったと彼は記している。

ただ、なにもかも揃っていたわけではない。エンデバー号の乗員のうち4人は、ウォリスの航海に同行してタヒチ島を訪れていた。あきらかに様子が変わっているのに彼らは気づいた。以前は湾に大きな家が並んでいた。カヌー小屋もあった。その一部はいまは無い。あんなにおおぜいいた島民はどこにいったのか。1767年に権力を奮っていた女性首長プレアの姿もなかった。彼女は権力闘争に敗れてこの土地を離れていたのだった。が、エンデバー号がやってきたと知り、わざわざ会いにやってきた。トゥパイアという側近を連れて。

今回のクックの航海を語る上で欠かせない人物、それがここで登場したトゥパイアだ。プレアの右腕、神官、恋人とも目されるこの人物は40歳くらいで長身、そのふるまいとタトゥーから高い身分であるのはあきらかだった。彼は祭司と宗教的な芸能をおこなうアリオイと呼ばれる人々と同じ上流階級に属し、政治、弁論、航海技術に長《た》けていた。「たいそう上品な物腰で、家柄がよく」、「島の宗教に精通している」とバンクスは記録している。クックにとっては尊敬できる相手であると同時に頼もしい相棒でもあった。ゲオルク・フォルスターはクックの二度目の航海に同行した人物でトゥパイアを直接は知らなかったが、「並外れた天才」であると高く評価していた。また70年ほど後には宣教師リチャード・トムソンがトゥパイアについて「諸島において指折りの聡明《そうめい》な人物であったと……評判の人物」と述べている。

「神官」という肩書がつくことも多いが、バンクスはトゥパイアには「博識の人」という呼び方がふさわしいとしている。名人、エキスパート、オーソリティーなど「達人」の意味合いを含むタヒチの言葉のタフア（マオリ語のトフンガ、ハワイ語のカフナに相当する。狭い意味では特定の技能や専門分野、たとえばカヌーづくりや修辞などの達人を指すが、もっとひろい意味で多様な知識を豊富に備えている人物を表現する言葉である。トゥパイアの場合は、支配階級の一族としてその歴史と系譜を伝え聖なる儀式と祭式を継いでいく責任はもちろん、社会全体にとって重要な知識――「神々の名と格、宇宙の起源」、「医術の実践、航海学と天文学の知識」などに精通していた。それは宇宙、政治、歴史、医薬、地理学、天文学、気象学、航海学を網羅し、自然と超自然が明確に分かれていない世界ではすべてが宗教と密接に結びついていた。が、トゥパイアは決して知識の収納庫であったわけではない。深い考察力と探究心にあふれた人物だった。「なにごとも意欲的に試そうとする理知的な先住民」と人類学者ニコラス・トーマスは表現した――トゥパイアを、そして彼が生きた時代をみごとに言い表している。

ウォリスはタヒチ島に5週間滞在している。これは他のヨーロッパ人探検家よりも長いが、クックの滞在期間とは比較にならない。エンデバー号はソサエティ諸島にまるまる4ヶ月留まった。4月に到着し、6月には金星の太陽面通過の観測を無事にすませ、島を去ったのは8月の初めだ。タヒチの人々ついて知るにはじゅうぶんな時間だ。バンクスは正式な任務を負う立場ではなかったので、ぞんぶんに探検することができた。おかげでタヒチ人のふるまいや習慣についてかなりくわしくなった。じかに見聞きしたり、トゥパイアや島民から教わったりもした。得意としたのは民族学でいう観察法で、釣り用の網のつくり方、パンノキの実をペースト状にする方法、住居の割り振り、タトゥーの手順、道具と武器と楽器について、さまざまな構造物の寸法などについて記録した。

バンクスの観察記録はとても斬新だ。たとえば「南海のイヌはイギリスの子羊に近い」とあるのは、食感の柔らかさと味についての考察。また、タヒチ人は一日に3回水浴びをし、男も女も「脇の下から下の毛はすべて」抜いてしまっている。だから「同じようにしていないイギリス人は不精」扱いされている。タヒチ人はみだらな内容を身振り手振りや会話で表現する――少女たちは性交の真似をして遊ぶ――いっぽうで食べ物に関してはひじょうに厳しいタブーがあり、イギリスでは男女がいっしょに食事したり同じ食べ物を分け合ったりすると聞くと「強い嫌悪感」をあらわにしたという。専門的な分野でもバンクスは貴重な記録を残している。たとえば多様なカヌーの寸法、形、堪航《たんこう》能力などを。

ヴァーという標準的なシングルハルのカヌーは片側だけにアウトリガーがあり、漁と近距離の移動に使われた。もっと大きなパヒというダブルハルのカヌーはV字型の船体に大きな板を渡し、マストは1本または2本。これは漁にも長い航海にも使われた。パヒは全長9メートルから18メートルまでサイズはさまざまだが、中くらいの大きさが嵐にも強く、いちばんいいとバンクスは記している。「住民の話がほんとうであるならば、彼らの航海はひじょうに長い。何ヶ月も留守にしてたくさんの島をまわる。彼らが挙げた島の名前は100ちかくあった」という添え書きもある。

島については大部分がトゥパイアからの情報だった。彼はクックとエンデバー号のマスター、ロバート・モリノーに島のリストを渡している。それぞれ高島か低島か、住人がいるかどうか、いるとすれば何者か、リーフや港はあるかどうか、タヒチから船で何日かかるのかもトゥパイアは伝えた。このリストはタヒチ人が地理について豊富な知識を持ち合わせていたというなによりの証拠だ――ヨーロッパ人が初めて到来してからの200年あまりで、こういうものを入手した者は他にいない――が、これがまたなかなか厄介なリストなのである。まず、原本というべきものがない。クックが入手したリストには72の島名があり、モリノーのリストには55。両者に共通の島名は30。クックの記録によれば、以前にトゥパイアから130近い島の名前を伝えられ、さらに別の情報源からとして約70の島名も報告されている。しかし島の数も名前もばらばらであった。

書き留める方法にも問題があった。クックもモリノーも耳で聞いた通りに島の名を記録している。ところが英語というのは音を文字であらわすにはまったく不向きな言葉で、たとえば ough という綴りには uff［アッフ］、oh［オー］、ow［オウ］、oo［ウー］などの読み方がある。そのためせっかくのクックとモリノーが作成した島のリストは摩訶《まか》不思議なものとなってしまった。フェヌア・ウラは「Whennuaouda」、ティケハウは「Teeoheow」、ランギロアは「Oryroa」と表記されている。また、固有名詞の前につける接頭辞を島の名前の一部と勘違いしているケースも多い。「O Tahiti」は「the Tahiti」、「これはタヒチ」などの意味なのだが、クックは島名を「Otaheite」にするといったミスをしている。三つ目の問題はタヒチ語の子音の多くが聞き取れないことだ。Kaukura といった名前の場合、k が声門閉鎖音になる地域では「Au'ura」のように発音されるので18世紀のイギリス人が「Ooura」と表記してもおかしくない。実際クックのリストには「Oouow」と綴られている。

リストには地理上は存在しない場所も含まれていた。たとえば神話上の場所や祖神の名前だ。また「境界」や「水平線」を意味する接頭辞や、「内側へ」あるいは「外側へ」などの意味を含む島名もあった。過去に使われていた島名も入っていたかもしれない。有史時代になってからもポリネシアの多くの島は名前が変わっている。

こうしたさまざまな理由で除外していっても、リストにはなお多くの島が残る。そのなかで、いま現在確認できる島と関係ありそうなものは50。50もあるのだ。トゥパイアを始めタヒチ人はマルケサスからサモアまで東西３２００キロにわたって、そして南に約８００キロのところまで島があると知っていたにちがいない。トゥパイア自身が訪れたことがある島は12で、知り合いまたはその知り合いが実際に行った島もあるとクックに話している。彼の父親が訪れた島もあると。それ以外は過去に誰かが訪れたことがあるという島であり、代々口承で受け継がれてきた知識なのだろう。

クックはトゥパイアの島のリストに感嘆するいっぽう、全面的に信用することはなかった。それはクックの経歴からすれば当然の反応と言える。エンデバー号の艦長に任命される前に彼はニューファンドランド島沿岸の詳細な調査に加わっていた。測量と海図作成はクックの得意とするところで、彼の伝記を書いた著者J・C・ビーグルホールによればカナダ沿岸であげた功績は「その後のどんな業績をもうわまわるものだった」という。そうとなれば、クックが太平洋をどうとらえていたのか想像がつく。後にキーツは太平洋発見を「大いなる驚き」と表現したが、クックはあくまでも測量技師の目で見た。行く先々で海岸線を調査し、時には任務の枠を逸脱することさえあった。先人がまだ誰も取り組んでいなかったことにも手をつけた。そんなクックにとってトゥパイアの情報は興味深いものではあるが、用心してかかるべきものだった。基準となる緯度と経度が示されていない、距離の計測値がないなど「曖昧で漠然」という印象で、どこまで信頼できるのか判断に困る。けれどもトゥパイアが「この海域の島についての地理を……これまでに出会った誰よりも」知り抜いていたのはあきらかだった。

トゥパイアは異邦人らが現実世界をどのようにとらえ、表現するのかに興味を抱いたらしい。ごく最近あきらかになった事実から、それがうかがえる。2世紀前にタヒチ、ニュージーランド、オーストラリアの事物を描いた一連の水彩画はジョセフ・バンクスの書類のなかから見つかったため、当然彼が描いたものとされてきた。ところが1997年、絵を描いたのは「オタヘイテ（タヒチ）から同行したインディアンのトゥパイア」であるとバンクス自身がはっきり書いている手紙が見つかった。それまでトゥパイアという人物は記録上で知られているだけだった。自筆の絵が存在するとなると、一気に距離が縮まったように感じられる。人類学的にも彼の絵はひじょうに貴重だ。ポリネシアは装飾的なアートで知られるが、博物画の伝統はどの島にもなかった。トゥパイアの絵は本格的なものとはいえないかもしれないが、しっかり観察して描いている。第三者の記録にあるように、好奇心のかたまりで何事も試してみよう、やってみようという人物であったことがよく伝わってくる。

なにしろ、タヒチ島に滞在していたクックがイギリスへの帰還を決めた時、自分もいっしょに行くと宣言した人物だ。といってもトゥパイアよりも前にヨーロッパ人の船に乗って航海したポリネシア人はいた。アフトルというタヒチ人がブーガンヴィル率いるフランスの遠征に加わってフランスに渡り、歓待された。そしてトゥパイアが最後でもなかった。クックの二回目の航海では2隻の船ともタヒチ人の乗客を乗せていた。三回目の航海ではマオリの少年2人を運んでいる。18世紀に島を出て航海に加わったと聞くと、ひどく大胆な話に思えてしまうが、当のトゥパイアらにとってはそうでもなかったようだ。ポリネシアの人々は船乗りであり、新しい土地への航海をさほどおおごととは受け止めなかったのかもしれない。ただ、実際には命がけで、ヨーロッパに向かう船に乗った最初の3人のタヒチ人のうち戻ったのはひとりだけだ。航海そのものが過酷であった上に、いつ終わるのか先が見えない。ポリネシア人たちは想像を絶するさまざまな困難にさらされた。極度の寒さ、慣れない食べ物のなかには消化できないものもあった。孤独、集団のなかでの孤立、なによりこわいのは免疫がそなわっていない病気にかかることだった。

はたして彼らはどこまで理解していただろう。どれほど遠くまでいくのか、どれほどの時間がかかるのか、どんなリスクがあるのかを。それでも、知り合って日が浅い人々と遠い未知の場所に行くことを選んだ。この大胆さはトゥパイアらだけに限ったものではなく、ポリネシアならではの文化だった。ほんの数十年のうちにポリネシアの人々――タヒチ人、マルケサス人、ハワイ人、マオリ人など――はシドニー、サンフランシスコ、ナンタケット、ホノルルからの船に甲板員として乗り込むようになっていた。あるヨーロッパ人旅行客が述べているように彼らは「コスモポリタンと呼ぶにふさわしい気質」で「どんな困難にも大胆な冒険にも立ち向かう」のが特徴だった。そして瞬く間に19世紀の海洋小説に欠かせない存在となった。リチャード・ヘンリー・デイナはカリフォルニアの海岸で野営するハワイ人について書いている。メルヴィルの小説『白鯨』には銛《もり》打ちのクイークェグが登場する。

クックは当初、トゥパイアを乗せることに乗り気ではなかった。人手は足りていた上、イギリスに戻った後のことも心配だったからだ。クック自身は裕福というわけではなく、支援を必要とする人物を連れて帰れば政府はよろこばないだろうと考えた。バンクスの考えはちがっていた。「さいわいにも私はじゅうぶんに余裕がある。彼を連れていかないという選択肢は考えられない……いろいろな話をして楽しませてもらえるだろうし、船に彼がもたらす恩恵は大きいはず……それだけでも十分な見返りだ」と書いている。これでクックも思い直した。知るかぎりのタヒチ人のなかで「目的を達成するためにもっとも頼りになる」のは、やはりトゥパイアだった。

彼らの目的は、できるだけくわしく地理を調査することだった。タヒチを出た後はまず、「風下の島々」を意味するリーワード諸島［ソサエティ諸島の英語名］の調査に取り掛かることになっていた。

ここはトゥパイアにとってはホームグラウンドのようなもの。彼はもともとライアテア島の出身だった。が、近隣のボラボラ島の戦士の攻撃を受けて制圧され、やむなく島を離れたという経緯があった。トゥパイアはさっそく航海士としての手腕を発揮してクックらを驚かせた。いつどこに島が見えると明言し、実際その通りのことが起きた。さらにファヒネ島に着いた時にはトゥパイアの指示で男が潜りエンデバー号の竜骨を計測し、ラグーンに入れるかどうか確認した。トゥパイアは万能だった。水先案内人を務め、首長との橋渡しをし、必要な作法をクックらイギリス人に教えた。トゥパイアの側にもそうするだけの理由があったと見る向きもある。祖先の島をいまも支配するボラボラ人への報復をする際、クックらを味方につけようとしたのではないかと。けれどもクックは現地の権力闘争には無頓着で、次にやるべきことで頭がいっぱいだった。8月10日、重く垂れ込めた雲の下、一行はソサエティ諸島に別れを告げた。「運とトゥパイアにまかせて、大海原へと乗り出した」というバンクスの言葉からは意気揚々とした雰囲気が伝わってくる。

トゥパイアの海図
もうひとつの見方

クックは第二の「秘密」の使命を帯びていた。金星の太陽面通過を観測後、ソサエティ諸島から南下し未知の南方大陸を探せという内々という意味での「秘密」の任務だった。海軍本部としてはそれなりの予備調査をした上でなければ、はるばる南太平洋にまで正式に船を送るわけにはいかなかったのだろう。未知の南方大陸は、イギリスでは依然としてたいへんに高い関心が寄せられていた。そのようなわけでいまエンデバー号は、ヨーロッパの船がまだ入ったことのない太平洋の領域に向かっていた。これまでの船はいずれも赤道を挟んで南北の緯度20度から25度の狭い帯状の海域を航行していた。それより

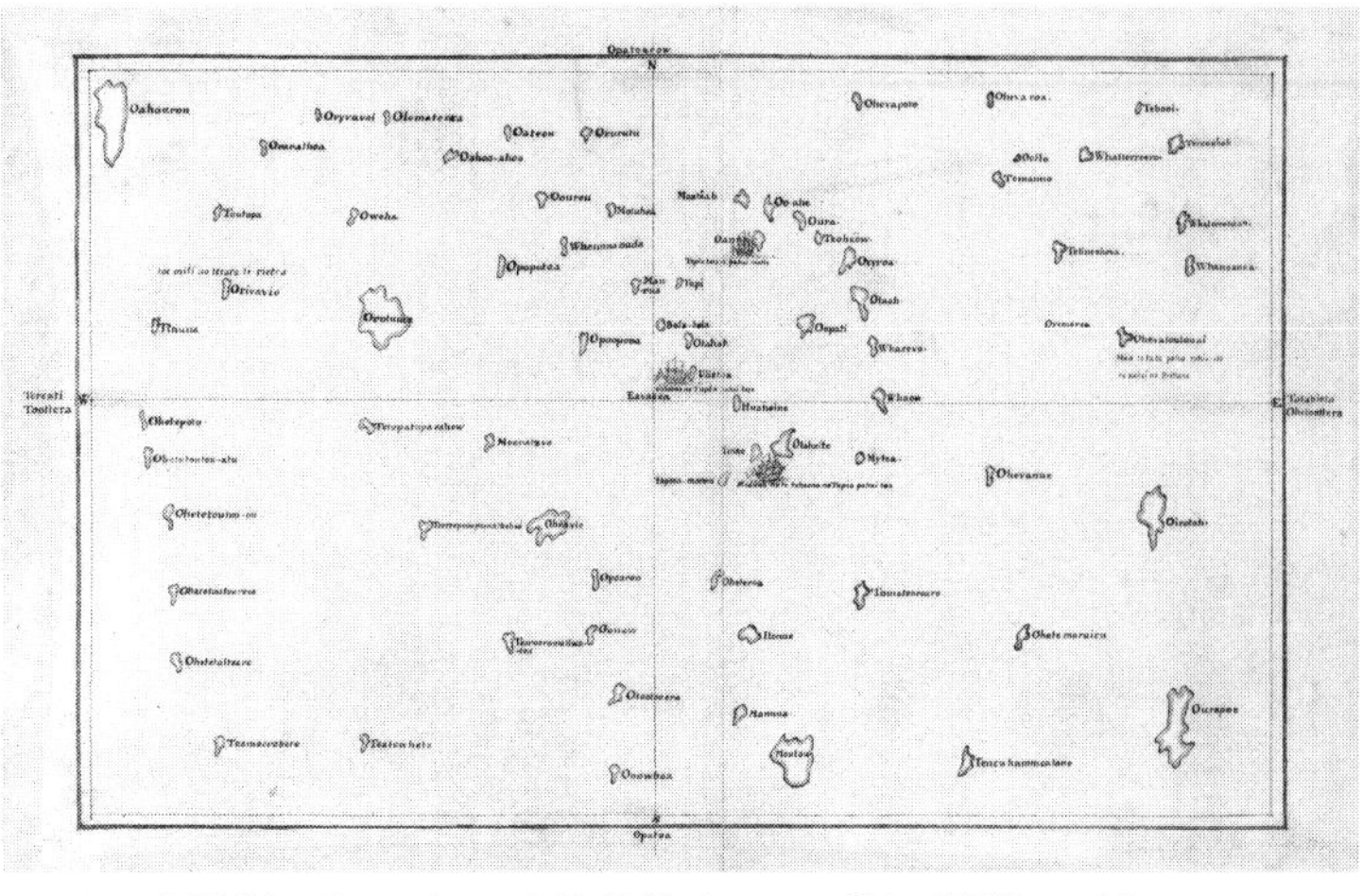

トゥパイアの素描をもとにジェームズ・クック船長が作製したソサエティ諸島の海図（1769年）
ロンドン、大英図書館グランジャー・コレクション

も南（あるいは北）の太平洋になにがあるのか、まだ誰も見たことがなかった。

ライアテア島を出て1日目くらいでトゥパイアは、風――南東から吹く風――に乗れば3日目の朝にマヌアという島に着くと助言したのだがクックはこれを聞き入れずなおも南に針路を取った。3日目、島影は見えなかった。バンクスによればトゥパイアは「etopa」、つまり「追い越してしまった」と説明したという。そして翌日あるいは翌々日にオヘテロアという島に着くだろうと告げた。その言葉通り翌日の午後2時、島があらわれた。これはオーストラル諸島の一部で現在はルルトゥ島と呼ばれている。

西に舵を切ればたくさんの島があるとトゥパイアはクックに言い続けた。確かに太平洋の大半の島はタヒチ島の西に位置している。ただし一番近くても800キロから1000キロは離れている。クックの手元にはその方面の情報はほとんどなく、あるとしても大部分は正しい内容ではなかった。それでもクックはトゥパイアが言う島とは、スホーテンとルメールがトンガ諸島北部で発見した島々なのではないかと考えた。そこにはタヒチ島からは10日から12日で着くとトゥパイアは言う。風に乗ってタヒチのカヌーで行けば計算は合うとクックは納得した。彼は卓越風について知識があった上、パヒというタヒチの大型カヌーは1日約200キロの割合で航行できる、つまりヨーロッパの船よりもずっとスピードが出ると認めていた。

だがあくまでも可能性を検討しただけで、クックは西に、つまり島がたくさんあるかもしれない方向に針路を変更するつもりはなかった。それよりも南方の情報をトゥパイアに求めた。すると、その方角の島はひとつだけ知っている、あと2日の航海で着く、父親から他の島のことを聞いたことはあるがくわしい位置はわからないとトゥパイアはこたえた。実際、その時クックがいた場所の南には島が3つしかない。トゥブアイ島、ライババエ島、さらに離れてラパ島があるだけでその南方には海と氷だけが広がる。クックにとって期待外れの情報だった。トゥパイアが大陸について「知っているのか、聞いたことがあるのかは判然としない」とクックは述べている。

航海は続いた。最後の島を過ぎ、まったく未知の領域へ。まずクックの目に入ったのは南西からの大きな安定したうねりだ。その先に海以外なにもないことを雄弁に語っていた。平均して一日約80キロ進んでいくと、気候と鳥の種類が徐々に変化していった。風が強まり、気温が下がり、アホウドリとミズナギドリの仲間がふたたび見られるようになった。さらに行くと強風、雷鳴と稲妻、激しく叩きつける雨、雲から海面に弓のように伸びる水上竜巻に遭遇した。空にあらわれた彗星《すいせい》を見てトゥパイアは、ボラボラ島の男たちがライアテア島を襲撃する前触れだと告げた。タヒチ島で積み込んだブタとニワトリは12日ほどで死に始めた。寒さのためか、食べ慣れた餌が尽きて他の餌に慣れることができなかったか。トゥパイア自身も寒さと食生活の変化で体調を崩し、ほとんどなにも食べず腹の痛みを訴えた。

一行は陸地の存在を示す手がかりはないかと目を凝らした。ある日、低い位置に雲の厚い塊があらわれ、トゥパイアは島の名を口にしたがけっきょく撤回した。雑草の塊や、木片の塊が船のそばに流れてきたので引っ張り上げてみると、かなり以前から水に浸かっていたのが一目瞭然だった。時には海の色が変わることもあったが海底を確認できたためしはなく、クックをがっかりさせた。滑空する鳥はどれも大陸に生息する種ではなかった。「陸地から遠い地点でよく目撃されている鳥ばかり」とクックは記している。風は強く風向きは変わりやすく、大海原を進む船の乗組員は休む間もなかった。ただ、ある水夫はもらったばかりのラムの瓶を一気飲みし、翌朝自分のハンモックで冷たくなっていた。

9月の2日にはすでに南緯40度に到達していた。「陸地の兆候はいっさいない」のに加えて「極めて厳しい」気象条件のもとで、帆と索具を守るためクックは針路を変更して北上することにした。といっても同じところを往復してもなにも見つからないので、西寄りをめざした——とちゅう、南緯37度あたりで厳しい気候から抜け出せると判明した。エンデバー号の航路は、北西、南西、真西とジグザグを描き、9月は一日また一日と過ぎていった。バンクスの日誌にはこんなふうに綴られている、「イングランドの友人たちが魔法の双眼鏡で今の私たちを見てくれないだろうか。ソランダー博士［遠征隊の博物学者］はキャビンテーブルに向かって絵を描き、私は自分の事務机で日誌を書いている。彼と私の間には海藻の大きな束が吊りさがり、テーブルには木とフジツボが置かれている」。それは最近、海から引き上げられたものだった。バンクスは触れていないが、そこにはトゥパイアもいた。エンデバー号に乗り組んでいたバンクスらジェントルマンが比較的平穏なこの時期に取り組んだ仕事のひとつが、トゥパイアが知る島をすべて海図にしていくことだった。

他の絵とはちがい、この特別な海図はトゥパイアが描いたものだと最初からはっきりしていた。クックの日誌には「トゥパイアの手で島が描かれた海図」とある。クックの二度目の航海に同行した博物学者ヨハン・フォースターはエンデバー号の航海士から入手したものとジョセフ・バンクス所有のものを見ている。フォースター自身も海図を作製し、「ソサエティ諸島の人々、とりわけトゥパイアの創意工夫と地理の知識」を称《たた》えた上で自著に収録した。いずれもトゥパイアが描いた海図を原本としている。残念ながら原本は消失してしまったがバンクスの書類のなかから、クックが署名し日付を書き入れた写しが見つかっている。

それはタヒチ人の地理の知識をヨーロッパの地図として表現するという史上初の取り組みであり、まさしく快挙だった。地理に関して基本的に相容れない発想をする一流の船乗り同士の合作だ。よくぞ実現したものだ。

トゥパイアの海図はまぎれもなく、複雑な協業の成果である。トゥパイアとクックのどちらが持ちかけたのかはわからないが、ともに乗り気であったにちがいない。トゥパイアは図で表現するという難題に取り組んだ。タヒチ島を出港する前に、すでにライアテア島を描いていた。リーフ、水路、小島、山があり、バンクスはそこに場所の名を書き入れたようだ。クックは綿密に海図を作製することで定評があった。海図が整っていない海域を航海するにあたり、参考となるものは貪欲に吸収しようとしたはずだ。

ところがトゥパイアの海図は「異文化の融合による混乱に満ちた」ものだった。クックの参考になったかどうかはわからないが、じつに興味深い海図ができた。中央にはトゥパイアの故郷ライアテア島を含むソサエティ諸島、それを取り囲んで同心円状に74の島がある。一部の島――タヒチ島の北東320キロから1300キロほどのトゥアモトゥ諸島、マルケサス諸島の一部など――は実際の位置関係と重なるが、多くの島はそうではない。名前から類推してサモア、トンガ、クック諸島、オーストラル諸島に属すると思われる島は、実際はタヒチの南に位置するのに北の方向に、北西なのに南西、固まっているはずなのに南北に分かれている、といった具合だった。

その意味を解き明かそうと、長年さまざまな取り組みがおこなわれてきた。１８３０年代と40年代に太平洋の多くの領域を探検したアメリカ合衆国の遠征隊に同行した言語学者ホレイショ・ヘイルの分析は、初期のものであるがひじょうに興味深い。ヘイルはトゥパイアの海図の情報量の多さに注目した。ニュージーランドとハワイをのぞいてポリネシアの重要な群島すべてが書き込まれており、「位置は正確とは言えないが、方角と距離にはかなり注意が払われているので特定できる」と述べ、さらに「海図に見られる多くの混乱の原因はトゥパイアではなく、彼の情報を必要とした人物のミスから生じたものだった」と指摘している。

ヘイルは想像力豊かな指摘をしている。海図を描くトゥパイアの肩越しにクックがのぞき込んで口出しをしたのではないかと。なぜならクックが知っている島――マルケサス諸島、トゥアモトゥ諸島、オーストラル諸島の一部――は正しく配置されているからだ。それに比べてクックが見たことも聞いたこともない島はまちがって配置されている傾向が強かった。独創的な見解だが、はたして真相はどうだったのだろう。

海図を読み解くためにはトゥパイアの地理的な知識を論理立てて理解する作業が重要であり、長年続けられてきた。どうすればトゥパイアのように海図と現実を結びつけることができるのか。「正しい」か「まちがい」か、「正確」か「不正確」かを見るだけではこの海図の価値を見失う。物質界の情報を使うためのふたつの別々の体系的知識が融合したものとして扱うべきだ。

18世紀のイギリス人が海と島の世界をとらえる際には、おもに定量的な手法をとった。緯度と経度で位置を、距離は海里で、時間は月、日、時間、分の単位で、風力にも基準があり、後にビューフォート風力階級と呼ばれるようになる。どれも観察者の主観的なものではなく客観的な数値だ。また、個々の人間の経験や超自然的な力と結びつけてとらえることはない。

いっぽう18世紀のタヒチ人には自然界と超自然界との境目はなかった。よい風をもたらすタネ神を呼び出すこともトゥパイアの航海術の一部だった。しかし、これに対してはバンクスは冷めた目を向けたようだ。本気で言っているとは思えなかったのだろう。しかしトゥパイアが生きている世界では彼自身と風とタネ神は相互に結びついていた。航海士は神を呼び出して航海に関するさまざまな要素に影響を与えることができた。それは義務でもあった。物質世界はタヒチ人にとって決して客観的な事象の集まりではなく、祖先、人間、魚、鳥、虫、岩、雲、風、星などが秩序にしたがって繋《つな》がり、その繋がりがクモの巣状に広がっていた。

クックがトゥパイアに見せたヨーロッパの海図は客観的な知識で構成された世界であり、タヒチ人の世界観とは相容れない。位置、距離、方位は地球の大きさと形をもとに数学的な手法で決定される。地上の誰かの主観に沿って描かれるのではなく空の高みから眺めて描いた鳥瞰図《ちょうかんず》のようなものだ。描かれている場所を実際に経験する身の視点——船の甲板に立つ者の視点など——はいっさい含まれていない（ただしヨーロッパの航海者は実際の海岸線の様子を絵に描いて残していた）。

いっぽうタヒチ人の航海術は客観的に測定した数値をほとんど使わなかった。距離を時間で測る際には、個人の経験が基準となる。たとえばトゥパイアによれば西方の島は（追い風で）行きが10日、帰りは（逆風で）30日の距離である。同じく島の位置も比較であらわす。南緯17度35分、西経１４９度48分とは言わず、ある場所から船で何日、別の場所から何日行ったところにあると表現する。タヒチ人は海上では太陽、星、風を方位の基準とし、陸上では話し手を基点とした相対的な言い方をする。東西南北ではなく、ポリネシアの多くの島では地形を目印にして移動の方向を――たとえばハワイではマウカ（山側）に行く、マカイ（海側）に向かう――表現した。

このようにタヒチ人はあくまでも主観的にとらえる。トゥパイアの海図は彼を中心とした地理をヨーロッパの客観的な形式で描いたということだ。それはどういうものなのか。たとえばソール・スタインバーグが描いた『ニューヨーカー』の表紙として有名な「9番街から見た世界」という作品がある。マンハッタンの向こうにハドソン川、その先にニュージャージー、カンザスシティ、ネブラスカ、太平洋、いちばん向こうに日本と遠近法で描かれている。トゥパイアの海図は現代のスタインバーグの絵のような皮肉は込められていないものの、中央（彼の故郷のライアテア島付近）は情報量が多く密度が濃く、離れるにしたがって比喩的になるのは似ている。

島の位置は基本的に不変だが、航海は膨大な知識をもとにした「行動」である。トゥパイアは地理の知識を抱えているだけではなく航海者としてその情報をどう活用すればいいのかを知っていた。彼の知識は使うためのものであった。そう考えれば、トゥパイアの海図が単なる位置情報ではなく航海の際の注意点や具体的な指示まで網羅していても不思議ではない。特定の場所が〝どこ〟にあるのか、ではなく〝どうしたらそこに到達できるのか〟をトゥパイアは教えようとした、「クックらにどの方角に島があるのか航海士として伝授」したのである。

大昔から船乗りはなにかを目安として「丸い水平線を区切り」、方角を確認した。ポリネシアの船乗りは風、海流、雲のかたち、満潮線、島の種類、星の位置などを頼りにめざす方向に大海を渡っていたことがわかっている。彼らは「スター・コンパス」を使っていたらしい。初期にこれを知ったヨーロッパ人はその精度までは確認できなかったようだ。スター・コンパスの仕組みは、まず地球と空が接する水平線を円として思い描く——海上の船や小さな島の高い地点からは実際にそう見える。熟練の航海士の頭の中では、この円に特定の星が出るところと沈むところに印がついている。円の中心に立つ自分を想像し、目的地を水平線上に加える。するとめざす島の方角を星が出入りする位置との関係から知るためのプロット図となる。夜空の複数の星の位置を組み合わせれば、進路つまり「星の道《スター・パス》」を決定できる。

この方法を使うとトゥパイアの海図に描かれた島のうち曖昧だった複数の島も含め約33の島を特定できる。5つの島から船出してプロット図を使うという方法だ。ヘイルと同じく謎解きの方法としては独創的で、はたして正解かどうかは確かめようがない。それでも、不可解にも見えるトゥパイアの海図が、じつはまったく異なる方法で効率的に体系化された知識を示しているとわかる。いくつかの島から出発して特定の星の位置をもとに進む方向を決めるというトゥパイアの方法は〝戦略的〟といえるかもしれない。それは緯度と経度という座標で島の位置をあらわすこととは根本的にちがう。

トゥパイアの海図は見れば見るほど想像力がかき立てられる。18世紀後半のタヒチ人の広範な地理の知識に驚くとともに、もっとくわしく知りたいことが出てくる。時をさかのぼってクックやバンクスに会えるのなら、トゥパイアにもっと質問をして価値ある情報を引き出してしっかりと記録してくれと言いたくなる。まちがいなくトゥパイアはそれに値する人物であった。彼がどんなふうに世界をとらえていたのか、もっと理解を深める手がかりとなっただろう。

いま私たちにわかることといえば、タヒチ人はソサエティ諸島のずっと先、ポリネシアの中心部と東部の主要な島々の地理にもあかるかったということだ。ただし一部の島をのぞいて18世紀のタヒチ人は日常的にそこに行っていたわけではない。島が存在するという知識を、彼らは代々大切に受け継いでいたのである。そしてトゥパイアの海図にはポリネシアの3つの地域が載っていない。広大で陸地のない海域を越えなければ到達できない場所であり、タヒチ人の地理の知識はそこまで及んでいなかったことを物語っている。その3つの地域とはハワイ諸島、イースター島、ニュージーランド。いずれもポリネシアン・トライアングルに含まれている。クックとトゥパイアを乗せた船はニュージーランドへと向かっていた。

決定的な瞬間
ニュージーランドのタヒチ人

9月が過ぎ10月に入ってもエンデバー号の前に陸地はあらわれず、ただ西へ西へと進んだ。もはや鳥の観察以外に記録するようなことはほとんどなくなり、さすがのバンクスもアホウドリとウミツバメを観察するくらいとなった。10月の下旬、海藻の大きな塊がいくつも漂うのが見えた。なかには「手押し一輪車いっぱいになるほどの大きな塊」もある。クジラとアザラシの群れも目撃された。たくさんのネズミイルカが波を乱し「猟犬の群れ」のように互いを飛び越していった。つかのま激しいスコールにも見舞われた。どれも陸地が近い兆候だ。外洋ではそのようなスコールにはめったにあわない。ポートエグモント・ヘン――トウゾクカモメの一種――が一羽目撃され、期待が高まった。水の色がやや明るくなってきたようだ。クックは慎重に水深を測定し始めた。

「ニュージーランドの戦闘用カヌー」シドニー・パーキンソン
ジョン・ホークスワース著『An Account of the Voyages』(ロンドン、1773年)より
ハーバード大学、ホートン図書館所蔵

そして10月の最終週の終わり、マストの先端部につかまってついに少年が「陸地だ」と叫んだ。

タヒチを出てから約5600キロ、緯度で20度あまりを越えてふたたび南緯38度に達した。海水は冷たく空の色は薄く、前方に見える陸地は高くそびえ、でこぼことした輪郭だ。海沿いの険しい断崖、うねるような丘の先には内陸部の高い山が続く。この地形だけで、ここの住民は熱帯の島の人々とは違うはずだとわかる。バンクスをはじめ多くの乗員が、これこそ未知の南方大陸だと確信した。

クックはちがった。これは1642年にアベル・タスマンが発見した陸地だと考えたのだ。陸地が近づくにつれて海岸線沿いにあちこちから「もうもうと煙が」上がるのが見えた。クックはすぐにでも住民と接触しようと湾内に錨を下ろせる場所をさがし、すぐさま投錨した。岸に人影を見つけたクックはボートでそばにつけるよう指示した。が、複数のボートが近づくのを見て住民は木々の中に姿を消した。クックらは上陸し、海岸を歩き出した。その姿が遠ざかり見えなくなると森に身を隠していた住民があらわれ、ボートの番をしていた4人の少年に襲いかかろうとした。それを見て別のボートに乗っていた水兵が発砲し、男が一人倒れた。仲間がその男を引きずって海岸を90メートルほど進んだところ、ちょうどクックたちが戻ってきたので逃げ出した。銃声を聞いてクックたちは何事かと急いで戻ってきたのだ。

男は心臓を撃ち抜かれ、すでに息はなかった。バンクスは男の亡骸《なきがら》をていねいに調べている。体格は中くらいで肌は褐色、片側の頬には渦巻文様のタトゥーがあった。身につけていたのはイギリス人がこれまで見たことのない、みごとな布だった。その結び方はニュージーランドについてのタスマンの記録に添えられた版画と同じだったとバンクスは述べている。

翌日、クックはふたたび上陸を試みた。今回は用心のために水兵たちを、そしてトゥパイアを同行させた。クックは住民に「キングジョージ島の言葉」つまりタヒチ語で話しかけてみたところ、相手は武器を振り回して戦士の踊りを始めたと記録している。これこそ有名なマオリ族の〝ハカ〟であり、ジョン・ゴア海軍士官が生き生きと描写している。

100人ほどの先住民は武装し……整列した。列の左側から右側へと一人一人順に跳びあがり、端まで行くと今度は右から左へと順に跳躍した。手にした武器を振り回し、口を歪めて舌を出し、白目を剝《む》き、その間もずっとしわがれ声で勇ましい歌を歌っていた。

威圧的な振る舞いをする男たちに対し、クックは水兵らを整列させ、彼らの前でユニオンジャックを掲げて行進させた。緊張感が異様に高まったその時、意外なことが起きた。トゥパイアが前に進み出て土地の戦士たちにタヒチ語で雄弁に語りかけたのだ。なんと、それが通じた。

まさに決定的な瞬間だった。一行のこれからの航海を大きく左右し、学問的にもきわめて意義深い瞬間だった。ニュージーランドを半年かけて周航する間、船にトゥパイアがいることで「どれほど助かったことか」とクックは後に述べている。トゥパイアの高い語学力と交渉術は、イギリス人が地理情報を得るにも物資を入手するにも、なによりマオリ族との衝突を回避するにも欠かせなかったのである。トゥパイアはその土地で名士として扱われるようになった。住民がおおぜい集まって彼の「説教」を聞いたり、船尾に彼が立ち、船を取り囲むカヌーの人々に話をしたりする姿がよく見られた。

何年も後にクックがニュージーランドを再訪した折りには、まっさきに「トゥパイアはどこですか？」と質問されたという。

当のトゥパイアはニュージーランドの住民に仲間意識は抱いていなかった。たどっていけば必ずどこかで彼らと親戚関係があったはずだ。しかしそれよりもイギリス人との直接の関係を大切にしていた。マオリ族はとんでもない嘘つきだからやりとりする際には警戒したほうがいいとイギリス人に注意をうながすほどだった。オーストラル諸島のルルトゥ島でも、島民を信頼するなとイギリス人に忠告している。そのいっぽうでニュージーランドの人々と自分は共通の文化を受け継ぐ者同士であることをごく自然に受け入れていた。彼とマオリ族の神官が自分たちの「古い伝統と祖先について」長い対話をしていたとバンクスが記録している。細かな部分に違いはあっても両者の類似性はあきらかだった。ある老人はトゥパイアに、「自分たちがずっと暮らしてきた土地よりも大きな陸地は知らない」が、祖先は「Heauye から来た……たくさんの島がある北の方から」と語った。これは神話の土地ハワイキを指していた。東太平洋の島の人々は、祖先がハワイキからやってきたと代々伝えてきた。

ヨーロッパ人から見れば確かにタヒチ人とマオリの共通点が目につくが、似ても似つかない部分もあった。ニュージーランドでの数ヶ月にわたる滞在後にバンクスは次のようにまとめている。マオリはタヒチ人よりも活動的、タヒチ人ほど太っていない、物腰は丁寧だが清潔さでは劣る、有能な漕ぎ手だが航海者としてはタヒチ人に劣る、盗みはあまりはたらかないが人食いである。タヒチ人は人食いは忌まわしいと言う。こうして違いはあるものの、総じて両者はよく似ているとバンクスは結論を出し、次のように述べている。「ほぼまちがいなく彼らは同じ起源を持つ人々である。それがどこにあるのか私たちはこれから身を以《もっ》て学ぶことになるのだろうか」

太平洋の多様な島々の住民は同族なのか、彼らはどこから来た人々なのか、クックはその後もずっと考え続けた。1772年から1775年にかけての二回目の太平洋遠征は氷に覆われた南極大陸まであと少しのところを三度通過し、熱帯の島と諸島を発見するという長く複雑なものだった。そのとちゅうでタヒチとニュージーランドを再訪し、マルケサス、ニウエ、トンガ、イースター島などポリネシアの島々にも立ち寄った。そして最後の航海となる三回目（1776年に出発）でトンガ、タヒチ、ニュージーランドをふたたび訪れ、南のクック諸島の一部を訪れた後、ハワイ諸島を発見し、そこで殺されることになる。こうしてクックは1779年までにポリネシアン・トライアングル全体をまんべんなく見てまわり、ポリネシア人がどこまで拡散しているのかという範囲を把握していた。

ポリネシアのもっとも東の端にあるイースター島についてクックは1774年に記録している。イースター島の住民が西の島の人々ときわめてよく似ていると指摘し、「なんということか」と素直に驚きをあらわす。「地球の面積のほぼ4分の1を占める広大な海原の島々すべてに……一つの国家から人々が拡散した」と考えるだけでぞくぞくするが、実際にその距離を航海した当人はどれほど深い感慨をおぼえたことか。この時、クックは南太平洋約1万2900キロの航海をやり遂げたところだった。ニュージーランドからイースター島までジグザグと舵を切って進みながら、島と島がどれほど離れているのかを誰よりも実感していたにちがいない。

人々の類似性について、クックはいかにも彼らしく理路整然とした考察をしている。3つの分野での類似性に注目したのだ。第一に島民たちの見た目。褐色の肌、黒い髪、総じて長身でがっしりとした体格で、西の方のパプアニューギニア、ソロモン諸島、バヌアツなどの島民とははっきりと区別できた。西側の島民の外見は多様で肌の色はもっと暗かった。

第二に物資的文化の共通性。釣り針、布、家、カヌーなど彼らがつくるもの、使うものに注目した。あきらかな類似性があった。食べるもの、道具、料理法はほぼ同じ。カヌーはバラエティに富んでいるが、デザインはよく似ていた。家と儀式の場のつくりにも多くの類似性が見られた。クックはソサエティ諸島とニュージーランドには数ヶ月滞在したものの、他の群島はごく短い日数だったのでかならずしも彼の考察通りとは言い切れない。それでも島の文化の極めて深い部分にも酷似している点が見つかった。祭壇に食べ物がうずたかく供えられている光景、儀式の身振りや手振り、ふたつの集団が遭遇した時にヤシの葉など青葉を振る習慣をクックは多くの場所で見ていた。

クックの言葉を借りれば彼らが「同じ人種」に属すると確信させる第三の類似性は、言葉だった。ニュージーランドでトゥパイアがマオリと意思疎通できた瞬間は劇的だった。が、ニュージーランドに着く前にクックはトゥパイアから「すべての島で同じ言葉が話されている」と知らされていた。クックの二度目の航海ではトゥパイアとは別のタヒチ人がふたり、トンガ、ニュージーランド、イースター島、マルケサス諸島に同行した。トゥパイアに比べれば知識も言語能力も劣るふたりだったが、トンガをのぞいてすべての島で話が通じた。当時はまだあきらかになっていなかったが、これは言語学的には筋が通っている。トンガ語はポリネシア語派からもっとも早い時期に分岐し、言語学的な意味でもっとも保守的といえる。

クックの太平洋遠征とちょうど同じ頃、言語の性質や複数の言語の関連性についての研究が飛躍的に進んでいた。イギリス人言語学者ウィリアム・ジョーンズ卿はインドの言語と文化を研究し、1786年にサンスクリット語とラテン語および古典ギリシャ語は偶然とは思えないほど強い「類似性」があるとし、3言語は共通の源から派生したのだろう、その源なる言語はすでに消滅したのだろうと述べた。さらにゴート語（絶滅したゲルマン語）、ケルト語、古代ペルシャ語などもその消滅した言語から派生した可能性があると唱えた。これはやがてインド・ヨーロッパ語族［印欧語族］の研究へと発展していくことになる。印欧語族にはインド亜大陸からアイスランドまで幅広い地域において歴史的につながりのある数百の言語が含まれ、一部は現存し一部は消滅している。

言語同士のつながりは昔から注目されてきた。ラテン語と古代ギリシャ語の類似性、ロマンス語に分類される言語、オランダ語とドイツ語とスカンジナビアの言語のつながりなど。ところが類似性がなさそうな言語——たとえばベンガル語、マン島語、アルメニア語——にもつながりがあり、もとを辿ればたったひとつの祖語に行き着くかもしれないという主張は衝撃的だった。ヨーロッパではこれを印欧祖語と呼び、19世紀にイギリス、デンマーク、フランス、ドイツの言語学者によってみごとに再構築された（おとぎ話を採取したグリム兄弟もその分野の先駆者として活躍した）。その方法はいまも活用されている。

これは言語を比較するという、一見シンプルな手法である。まず、意味と音が似ている言語を同族語としてグループ分けする。次に、こうした言語の差異は規則的で系統的であるかどうかを見る。言語は系統的に変化するという興味深い事実がある。特定の条件（言葉の先頭、あるいは特定の動詞の前）で必ず音が変化する、というように。たとえばラテン語と英語を比べるとpがfに〝pater/father〟、〝ped-/foot〟、あるいはdがtに〝decem/ten〟、〝dent-/tooth〟と規則的に変わっている。この規則的な変化の原則は19世紀の言語学の大発見だった。複数の言語の比較、言語と言語の関連性を時間の経過に沿って解き明かすにはこの方法以外にはまず考えられないだろう。

しかしまったくの偶然から言語が似ている場合もある。ギリシャ語の〝theós〟は「神」を、アステカの言語の〝teotl〟は「聖なる」を意味するがふたつの言語に関連性はない。意味と音が似ているのは単なる偶然だ。関連はないが似ているというケースは、普遍的な言葉である可能性もある。たとえば赤ちゃん言葉だ。英語の〝ma〟、マンダリン語の〝mā〟はどちらも「お母さん」を意味する。擬声音も似る傾向がある。ギリシャ語の語根〝pneu-〟は「息をする」という意味だが、これはクラマス語（ネイティブ・アメリカン）の「息をする」という言葉〝pniu-〟に驚くほど似ている。両者とも息を吸ったり吐いたりする音を反映しているのだろうが、それ以上の関連性はない。

最後に、借用というケースがある。イギリスは他の言語からたくさんの言葉を借りている。ハンガリー語から〝goulash〟、タミル語から〝veranda〟、ミクマク語から〝caribou〟、ジャワ語から〝gecko〟と挙げていくとキリがない。他のあらゆる言語でも同じことがおこなわれている。ある言語に存在しない概念をあらわす際、異なる言語から借りる。共通の祖先から派生していなくても、話者同士の接触を通じて共通の言葉が入ってくる。このように意味と文法と発音の類似点が規則的で、それが擬音や普遍的な言葉や借用語でなければ共通の祖語から派生した言語である、つまり「遺伝的」に近い可能性が高い。

クックはそういうことには無関心だったにちがいない。彼はあくまでも行動の人だった。だがジョセフ・バンクスは大いに興味を示したはずだ。実際、後にジョーンズとやりとりしている。タヒチ人とマオリの言葉が通じるとトゥパイア自ら証明する前から、すでにジョーンズは言語の類似性に着目していた。タヒチからニュージーランドまでの数週間は読み書きくらいしかやることがなかった。バンクスはソサエティ諸島で見聞きしたことをひたすら記録していった。タヒチ人の言語についても書いている。「ひじょうに柔らかく、抑揚をつけやすい」、母音が豊富で発音しやすい言葉であると（同じ理由からタヒチ語は読むのに苦労することがある。タヒチの国際空港にもつけられている地区の名前Faaa——Fa'a'aとも表記される——もそのひとつだ）。

バンクスはおよそ１００のタヒチの言葉でリストを作成した。頭、髪、イヌ、サメ、太陽、月、ロープ、網、家、雲、骨などに加えて重要な動詞もいくつか並んでいる——食べる、飲む、盗む、怒る。表記のしかたは独特だが、おそらく耳で聞き取った通りに書いたのだろう。リストのなかの2語はそのまま英語に借用された——〝マヒマヒ〟は魚の名として一般的になり、〝モア〟は「大型の家禽《かきん》」とバンクスは注釈をつけているが絶滅した飛べない鳥の名前として使われている。

17世紀と18世紀の探検家と同行した科学者にとって言葉を収集してリストを作成するのはごくあたりまえの作業だった。海図、沿岸の景色、新しい動物と植物をスケッチするように、初めて遭遇した領域を記録に残した。それはヨーロッパの壮大なプロジェクトの一部だったのだ。もっと実用的な目的もあった。たがいが収集した言葉を共有しておけば現地で通じるかもしれない。現に、タスマンをはじめとして探検家が群島の言葉リストを使い、たいていは通じなかったという記録が残っている。

さいわいバンクスには時間がふんだんにあった。資料にも不自由しなかった。別々の本から言葉リストを複数選び――1616年にスホーテンとルメールが収集した言葉のリスト、そしてオランダ東インド会社の航海で収集された言葉のリスト――図表を作成することを思いついた。1から10までの数をタヒチ人の言葉、ココス諸島、ニューギニア、マダガスカルの言葉で比較したのだ。

数をあらわす言葉は、複数の関係を知るには絶好の材料である。同様に身体の部分を指す言葉、基本的な動きを指す言葉も長期にわたって変化しないとされる。借用語が使われる傾向が低いのも一因だろう。たとえば2を示す言葉は印欧語族に属する多くの言語で一貫性がある。ギリシャ語は〝dúō〟、ヴェーダ語は〝dvá(u)〟、ラテン語は〝duo〟、ウェールズ語は〝dau〟、古代教会スラブ語は〝dŭva〟など。バンクスが作成した図表で2という数はタヒチ語では〝rua〟、ココス諸島の言葉は〝loua〟、ニューギニアは〝roa〟、マダガスカルは〝rove〟である。7という数はタヒチ語で〝hetu〟、ココス諸島では〝fitou〟、ニューギニアでは〝fita〟、マダガスカルでは〝fruto〟だ。バンクスの図表は完璧ではないにしろ、全体的に言語同士の関連性を強く示している。

バンクスが並べた言葉が正確に何語であるのか、これは推測するしかないのだが、スホーテンとルメールが「ココス諸島」と呼んでいたのはおそらく現在のトンガ王国の北部区域のふたつの小さな島だ。そこでは今日トンガ語が話されている。1616年にはサモア語にちかい言葉が使われていた可能性は高いが、ポリネシアの言語であることには変わりない。「ニューギニア」はどこを指していたのか、あまり確実ではないが、どうやら現在のパプアニューギニアの北東の沖合にあるニューアイルランド島のようだ。ポリネシアン・トライアングルの西の端にあたる。言語学的には、ポリネシアの言語のかなり遠縁にあたる。どちらもより大きな語族を構成している。

　タヒチからトンガの北部の島までは約２５００キロ、タヒチからニューアイルランド島までは６４００キロ以上の距離だ。バンクスが図表で並べた言葉は、壮大な範囲に広がっていた。しかも類似性のある言葉がマダガスカル島でも使われていた可能性がある。なんともスケールの大きな話ではないか。もはや太平洋という領域を越えている。マダガスカル島はアフリカ大陸の南東の沖合にあり、タヒチからもっとも短い航路でも1万６０００キロ近い。当のバンクスも、これには大変驚いた。「数をあらわす言葉や言語を同じ場所から、この広範囲の島々へと人々が運んで生きてきたということは想像がつく」と述べた上で、「しかしマダガスカルで数をあらわす言葉も同じとなると、もはや信じ難い」と認めている。

　バンクスの気持ちはよくわかる。が、まぎれもない真実だ。これは太平洋の人々についてひじょうに興味深い事実のひとつである。ポリネシア、ミクロネシア、フィジー、ニューカレドニア、バヌアツ、フィリピンの言語すべて、そしてソロモン諸島、マレーシアとニューギニアとマダガスカルと台湾の一部の言語はオーストロネシア語族に属している。ひょんなことからバンクスはその事実をかいま見たというわけだ。オーストロネシア語族に属する言語は１０００を超え、話者は世界中に3億人以上と言われ、地球上で最大級の語族である。全体像があきらかになったのは20世紀に入ってからなので、１７６９年に図表を作成したバンクスは、当然ながらそのような知識はなかった。それでもポリネシアというパズルの重要なピースのひとつをまちがいなく彼はとらえていた。

初期の太平洋の地図はB.C.（ビフォー・クック）とA.C.（アフター・クック）――クック以前とクック以後――のふたつに分かれる。これは地図製作に関わる人々が口にするジョークだ。太平洋の地理へのクックの偉大な貢献が伝わってくる。同時に太平洋という領域の歴史においてもクックの功績ははかりしれない。クックが訪れる前、そこは島々で暮らす人々の世界だった。稀《まれ》にヨーロッパ人がやってくることはあっても、ほとんど影響力はなかった。太平洋という領域は、外界から切り離された世界だったのだ。クック以降、太平洋とそこにある島々がかなりはっきり知られるようになり――すべてクックの功績というわけではないが――外部から来訪者が少しずつ増え、やがてどっと押し寄せた。それまで何百年もかけて徐々に変化してきた太平洋という彼方の領域は、クックの遠征を境として激変を余儀なくされた。

ただしクック自身はそうした変化をまったく見ることなく1779年にハワイで命を落とした。彼に情報を提供し、よき相棒だったトゥパイアはもっと早くこの世を去った。トゥパイアはクックとともにエンデバー号でニュージーランドを離れてタスマン海をオーストラリアに向けて航海した。オーストラリアについてまったく知識がなかったトゥパイアは、そこでアボリジニが樹皮のカヌーに乗って魚を槍で突く姿をスケッチしている。一行はオランダ領東インドに行き、イギリスまでの長い航海に備えて船を修理している間に、トゥパイアは赤痢にかかり高熱に苦しんで他界した。エンデバー号の乗組員の約半分も死亡した。

クックはおもに航海者としての業績で称えられた。彼のおかげでリーフと海岸線の確かな知識ももたらされたのである。が、それだけではない。ポリネシアの歴史の扉がようやくヨーロッパに開かれた。そのきっかけとなったのがクックたちの航海だった。生身のポリネシア人を知り、意思疎通を図り、彼らの知識と接触するための第一歩を踏み出したのだ。むろん、ささやかな一歩ではあったが確かな手応えはあった。トゥパイアはタヒチからどれほど遠くまで来ても、つねに正確に位置を把握していた。それを知っただけでもすばらしい成果なのだが、どうやって位置を確認するのかと誰も尋ねていないのが惜しまれる。タヒチ人は「長い航海」では「日中は太陽を、夜間は星を頼りに」進んだというバンクスの記録は貴重なのだが、その詳細について知ることができないのは残念でならない。

それでもこうした航海が持ち帰った成果は重要だった。第一に、遥か彼方の太平洋では同じ民族と思われる人々がひとつの文化圏を形成しているとわかった。第二に、その人々は遠く離れた西方の地に暮らす人々と少なくとも言語的に関連性がある可能性。これでポリネシア人とは何者かを解き明かすため骨組みが整った。じかに観察する、ポリネシアの人々から直接話を聞く、という作業を基盤に言語学的考察を少々加えるという方法で、より納得のいく推論に到達できた——ポリネシアの民は彼らの土地の神によってつくられた、だけで片付けてしまうよりはいいにちがいない。ただ、それだけではどんなに想像力を駆使してもすべては見えてこない。それから100年あまり、さまざまな人が加わりポリネシア人の歴史について多様な説が出た。すぐれた仮説もそうでないものも、バカげた主張も。いっぽうで当のポリネシア人は、外界との接触が多くなるとともに否応なく変化を強いられていった。

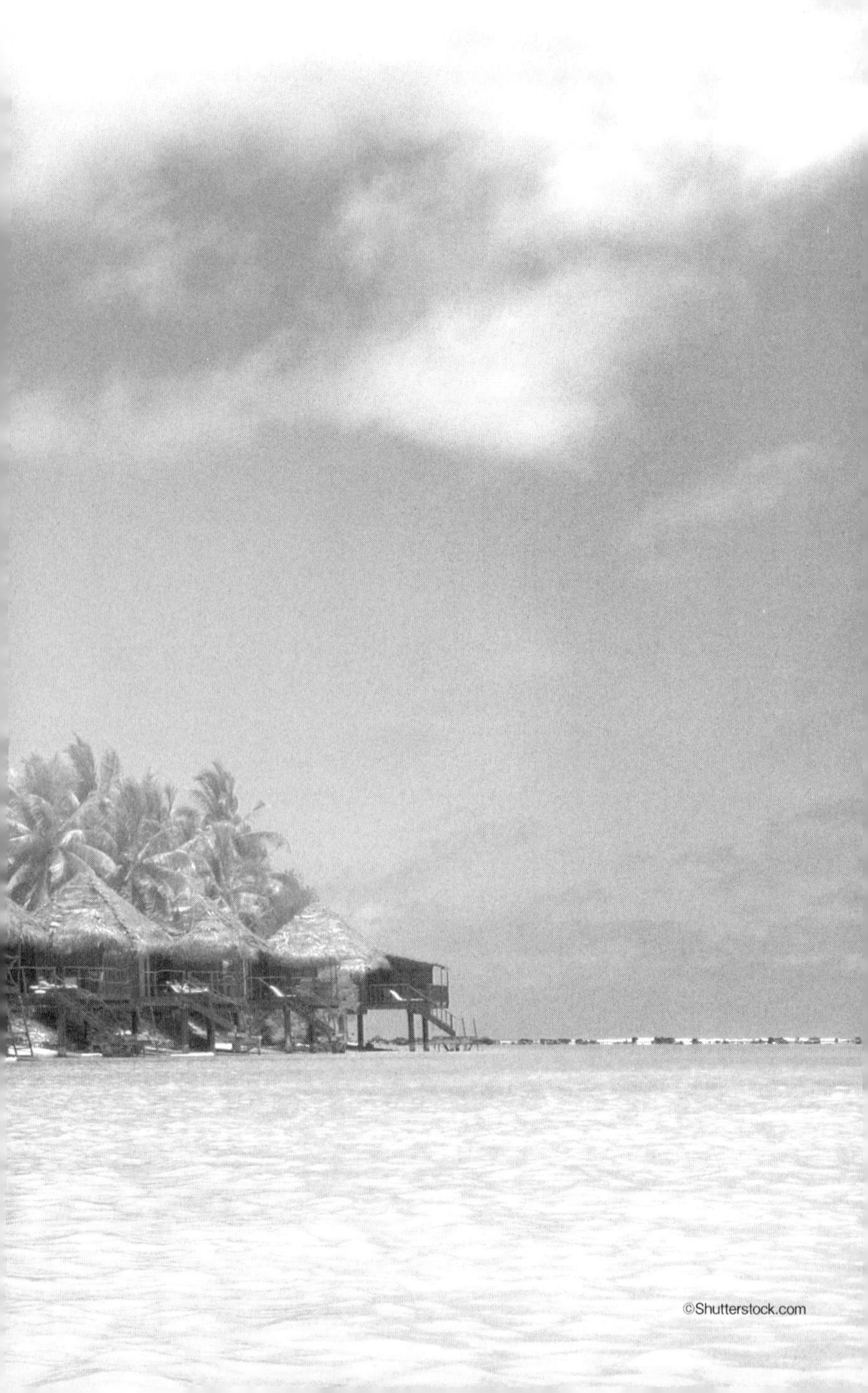

第三部 彼らはなにを語るのか

（1778年－1920年）

19世紀のヨーロッパ人に
ポリネシア人は
なにを語ったのか、
それはどう伝わったのか。

諸説が登場 沈没した大陸の謎

19世紀の太平洋

19世紀に入ると太平洋にはすさまじい変化が訪れる。クックがハワイで命を落としたのは1779年。これでヨーロッパ人による発見の時代は事実上、幕を閉じた。海洋の大きさ、南方大陸が存在するのかしないのか、おもな諸島の位置など地理に関する主要な情報はすでにあきらかになっていた。さらにクロノメーターなど海洋技術の進歩（クロノメーターの開発でヨーロッパ人航海者はめざすところにかなり高い精度で行けるようになった）で太平洋は格段に行きやすくなり、外部からの流入がどっと増えた。宣教師、捕鯨船、交易船、役人、入植者たちが。

1796年、イギリスを出航した船は宣教師の男女30人を乗せてポリネシアに向かった。トンガ諸島、タヒチ島、

「1842年9月9日、デュプティ・トゥアールがタヒチを掌握」
パリ、国立海洋博物館、ウィキメディア・コモンズ

マルケサス諸島で初の伝道という冒険に乗り出したものの、結果的にうまくいかなかった。トンガに送り込まれた宣教師のうち3人は部族の戦いに巻き込まれて殺された。タヒチに配属された者は1人を除いて持ち場を放棄した。マルケサス諸島では宣教師2人のうち1人はいくら説得されても上陸すらしなかった。それでもキリスト教の伝道活動は着実に進み、わずか10年で英国国教会、メソジスト派、長老派教会、会衆派教会、カトリック、モルモン教のおおぜいの宣教師が教理問答書を手に各地に散っていった。広大な海洋の地理があきらかになり数少ない安全な港があるとわかれば、交易めあてに商船がやってくるのは時間の問題だ。テラ・アウストラリス・インコグニタ、そこにあるとされた絹、スパイス、金の夢は消えたけれど、太平洋にはオットセイ、白檀《びゃくだん》、亜麻、材木、真珠、カメの甲羅、ナマコなど魅力的な交易品がふんだんにあり、なんといってもクジラという資源があった。そして捕鯨は莫大《ばくだい》な利益をもたらした。

太平洋に捕鯨船が初めてやってきたのは、キャプテン・クックの一行のすぐ後だった。年ごとにその数は増え、1840年代半ばまでには一年を通じてつねに600から700隻が太平洋を航行していた。捕鯨船には約30人が乗り込み、一回の航海は平均3年半。航路は初期の探検家とほぼ変わらず、たいていはケープ岬経由で太平洋に入った。南半球の夏の数ヶ月間は太平洋の南東の端でトロール漁業を行い、季節の変わり目には北に移動し、合い間に島を訪れて水、食料、女、補給物資を手に入れた。最盛期の1830年代と40年代には世界中から何万人もの男たちがやってきた。ラスカルと呼ばれたインド人乗組員、スペイン人、ネイティブ・アメリカン、イギリス人、バルト人、ロシア人、スカンジナビア人、中国人らがポリネシアの島の港にどっと押し寄せたのである。主な寄港先であるハワイ、マルケサス、ニュージーランドのほかにウォリス諸島やロトゥマ島など小さな島にも、最盛期の数十年間は捕鯨船の乗組員がやってきた。

彼らは食料、衣服、娯楽を求め、たいていはポケットの現金で支払った。主要な港には船員目当てにベーカリー、鍛冶屋《かじや》、売春宿、洗濯屋、賄《まかな》いつき宿泊所、強い酒を売る店があらわれた。が、しだいに治安の悪さで知られるようになっていく。なんらかの方法で秩序を取り戻そうと統治の仕組みが少しずつ整備された――領事、港長、牢屋《ろうや》などが。人口密度の高い一部のポリネシアの島では、19世紀半ばまでになんらかの形で植民地支配が始まっていた。

当然ながら影響は島民にも及ぶ。とりわけ外国人が集中している場所では劇的な変化が起きた。遠く離れた場所で何世紀も外界から隔絶されていた社会はたちまち変わっていった。ハサミ、ナイフ、鏡などが交易で入ってきた。ウマ、ウサギ、ネコなど新しい動物も。新しい食料は小麦粉、キャベツ、タマネギなど。新しい雑草も持ち込まれた。ノゲシ、タンポポ、ハリエニシダなどが。石斧と石の棍棒は銃と手斧に、掘棒はシャベルとクワに、亜麻の繊維の織物と樹皮を打ち伸ばしたタパ布からウールのブランケット、上着、ズボン、木綿の仕事着に変わっていった。新しい法律、新しい言語、新しい宗教、さらには喫煙や飲酒にも染まっていった。読み書きを習得し、なかには各地を訪れて見聞を広める者もいた。旧世界の多様な病原体にさらされるのも初めてのことだった。

ヨーロッパではポリネシアについて広く知られるようになった。17世紀と18世紀には探検家の記録は人気が出て航海への憧れを誘い、文学の新しい分野が生まれていた――実際の紀行文だけでなく『ロビンソン・クルーソー』（1719年）や『ガリバー旅行記』（1726年）などの小説が加わった。この時期のヨーロッパでは新たなロマン主義運動が始まっていた。文化よりも自然を、過去よりも現在を、近くよりも遠くに価値を置き、それとともに民話や神話があらためて注目されるようになった。ギリシャ・ローマの伝統とは異質の古いもの、異質な文化を受け継ぐ歴史がもてはやされた。

その時代ならではの文学作品を挙げてみよう。1762年に詩人ジェイムズ・マクファーソンはスコットランドのゲール族の民間説話をもとにした叙事詩を発表して注目を集めるが、その信憑性《しんぴょうせい》には疑問符がつけられた。1770年には北欧神話の原典散文エッダの一部が初めて英訳された。1797年、サミュエル・テイラー・コールリッジはモンゴル帝国の夏の都を描いた『クーブラ・カーン』を書いた。1805年、ウォルター・スコットはスコットランド国境地方を題材とした作品群の第一作目を発表した。ドイツ初のおとぎ話集がグリム兄弟によって出版されたのは1812年。1826年にはジェイムズ・フェニモア・クーパーがアメリカのフロンティアを舞台にした小説『モヒカン族の最後』を執筆した。

ロマン主義が勢いを増すとともに太平洋はオリエントや辺境の植民地と並んでヨーロッパ人にとって探検や冒険の格好の舞台となった。キーツ、コールリッジらの詩には太平洋が登場し、冒険物語は人喰《ひとく》い部族や火山を特徴とするようになった、ヨーロッパの小説の脇役は（と限らず主要な人物も）富を築くため、あるいは罪を犯した罰として太平洋に出て行った。旅行記は相変わらず人気があり、クックのような探検家の日誌だけでなく宣教師、交易商人、植民地の役人など書き手は増えていった。彼らは太平洋という領域での経験を記録して故郷の読者の好奇心を満たしたのである。

なかには島に住み着いてポリネシアの言葉を身につけ、ポリネシア人について研究成果をまとめた人々もわずかながらいる。彼らはポリネシアの伝承を調べ神話を翻訳し、ポリネシアの名前と言語を比較し、ポリネシアの人々の起源と歴史についての有力な仮説を立てた。表面的な知識をもとにポリネシア人の起源についての議論に加わる人々もいた。こうして19世紀にはありとあらゆる説が顔をそろえた――有益なものも、あまりにも突飛なものも。

ポリネシア人の起源については、クックらが18世紀の後期に「土台」となる基本的な理論を組み立てている。現地で観察し島民の話をじかに聞いて、おそらく東南アジアのどこかを出発して島づたいに海洋を渡って遥か彼方の太平洋の島まで来たのだろうと結論づけた。クックは船の針路を決定する時のように、東西南北を基準として正しい方向を導き出した。まずポリネシアの住民が東から（つまり南北アメリカ大陸）から来たという可能性はないと判断した。またこれまでの経験からポリネシアのはるか北方と南方には未発見の大陸はないはずだった。残る西の方角はかなり期待が持てる。トゥパイアの情報をもとにクックはそう考えた。「（ソサエティ諸島の）住民は西に2リーグから300リーグ［1リーグは約5キロ］離れた島に行ったことがある」とトゥパイアは言っているのだから、「西の島の住民はさらに西に行ったという可能性がある。それが続けば、東インドに到達するかもしれない」と記している。

なるほどと思える。しかしこの仮説にはいろいろと問題がある。なにより、年間を通じて変わらない風の向きだ。ヨーロッパの航海者は「つねに北西方向に吹き続ける強い風」によって太平洋を横断するように西方向に流された。それを考えればポリネシア人が逆方向に移動することは無理なのではないか。東インドからポリネシアに到達するには偏東風を真正面から受けて進まなくてはならない――当時も今も、帆船にはそれはできない。それならばポリネシアの住民は別の方向から太平洋を渡ってきたのだろうと、19世紀の研究者は考えた。つまりアメリカ大陸から出発して西に移動するルートだ。つねに吹いている卓越風の強さと向きを考えれば、「南米からこのすべての島に移り住むのは、地球のどこかから移動するよりも容易」だっただろうと、あるスペイン人宣教師は記している。

アメリカ大陸を出発地と想定すれば風の問題は解決する。が、それでは説明のつかないことが、これまたいくつもある。クックの航海に同行した博物学者フォースターはすぐれた言語学者でもあった。彼はポリネシアの言語と南米の沿岸チリ、ペルーで使われている言語にはまったく関連性がないと、早くも1775年には結論を出している。その後にも、南米大陸の先住民は熟練した船乗りではない、太平洋では珍しくないブタ、イヌ、ニワトリのどれも南米にはいないという事実が、実際に現地を見てきた人々から報告された。アメリカ大陸が起源という可能性は、こうして弱まっていった。

西から東、東から西へ、どちらの移住ルートも壁にぶつかってしまった。するとウィリアム・エリスというイギリスの宣教師が新しいルートを唱えた。アジアを出発して卓越風を利用するこの海路のカギは「ベーリング海峡」だった。ポリネシア人の祖先はアジアの大陸から移住を開始し、北に向かってアリューシャン列島へ、そこからベーリング海峡を渡ってカリフォルニア沿岸とメキシコ沿岸を南下し、貿易風を「うまく利用」して再び太平洋へというルートだ。太平洋の輪郭をなぞるように北側をぐるりと回る。当然、何千、何万キロも遠回りする。なんともスケールの大きな話だ。

〝人々〟の移動――東から西へ、西から東へ、ぐるりと大回り――という面からポリネシア人のおおがかりなディアスポラをとらえるのではなく〝陸地〟が動いたとする説も出た。太平洋の島々は沈んだ大陸の頂で島民は山頂にしがみついて生き延びた人々の名残という主張だ。具体的な証拠はないが、どんな島にも火山活動の痕跡――スコリア、玄武岩、軽石、黒曜石の塊――があるところから、太平洋の大海原はかつて「火を噴いて」いたはずだと唱える作家もいた。楽観的ともいえるその主張に対し、「避難した生き残りがいたとしても、山がそびえ立つ環境では水を手にいれることも食糧もまず手に入らないだろう。したがって生き延びる可能性はほとんどない」と19世紀の懐疑論者が指摘している。

19世紀には、うまく説明がつかない事象に関して沈んだ大陸と失われた文明を持ち出して片付けようとする風潮があった（マダガスカル島のキツネザルの存在を失われた大陸「レムリア」で説明する、などと）。地質学と地球の歴史についての科学的、そして哲学的な論争（ゆっくりと漸進的な変化だったのか、間欠的に「凄まじく」変化したのか）には、洪水神話、アトランティスやテラ・アウストラリス・インコグニタの伝説、失われた世界へのロマンティックな思いが顔をのぞかせた。太平洋では噴火、大嵐、台風、津波、海水面の変化はまちがいなく起きていたはずだ。が、人が暮らす大陸が存在していたことを証明する科学的な証拠は見つからなかった――証拠がないと言われても、人々はますます失われた大陸に夢中になった。

沈んだ大陸という説を熱心に唱えたひとりにベルギーの「商人冒険家」ジャック＝アントワーヌ・モーレンハウトがいた。19世紀前半にタヒチ島で商人として、そして政府の役人として暮らした人物だ。モーレンハウトはポリネシアというパズルの謎に強く惹きつけられていた。言語的には東インドとの関連性が強いと理解したものの、やはり風の問題には頭を抱えた。アメリカ大陸を起源とする説は言語的にも文化的にもつながりがないとして納得できない。となると残る選択肢は、ポリネシア人はもとからそこにいた。それを主張するにはかつて大陸があり、「海の水でとつぜん失われた」と考える以外なかった。

モーレンハウトが示した根拠は、ポリネシアの文化にはひじょうに古い歴史がかいま見られ、高度な美と知識の痕跡が残っているという点だ。これは大昔に失われた文明の名残にちがいないと彼は主張した。そして裏づけとなる証拠を集めた――イースター島の巨大石像、天文学についての彼らの断片的な知識などを。なかでも１８３１年に収集したタヒチ人の宇宙創成の話は決定的だった。それを収集する過程も忘れられないものだった。

当時、モーレンハウトはタヒチ島の南岸のパパラという場所で暮らしていた。首長とは懇意にしておりタヒチの習慣などを学んでいたが、首長の知識だけでは飽き足らなかった。古くからの伝統をすべて知っているという老神官がいると聞いて教えを乞うた。しかし古い伝統も、秘伝の知識も与えられることはなかった。

ある晩、モーレンハウトの家の戸をノックする音、そして「ミスター・モーレンハウト、今すぐ来なさい！」という大きな声がした。戸を開けてみると、タヒチ人の使いの者だった。タパという樹皮布の下から大きなバナナの葉を取り出したので、見るとそこには老神官からの言葉が。「彼の名前はタアロア、彼はなにもない空間に住んでいた。大地はなく、空はなく、海はなく、人はいなかった。

タアロアは呼びかけた。しかし、なにも起きなかった。タアロアはたった一人でいた。そして宇宙のなかで変化していた」。モーレンハウトは「強烈な光を浴びたような衝撃だった」と表現している。「目の前の幕が上がり、とつぜん過去があらわれた」と。時刻は午後9時をまわっていた。あたりは真っ暗だったが彼はカヌーを用意するように命じ、ただちに老神官に会いに行った。

老神官がいる村に行くには、いったんリーフの外側に出なければならなかった。安全な内側から外洋に出るということだ。荒々しくも心躍る経験となった。タヒチ人たちは砕け散る波のすぐそばまで漕ぎ出した――カヌーが波とともにリーフに叩きつけられて粉々になるのではとモーレンハウトが心配になるほど――が、風は弱く熟練の漕ぎ手がそろっていたので夜の海をカヌーはすいすいと進んだ。弧を描くように舟がカーブしたとたん、突然、半島の向こうに月が出た。山々の頂が青みがかった銀色に染まりココヤシの葉がかすかにそよいでいる。モーレンハウトは眼前の光景に圧倒された時の心情を綴っている。

これから自分は島民の伝統を学ぶのだ、そのために夜の海に漕ぎ出した。なんという状況に自分はいるのだろう、夜の静寂、あまりにも美しい風景、絶海の孤島で生きる人々。なにもかもそこにあった。勢いこむ私のなかからも、あらゆる思いがあふれ、気がつけば声の限りに叫んでいた。「ああ！　このすべてがどこから生じたのか、ついに知ることができる！」

タヒチ人の漕ぎ手たちは最初は驚き押し黙っていたが、いっせいに大笑いしたとモーレンハウトは愉快そうに記録している。

一行は老神官が暮らす村に到着した。睡眠をとり食事をすませると、モーレンハウトと老神官は座り、記録する作業に取りかかった。老神官が口にすることをモーレンハウトが筆記していくのは想像以上に骨の折れる作業だった。老神官はすべてを記憶していた。それを「一定の速さで語る」。モーレンハウトは必死で記録しようとする。タヒチ語にかなり堪能《たんのう》だったが理解できないことがたくさんあった。老神官が最初に朗唱した内容はさっぱりわからなかった。なんとか理解した詠唱《チャント》でも、老神官は乞われるまま何度も繰り返さなければならなかった。「正確に記録するには、何度も聞く必要があった」老神官の疲労は激しく、時には記憶が曖昧になった。何度もやり直して、完璧ではなくてもなんとか意味が通じるようになった。

老神官の語りの核心は創造神話だ。モーレンハウトに届けられたバナナの葉にはその出だし部分が記されていたのだ。

彼（あるいは、そこは）の名前はタアロア、
彼はなにもない（あるいは、広大な）空間に立っていた、
大地はなく、空はなく、
海はない、人はいなかった、
タアロアは呼びかけた、しかし、こたえは返ってこなかった、
タアロアはたった一人でいた、そして彼は宇宙へと変わっていった、

回転、軸、軌道、それはタアロア
岩、土台、それはタアロア
砂、成分、それはタアロア
それはすべて彼のこと。

モーレンハウト自身はこの詠唱に最初は困惑するばかりだったと報告している。内容がわかりにくいからではない。「あまりにも崇高」だったからだ。彼が実際に知るタヒチの社会とはかけ離れていると感じられた。老神官が語る宇宙の起源はひじょうに抽象的で形而上学的で、「プリミティブ」なポリネシア人とはどうにもちぐはぐだとモーレンハウトは感じた。暗闇から始まり、すべての元であり結果でもある神の存在、「すべての事物であるとともにすべての動きをつかさどる」といったとらえかたはゾロアスターやピタゴラスの言葉に通じるものがある。万物創成記としては、他国の「高尚な」創世記にも決してひけをとらない。これは古代文明の名残にちがいないとモーレンハウトは結論づけた。土器や鋭くとがった石器の一片が時を経て見つかるように、遠い古代の文化の断片が「数世紀にわたる未開な社会を経て」再発見されたにちがいないと。古代の人々の科学、都市、文字の記録、芸術などは太古の大洪水ですべて破壊され、彼らの栄光も失われたと彼は解釈した。

次章ではポリネシア人の起源について新たな視点で探求を続ける。モーレンハウトの仮説は不備な点があり、島民は大洪水で失われた古代文明の末裔ではなかったのだが、それでもポリネシア人の起源についてまったく新しいアプローチを試みたのはまちがいない。1770年代、クックとバンクスはポリネシア人が語る神秘《アルカナ》を自分たちが理解するのはほぼ不可能と考えた。だが1820年代そして30年代には状況は変わっていた。外部からポリネシアに入ってくる人々、身を落ち着ける人々が増え、島民とヨーロッパ人はたがいの言語を習得して難解な事象について意見を交換できるようになる。ポリネシア人が自分たちについて、自分たちの起源について語るようになりヨーロッパ人を虜《とりこ》にした。太平洋は16世紀、17世紀、18世紀のヨーロッパ人にとって地理学的に大いなる謎だった。19世紀に入っても依然として謎はあった。ただそれは、ポリネシア人が語る言葉のなかにあった。

文書が存在しない世界

ポリネシアの口頭伝承

ヨーロッパ人とポリネシアの住民が会話できるようになれば、知りたいことは直接聞けばいいのだからかんたんだ、と思うかもしれない。あなたたちは何者なのかと〝じかに質問する〟だけでいい。ところがポリネシア人から返ってきたこたえは、ヨーロッパ人をおおいに混乱させた。そもそも彼らの知識の枠組みとヨーロッパ人のそれとは異なっていたため、これを知りたい、この情報を手に入れたいと求めても得られなかった。たがいの違いは少々の年月では乗り越えられない。なにより考え方が根本的に異なる文化の接触であり、認識のギャップがあることを前提に情報をやり取りしなければならなかった。

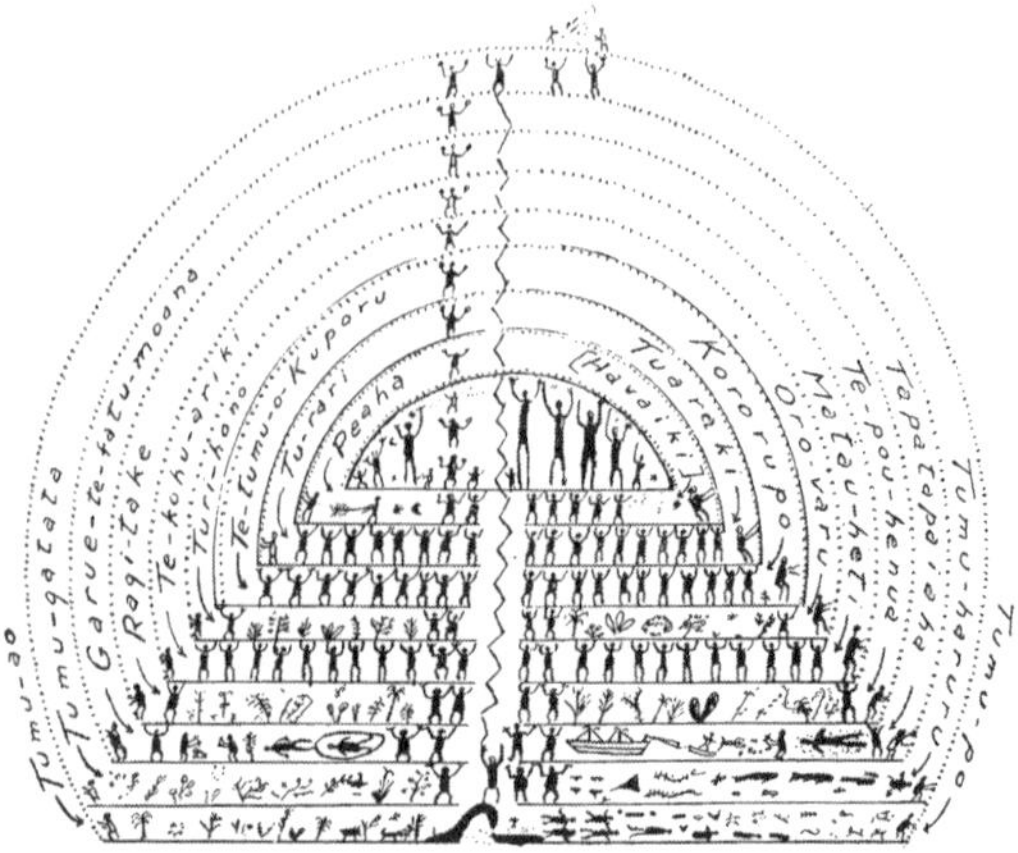

トゥアモトゥ諸島の宇宙論の図、
「パイオレによるトゥアモトゥの創造の図表」をもとにケネス・P・エモリーが解釈したもの
The Journal of the Polynesian Society（1939年）より
ニュージーランド、オークランド大学、ポリネシアン・ソサエティ両者の際立った違いは、19世紀までポリネシア人の知識は――過去の知識も含めて――すべて口伝えで受け継がれてきたという点だ。航海術、船のつくりかた、植物と動物の活用法などの知識はもちろん、家族や部族の歴史、系譜、伝説、言い伝え、神話もすべて個人の記憶として蓄えられ、それを次の世代へと責任をもって伝えていった。

いまの世の中では想像もつかない。書物も暦も計算書もなければインターネットもない、書類というものが一切存在しない世界、あらゆる情報が限られた人々の頭にあるという世界だ。といっても人類が読み書きできるようになったのは過去5000年から6000年ほど前のことで、歴史の大半はこの形で知識を蓄えてきた。書くという行為は歴史の流れを大きく変えた、とも言われる。人間が書く、あるいは書かないという違いは、文化の成り立ちそのものに関わってくるのは間違いないだろう――人間の思考が変容するという主張もある。それは極端だとしても、知識を構築する方法は確実に変わる。どんな情報を、どんな形で伝えるのかも含めて。

口頭伝承の文化でもっとも優先されるのは、必須の知識を保存すること。記憶しやすい形態で保存されるのも大きな特徴だ。詠唱、歌、独特のリズム、修辞技法を駆使して記憶しやすくする。定型句も使われる――古典的な例ではホメロスの「智謀ゆたかなオデュッセウス、葡萄酒色《ぶどうしゅ》の海」といった形容辞がある。とくに重要な部分と儀式的な行動については、あえて過剰であったり繰り返したりする――ホメロスの場合、水と葡萄酒をことさらなみなみと注ぐ、骨の周りに脂身を巻きつけて焼くという描写となる。また文化的に重要ではなくなると、抜け落ちてしまう場合もある。口頭伝承というと内容は過去のことに絞られると思われがちだが、あくまでも現在を中心に据えている。暮らしに重要なことだけを受け継いでいく文化なのである。

昔から、口頭伝承の文化に接した人々は彼らの記憶力のよさに舌を巻いたものだ。19世紀の太平洋でもきっとそうだっただろう。ヨーロッパ人はポリネシア人の驚異的な記憶力を報告している。ニュージーランド出身のマオリ族の老人は代々受け継がれてきた知識を書物にして11巻分すべてそらんじてみせたという。自分の部族を34世代分遡ってひとりも洩《も》らさずすべての系譜を憶《おぼ》えている者、2000人近くの名前が登場する系譜を口述した者もいた。とはいえ人間ひとりの記憶力には限りがある。現代は研究が進み、口頭伝承の文化においてどれほど驚異的な記憶力を発揮する人物でも完璧ではないとあきらかになっている。口頭伝承で語られることは「記録文書」とは別物である。書く場合は、言葉を順番に並べて固定してしまう。代々口伝えで受け継がれてきたことは時とともに変化する。何度も繰り返されるうちに変わってしまう場合もあれば、人々が経験を積み求めるものが変わるにつれて意図的に変えていくこともある。

宇宙の始まり、火の起源、太陽を捕まえて遅くしたりする話についても原典はなく、正しい語順というものもない。いろいろなバージョンがあり、諸島、島、部族、神官によって異なる。19世紀にはヨーロッパ人が太平洋のこうした伝統の記録を試みているが、全体のほんの一部だけ、わずかな断面をとらえただけだ。どれも、ある場所である人物や集団から収集したものに過ぎない。決定的でもなければ完全でもない。それでも口頭で受け継がれてきた内容を文字に書き起こした結果、時とともにそれが標準テキストとなりポリネシアの多くの首長と神官にも認められた。

口頭伝承の文化の多くが姿を消していくいっぽうで、彼らへの関心は強まっていく。〝口承ならではの世界のとらえかた〟はあるのか、口頭伝承の文化に生きる人々に共通する世界観はあるのか、あるとすれば書く文化の人々とあきらかな違いはあるのか。そのあたりはもっとも興味をそそられるところだ。彼らの知識は「人間の生活に密着」している、あくまでも経験とモノで表現されるという考察はうまく言い当てているのではないか。

1930年代の有名な研究はそれを裏付けているように思われる。ウズベキスタンとキルギスタンの辺境で暮らす文字を持たない人々を被験者として、幾何学の図形をどう見分けるのかを観察した。彼らは「円」や「四角形」といった抽象的な言葉は使わずに慣れ親しんだモノで表現し、「円は皿、ふるい、バケツ、時計、月、四角形は鏡、ドア、家、杏《あんず》を干す板」と言いあらわした。別の実験では4つのモノの絵――ハンマー、ノコギリ、丸太、手斧――を見せて分類してもらった。被験者たちの分け方は道具かどうかではなく、実際の作業に即したものだった。「どれも皆同じ。ノコギリは丸太を切る、手斧はそれを小さく刻む。どれかを除けるとすれば、手斧だ。ノコギリほど使い勝手がよくない」という被験者に対し、ハンマー、ノコギリ、手斧は道具、丸太はそうではないのではと聞くと、「それはそうだが道具だけでなく丸太も必要だ。さもないとなにも建てられない」とこたえた。あくまでも現実の暮らしに密着した考え方だ。暮らしのなかの行動を想定し、なんのための行動であるのかを想定する。だから丸太と道具は単なる〝モノ〟ではない。これから〝使う〟ためのものである。誰かが必要とするなにかを建てるというストーリーの一部なのだ。

同じような考え方をする人を知っている、という人も多いのではないか。私自身、まさしくこういうウズベキスタンの大工のような思考パターンの人物と結婚した。書くという行為と引き換えにこういう考え方が消えたわけではない。そう、口頭伝承の文化と結びつけてしまいがちなこと――ストーリー仕立て、現実に密着した考え方、あくまでも具体的など――は、読み書きをする社会で人と人がコミュニケーションをとる際に欠かせないというケースが多い（すぐれた文章の条件でもあり、創作の教師は生徒に教えるはず）。いっぽう、文字を持たない世界では存在しないたぐいの知識がある。記憶だけではカバーできない、項目が長く連なるような情報を体系化する方法がないのだ。

文字がなければ目録も統計もない――そもそも人は雌ヤギ、雄ウシ、ワインを入れたアンフォラといった商品の正確なリストを作成するために筆記するようになった。文字がなければ「抽象的な連続性や区分け、現象を検証して解釈する」ことはおこなわれず、包括的記述、抽象的な分類、定まった真実も、幾何学、修辞学、代数、記号論理学――高等数学全般――などの思考も成り立たない。一般的な科学の領域の大半は書くという行為が不可欠だ。これは口承の世界に専門的知識がない、あるいは抽象的な思考がないという意味ではない。また、複雑な問題を解決するために「科学など実証主義的な要素」を使わないという意味でもない。書くという行為は文脈から情報を抽象化できる――知識を持つ人物と知識そのものを切り離せる。そこから客観性を重視する世界観につながっていくのではないか。

人類学者エドワード・S・C・ハンディは1920年代にマルケサス諸島で過ごし、マルケサス諸島の人々について次のように述べている。彼らにとっては幻影や夢や予知も「証明可能な事実」としての知識も――主観的な現象も客観的な現象も――「ひと続き」であった。この考察には、マルケサス諸島の人々へのハンディの〝思い込み〟が反映されていなかったとは言えないだろう。しかしイギリス出身の言語学者エドワード・トレガーが1897年にニュージーランドで録音した内容は、ハンディの考察に説得力を与えている。

トレガーは1860年代にニュージーランドに移住して植民地政府の調査官となり、マオリの人々と数多く接した。めぐまれた早期教育を受けて子どもの時からラテン語とギリシャ語を学んでいた彼はマオリ語も流暢《りゅうちょう》に操れるようになった。やがてヨーロッパ人としてポリネシアの言語の第一人者となり1891年には『マオリ‐ポリネシア語比較辞典』という大著を出版し、ポリネシア協会の共同設立者となった。このポリネシア協会は20世紀のポリネシア文化研究において屈指の機関となった。

トレガーの記録によれば、ある日マオリ族の友人とワイカト川の土手を歩いていると、「白人は誰も見たことのない」ものを見せると友人が言い出した。その人物の名前は記録にないのだが、トレガーは彼に案内されて土手を離れ狭い谷を登り、約9メートルの高さまで来た。そこに円錐型の大きな石があり、友人は「あれは私の祖先ラウカワ。彼は巨人だった。いまケンブリッジがある場所でワイカト川を飛び越えた」とトレガーに告げた。

友人の言葉の意味を正確に理解しようと、トレガーはたずねてみた。「この石はきみの祖先を祀《まつ》って建てられ、きみにとっては神聖なものだということかな」「違う。これが私の祖先なのだ」。さらにやりとりが続いた。「きみが言いたいことがよくわからない。この石はラウカワにちなんで名づけられたということか、それともきみの巨大な祖先は神々によって石に変えられ、石の英雄としてここに立っているということか」「そうではない。これはラウカワで、あの赤い印は」——マオリ族の男は高さ約6メートルのあたりの赤みを帯びた箇所を指した――「彼が致命傷を負った場所だ」。トレガーは友人の論理にどうしてもついていけなかった、が、間違いなく真実を語っているのだとわかった。マオリ族の友は「石に人格があるという奇妙な考え」を心底信じているように見えた。

同様の思考はポリネシアの伝統にはいくらでも見つかる。島が魚、という話もあれば、魚が石の一種という場合もある。それを聞いたヨーロッパ人は比喩として受け止めがちだったが、あくまでも真実であるとポリネシア人は譲らない。ヨーロッパ人は困惑するしかない。石が人間、島が魚という真実を受け入れる余地が彼らにはなかった。そのようなことはヨーロッパ人の彼らにはあり得なかったからだ。逆にポリネシア人はヨーロッパ人がなぜ区別をつけるのかを理解できず、ヨーロッパ人が語るストーリーにもなじめなかった。

初期の宣教師の記録に、ヨーロッパ人宣教師が創作した話をタヒチの島民が聞いた時の反応がくわしく残っている。指導する教科書としてつくった物語にはオーメラとタロという架空のタヒチ人2人が登場する。そのうちの一人がイギリス訪問から戻ったばかりで、もういっぽうにイギリスでの経験をいろいろと話すという筋立てだ。タヒチ人は物語に興味を示したが登場人物のやりとりには批判的だった。たがいの家庭内の細かなことをたずねるのは無作法であると。それでもオーメラとタロの話は概ね好評だった――〝つくり話〟と明かされるまでは。「オーメラとは誰で、タロは誰なのか、彼らはどこに住んでいたのかと具体的なことを彼らは知りたがった」。ところがこれは「真実を伝えるためにつくった寓話《ぐうわ》」と説明されると、タヒチ人の態度は一変した。「嘘が書いてある本」と受け止めたのだ。

ある宣教師は『天路歴程』のタヒチ語訳を試みて、やはりタヒチ人からの反応に困惑した。「暗黒の本」だと島民が表現したのは、罪の報いが強調されているからではなく「誰にも関係のない、まったくの『parau faau［パラウ　ファアウ］』つまり比喩ばかりで根も葉もない話」という理由からだ。タヒチ人はアレゴリーを解さなかった。そこに込められたメッセージも。「彼らはそのような不信や怖れを抱かないように思われる……罪をありのまま見ることはなく、罪の重荷を感じることもできない」などという記述も残っている。実際は、彼らはつくり話を軽蔑していたのでアレゴリーに込められた意味も伝わらなかったというのが真相だ。

物語の目的、そして「嘘」と「真」の違いについてもヨーロッパ人とポリネシア人のそれぞれの言い分はかなり食い違っていたのだろう。ポリネシア人にとって「架空の話」は嘘で不道徳、信頼のおける情報でもないので実用的な価値もなかった。いっぽうポリネシア人の多くの物語をヨーロッパ人は事実とは受け取らず理解もできなかった。自分たちが知る自然の法則や物質界の法則と矛盾していたからだ。マオリ族の男はトレガーに「真実」を語った――自分自身、祖先のラウカワ、岩はひとつのつながった命である。それはトレガーが理解できる「真実」ではなかった――マオリの友人は生きている人間、祖先は死者、岩は無生物であった。

ポリネシア人はさまざまなことを口承という形で受け継いできた。祈り、挽歌《ばんか》、恋愛、挑発など幅広い内容だ。19世紀前半に記録されたタヒチ人の口承の内容は、謎の言葉、恋愛の言葉、政治的な演説、夜の祈り（闇のなかで唱える）、戦の歌、子守唄、旅をする時の道順、泥棒をつきとめる方法、病気を追い払う、呪いを解く、雨乞いなどがある。たいていのヨーロッパ人にとっていちばん興味のある内容は、宇宙の起源についての語りだった。世界がどうやってできたのかについての物語は、ポリネシア人が何者であるのかを知る手がかりになると考えられていた。

19世紀にはポリネシア全体で創造神話が収集された。タヒチ、ソサエティ諸島、ハワイ、ニュージーランド、チャタム諸島、トンガ、サモア、トゥアモトゥ、マルケサス、イースター島、マンガイア島の各地域にはそれぞれ宇宙の起源の話がある。モーレンハウトに老神官の使者が届けたバナナの葉にはソサエティ諸島の創造神話の一部が記されていた。こうした神話は内容が同じということはなく、始まりも創造主である神が最初に貝殻の中で眠っている、原始の女神が自分の身体から最初の神を引き出した、岩と岩の結合体から神が生まれたなどとさまざまだ。決定版と言えるものはないが、ポリネシア人の宇宙創造神話は密接に関係するふたつのテーマが共通している。

第一は、あらゆる事象はつながっている、しかも親族の関係にある。ラウカワという祖先はいまは石であり、石はずっと〝石のまま〟祖先であり、マオリ族の男と祖先の英雄とひと続きの生命体の一部である。第二は、人間、動物、神、そして砂や石など――いわゆる無機物に分類されるものも――すべては有性生殖で創造される。ポリネシアの伝統的な創造神話は、基本的に生殖のメカニズムである。

ポリネシアの多くの創造神話では、すべてはテ・ポから始まる。たいていはカオス、闇、夜のようなものとして描かれる。テ・ポは神、陸地、海、植物、動物、人間よりも前から存在していた。テ・ポは世界のおぼろげな始まりにつながり、生まれる前、死後、魂の世界の神秘にもつながっている。

ポリネシアでは二元論で考える。テ・ポは光の世界、対になるテ・アオはふつうの人々が生きる世界だ。私たちはテ・ポから来てテ・アオに生き、最後にテ・ポに戻る。ニュージーランドの民族学者エルスドン・ベストはテ・ポを闇の時間・場所という比喩で表現した。彼はマオリ族の知人とのエピソードを紹介している。一連の出来事について聞かれた時、その知人は「どれも知りません。その頃私はまだポにいたので」とこたえたという。まだ生まれていなかったという意味だ。

ポリネシア全体でテ・ポは神話と詠唱で登場する。もちろん、ハワイのクムリポという2000行あまりの有名な詠唱にも。クムリポとは「始まりは深い闇」という意味だ。18世紀の初めにロノイカマカヒキ王子の誕生を祝って編纂《へんさん》された叙事詩で、リリウオカラニ女王による英語への翻訳では次のように始まる。

熱い地球が回っていた時
天が回り、それは始まった
太陽は暗く
そこから光があらわれた
マカリイ「プレアデス星団」の空のもと
どろどろしたものから大地がつくられていった、
深い闇の始まり
闇の奥、闇の奥

暗闇の奥深く、暗闇の奥深く
太陽の影の、深い暗黒
それは夜、
こうして夜は生まれた

同様の詠唱は19世紀のニュージーランドでも収集されており、テ・ポが数多く登場する。長々と繰り返される夜——長い一夜——の描写は、妊娠期間と分娩《ぶんべん》に強く結びついている。

Te Po-nui　偉大な夜
Te Po-roa　長い夜
Te Po-uriuri　深い夜
Te Po-kerekere　濃い夜
Te Po-tiwhatiwha　暗い夜
Te Po-te-kitea　何も見えない夜
Te Po-tangotango　真っ暗な夜
Te Po-whawha　感じる夜
Te Po-namunamu-ki-taiao　世界への通路を探す夜

世界は闇から生まれたという点で一致している。

伝統的にテ・ポをテ・コレと結びつける場合もある。テ・コレは日常会話では否定をあらわす言葉として使われるが、テ・ポとの関連では「無」や「虚空」という意味合いになる。テ・ポの例と同じく、コレ・ヌイ（広大な虚空）、コレ・ロア（はるかに広がる虚空）、コレ・パラ（乾き切った虚空）、コレ・ラウエア（そこでは何も感じることがない虚空）という使い方をする。いずれも実在と虚無の境の空間――初期の宣教師は「可能性が存在する領域」と表現している。テ・コレとテ・ポはどちらもひじょうに抽象的な概念という印象を受けるかもしれない。英訳に使われた言葉もその印象を強める。しかしそれはおそらく誤解である。現代の研究者の考察を紹介しよう。「無限と永遠をあらわすために空間と時間が果てしないと表現する可能性はあるが、古代のマオリがそういう思考をしていたとは私は考えない。それよりもつねに多くなることと増えていくことが強調されているところにマオリの具体的な思考があらわれている」

宇宙創成の最初の闇から創造が始まり、対になる要素が結びついて世界のあらゆるものが生じる。それを描写していく際に「多くなる・増えていく」表現はぴったりだ。タヒチとボラボラ島の詠唱では、異種の岩の結合から「最初の増殖」が始まる。

崖の岩と海の岩が出会って結合するのは、自然なこと。
粘板岩と粘土岩が出会って結合するのは、自然なこと。
小石と岩のかけらが出会って結合するのは、自然なこと。

ハワイの伝説では、夜がサンゴのポリプを生み出し、さらに地虫、ミミズ、ヒトデ、ナマコ、ウニ、フジツボ、真珠貝、ムール貝、カサガイ、タカラガイ、巻貝が生まれる。イースター島には次のような詠唱が受け継がれている。

木立は幹と交わって木を産む。
トンボは水上を飛ぶ虫と交わってトンボを産む。
ブンブンと飛ぶハエはハエの群れと交わってハエを産む。

神、概念、擬人化された自然、さらには「見映えがよくなる」や「急速にあらわれる大地」なども、雌雄の要素の組み合わせで次世代をつくりだすという点で一貫している。ある組み合わせから新しい要素が生まれ、さらに結合と誕生が続いていく。この一連の「誕生」が宇宙全体の創造だ。岩と砂、海水と真水、川と山、森とリーフ、苔と木々、泳ぐものと這《は》うもの、神と人間。やがて宇宙の系譜あるいは家系図ができあがり、誰もが自分の先祖をたどっていくことができる。始祖にあたるひと組みの男女、さらには岩、木、サンゴ、魚へと物質的なものをたどり、宇宙の始まりに到達できる。

この神話体系は19世紀のヨーロッパ人を魅了し、ポリネシアの歴史を知るための真の情報源だと確信した。モーレンハウトとタヒチの老神官のような交流を誰もが期待した。博識の人物の知識は、きっと島民の起源をあきらかにしてくれるはずだと。けれども事はそうかんたんではなかった。収集、筆写、翻訳には労力も時間もかかり、そもそもポリネシア人が積極的に情報を提供するとは限らなかった。たがいの思惑も情報収集を難航させた。ヨーロッパ人は不可解な要素や気分を害する要素を排除する傾向があった。ポリネシア人は部族として、あるいは別の理由から渡したくない情報を故意に歪めて伝えた。知識の提供に対し報酬を支払う場合もあった。民族学の分野では珍しくないことだったが、これも情報の正確さを損なうことにつながった。こうして収集した断片で地図と歴史をいかに再現するか、ポリネシアの神話になにを語らせるのか、そのために情報をどう解釈すればいいのか。そこでヨーロッパ人が注目したのが比較言語学と神話学という新しい分野である。しかしポリネシアの歴史に関しては、民間伝承と言語からのアプローチはかならずしもいい結果にはつながらなかった。事実、それからの数十年は混迷が続くことになる。

アーリア系マオリ族

意表を突いた発想

今日ポリネシア神話に取り組むとすれば、その独特で奇異な部分に注目するだろう。ポリネシアの世界の独自性を反映した伝統を取り上げるだろう。しかし19世紀のヨーロッパ人のアプローチはそうではなかった。トンボや虫や交尾する石が登場する独特の物語よりも、自分たちになじみのあるモチーフに注目した。たとえばポリネシアの多くの神話に含まれる、大地と空が結びつくという主題だ。そのひとつにニュージーランドのランギ（空）とパパ（大地）の物語がある。マオリの代表的な神話では世界が始まろうとした時、ランギとパパは暗闇のなかで固く抱き合っていた。ランギとパパの間には子ども

エドワード・トレガー著『アーリア系マオリ』（ウェリントン、1885年）の表紙
ニュージーランド、ダニーデン公立図書館リード・ギャラリー

である風、戦、海などの神が挟まれていた。やがて子どもたちは閉じ込められているのが嫌になり、両親を離してしまうことにした。各々が試み、失敗し、ついに森と木の神であるタネが母親パパの上に仰向《あおむ》けに乗り、足で父親ランギを押し上げた。ソサエティ諸島の同様の神話ではこの時タネ神は巨大な丸太の柱を建てて大地と空を分けた。トゥアモトゥの詠唱では人間の最初の世代が「自分たちの腕で天を」持ち上げ、「肩に乗せ……ついにもっとも高い木々が真っ直ぐに立つことができた」。

ヨーロッパ人にとって木、支柱、柱、人間が空を持ち上げるという発想はなじみがあり、ギリシャ神話のティタン神族のアトラスを連想する。ホメロスのオデュッセイアではアトラスは肩で「大地と空の間に突き刺さる巨大な柱を持ち上げている」。また空が父親、大地が母親というのも受け入れやすく、ヨーロッパの多くの伝承に似た例が登場する。古代ギリシャ神話のゼウスとデメテルもそのひとつだ。インド神話の「天の父」(ディヤウス・ピター、ギリシャ神話のゼウス・パテール、ローマ神話ではユーピテル)と「母なる大地」はインド・ヨーロッパ語族に共通しているので5000年以上前にさかのぼって再構築できる。

19世紀の学者にはテ・ポの概念もなじみやすかった。ポリネシアの始まりの深い闇だ。無からなにかがあらわれる——不在から存在、混沌から秩序——というイメージは『創世記』の「地は形なく、むなしく、闇が淵《ふち》のおもてにあり」という一節に通じるものがあり、ヨーロッパ人には受け入れやすかった。オウィディウスの『変身物語』も、古典の素養があれば思い出しただろう。

海と大地があらわれる前——

万物を覆う天空があらわれる前――
自然は形を持たずただ果てしない広がりがあり、
すべては混沌としていた。

ヘシオドスの『神統記』、サンスクリットの『リグ・ヴェーダ』、テ・ポを思わせるギンヌンガガプという巨大な裂け目から世界が生じたとする北欧神話などを関連づけて考える学者もいた。

なぜ似ているのか、現在でもそのこたえははっきり出たわけではない。これはすべての人間が共有する心理状態を反映した原型ではないかという説もある。また古代の「ローラシア」神話が基盤にあるから似ているのだという興味深い説もある。ローラシア神話がユーラシア、北アフリカ、オセアニア、南北アメリカに広がり、大昔のポリネシアあるいはインド・ヨーロッパ語族の文化におそらく2万年も前に到達していたのだろうと。逆に、神話につながりはないという主張もある。似ているように見えても、それは恣意的な選択の結果に過ぎないとする説だ。ヨーロッパ人は龍と洪水に関心があった、だからポリネシアで龍と洪水の神話を発見したというからくりだ。だが19世紀の民族学者はそうとは思わず、〝同じ系譜に属する〟証拠を見つけたと考えた。

19世紀のヨーロッパ人は、自分たちの文化に伝わる神話の痕跡を発見したと思い込み、ポリネシアとヨーロッパの神話は同じルーツから派生したと解釈した。それならポリネシアの祖先と自分たちの先祖は関連性がある。歴史上、あるいは地理上のどこにつながりがあるのかについて意見は割れた。ポリネシアの起源は古代ギリシャに遡ることができるという説もあれば、エジプトのファラオの墓のなかに手がかりが見つかるという説も出た。初期の宣教師の支持を集めたのは、ポリネシアの住民はユダヤの失われた部族の末裔という説だった。初期にこれを提唱したのはニュージーランドでキリスト教布教の礎を築いたサミュエル・マースデン牧師である。マオリ族がセム語族の末裔である証拠として、彼らは「際立った商売の才覚」があり「手に入るものはなんでも買い、なんでも売る」からだと述べている。リチャード・テイラー牧師はもっとロマンを込めてマオリ人について語った。彼らは漂泊の民で地中海東部から現在のイラク、イラン、パキスタン、インド、バングラディシュ、ミャンマー、タイ、マレーシアを経て「長い歳月の末にとうとう海に到達し、さらに風と海流などさまざまな理由で島から島へと移動を続け、ついにニュージーランドにやってきた」のだと。最終的に19世紀のヨーロッパ人がもっとも支持したのは、ポリネシア人がセム人でもエジプト人でも古代ギリシャ人でもなく、〝アーリア人〟であるという説だった。

ただし「アーリア人」という言葉の意味は19世紀半ばと現在とは異なる。そこは重要だ。当時「アーリア人」といえば、テュートン人や北欧系の金髪の人々ではなく、サンスクリット語を話し、羊を飼い馬を乗りこなす人々を指す。紀元前二千年紀にイラン高原から現在のインド北部へと移り住んだと考えられている。サンスクリット語で「高貴」を意味する〝arya〟を自称する彼らを19世紀のヨーロッパ人は「インド・アーリア語族」あるいは単に「アーリア人」と呼んだ。当時、サンスクリット語は印欧語族でもっとも古い言語とされていた（その後、より古い言語が見つかった）。したがって印欧語族の人々はすべてサンスクリット語を話すアーリア人から派生したと考えられていた。ギリシャ人もローマ人もケルト人も、スラブ人も。このように「アーリア人」はもともと特定のインド語派の部族のみを指していたため、19世紀に「現代文明の源」と同意語になった。

後にナチスによって「アーリア人」という言葉が悪用されて——印欧語族の源は北ヨーロッパであるとする誤った主張とともに——意味がひどくねじ曲げられてしまい、19世紀当時の意味合いはすっかり失われた。19世紀には、比較言語学が達成したさまざまな発見と、それが人類史の研究全般に与えるインパクトの大きさを象徴する言葉だったのだが。複数の言語の関連性をたどりながらホメロスや聖書の時代を超えて何千年も昔に遡っていくという発想は19世紀の学者に衝撃を与えた。ギリシャ時代とローマ時代よりも何世紀も前に生きていた自分たちの祖先がいたとは、しかもその姿をかいま見ることができるとは。言語学者はパズルのピースをつなぐようにしてさらに多くの言語（さらに多くの民族）のつながりを解き明かしていき、やがてすべての母語にあたる言語の存在を想定できるようになった。この祖語はおそらく5000年あるいは6000年前の言語であり、ギリシャ語、ラテン語、サンスクリット語がそこから派生したのだろう。さらにイランからアイスランドまで世界の各地域に拡散している多様な人々に共通の祖先がいるという仮説が浮かび上がってきた。

この祖語を再構築し、当時の人々には車輪の技術があっただろうと研究者は推測した。車軸、くびき、荷車のような車輪のついた運搬方法があったらしい、「すきで耕す」を意味する動詞も存在していたらしい。畑、「家畜を連れて行く」あるいは「花嫁を連れて行く」のように使える言葉もあったらしい。つまり結婚という意味だ。ウシに関しては雌、雄、去勢している、していないという区別、さらにヒツジ、ヤギ、イヌ、ブタ、そしてウマに関する言葉も。動産と不動産の区別もあり、動産には家畜と奴隷の区別があった。彼らは多神教徒で、確信をもって再建された神の名は「空」に関係していた。人間を指す言葉は「大地」あるいは「土地」に根ざしていた。彼らの詩は多産、共存共栄、英雄的行為がテーマとなっていた。ホメロス風の叙事詩として有名になった一節は「たぐいまれ」だとして絶賛されている。

古代のアーリア人がどこで暮らしていたのか、まだ議論が決着していないが彼らの語彙からある程度推測できる。山、川、湖、沼地、クマ、オオカミ、キツネ、ビーバー、カワウソ、ヘラジカなど森と関係する動物を指す言葉があり、派生した言語ではオオカミに関して「タブー語の言い換え」が起きている。オオカミがひじょうに怖れられていたことがうかがえる（冒瀆的な言葉「damn」を「darn」という無害な言葉に言い換えるという例もある）。魚はマスとサケの2種類だけだったようだが、鳥は大型カラス、ワシ、ハヤブサ、ツル、ツグミ、小型カラス、ツバメ、キジ、フクロウ、コウノトリなどたくさんいた。ミツバチ、ヒル、スズメバチ、ネズミ、ノミを指す言葉、さらには雪、ベリー類も。龍を殺す物語、火を盗む神話もあった。

言語学は高度な技術を駆使して音韻と形態を厳密に比較する分野なのだが、そこからまったく新しい歴史観がひらけ、ヨーロッパ人の祖先に関してロマンあふれる斬新なイメージが生まれた。そればかりか他の民族とのつながり、地球の反対側の人々とも遠い親戚関係にあるという視点に立つことができたのだ。「距離を隔て、闘争と流血の時代を経験し、宗教的信条に違いがあり、代々受け継がれた習慣が異なる国々であっても、もとはひとつ、共通の祖先が同じ言葉を話し、ともに話し合いの場に座っていたと学ぶのはじつに知的なよろこびであり、歴史的な価値ははかりしれない」という記録からは当時の熱狂が伝わってくる。

比較言語学の発達は19世紀を代表する人類の知的成果であり、世界の歴史の新たな一面を切り開いたとされてきた。その反面、突拍子もない事態も引き起こした。ポリネシア人の起源に関する議論も、そのひとつだ。印欧語族と比較するために世界の言語が追加されていったのだが、ユーラシア以外の情報の大半は求められる水準に達していなかった（たとえばメラネシアの言語に関しては、いまもあまり進歩していない）。ポリネシアは例外のひとつだった。17世紀と18世紀に探検家が言語的なデータを大量に収集したおかげで、後にマレー・ポリネシア語派と呼ばれることになる言語が確実に存在すると19世紀半ばには判明していた。

１８４１年にはマレー・ポリネシア語派は印欧語族と直接つながりがあるという驚くべき説が提示された。これを唱えたのはドイツ人言語学者でインド・ヨーロッパ語族研究の第一人者であったフランツ・ボップだ。彼はマレー・ポリネシア語派はサンスクリット語が衰退した一形態であると主張したのだ。さらに大胆な仮説が続いた。マレー・ポリネシア語派はじつはサンスクリット語〝よりも古い〟、そして印欧語族はすべて南太平洋の早期の言語の系統に連なっているのというものだった。それによればポリネシア人は「かつてアジアを広範囲に支配した民族の末裔」であり、その民族によって太平洋は「大昔」に植民地化されていたのだという。

この仮説はその道の権威にも取り上げられた。オックスフォード大学の有名なサンスクリット学者でヴェーダを翻訳したマックス・ミュラーもそのひとりだ。「まさかホメロスの言葉がサンドウィチ諸島から派生したものとは、なんとも奇妙に感じられる……古典言語とサンスクリット語がつながっているという発想をヨーロッパのギリシャ語とラテン語の研究者がそろって否定したのは、さほど遠い昔ではない」と記している。マレー・ポリネシア語派がサンスクリット語の一形態だったのか、それともサンスクリット語がマレー・ポリネシア語派の一形態なのか、誰も論証できずにいたが、それでも19世紀末には、名だたる学者たちがヨーロッパの言語と太平洋の言語は共通のルーツを持つという前提でポリネシアについて執筆していた。

もちろんその前提は間違っていたのだが、19世紀の後半には正当性を証明しようと多くの論文が執筆された。ニュージーランドのエドワード・トレガーはポリネシアの言語を研究し、ミュラーを信奉していた。1885年に〝アーリア人のマオリ族〟というタイトルで小論を発表し、「もともと羊飼いをしていたが、移動を始めてから好戦的になった」人々の子孫がマオリであることは、言語と神話だけで証明できると主張した。トレガーによれば、マオリ族の言葉にはアーリア人の暮らしの記憶が「信じ難いほどきれいに」保存されているという。「マオリ族の暮らしに存在しないはずの動物や道具類などを指す言葉が何世紀もの間、語彙のなかに埋め込まれていた」

失われた知識や経験の名残がなんらかの形で後の言語に埋め込まれている、つまり「サバイバル」した言語をトレガーは論証しようとした（たとえば英語の「footman」という言葉は一般的には男性の家事使用人を指すが、かつては雇い主の馬車の脇を文字通り〝自分の足で〟走る使用人をあらわしていた）。古代のアーリア人は羊飼いであった、そして印欧語族の多くの言語にはウシ、ウマ、ヒツジといった動物を指す言葉があったことから、マオリ語にそのような動物の痕跡が見つかるはずだとトレガーは主張した。ヨーロッパの船が運んでくるまでニュージーランドにはウシ、ウマ、ヤギ、ヒツジ、ブタは存在していない。トレガーはそれをむしろ強みに感じた。「マオリ族の言葉のなかに、彼らが実際には見たことがない動物が含まれているのなら、彼らの祖先の身近にそうした動物がいたのだという手がかりになる。それを見つけようと決めた」と彼は記している。

トレガーはマオリ語の語彙にラテン語の〝equus〟(ウマ)、ギリシャ語の〝ois〟(ヒツジ)、サンスクリット語の〝gaus〟(ウシ)の痕跡を発見したと確信した。「別の方向に曲がれという意味の〝kaupare〟と、[サンスクリット語の]羊飼い〝go-pala〟の類似性」には衝撃を受けている。「表面という意味の〝kahu〟という言葉、そして〝kahu o te rangi〟(「天のマント」と翻訳される場合がある)という表現に注目し、「『天のウシ』という言葉はアーリア人に関係する表現」と考えた。マオリ族の言葉で「さまよう、定住しない」を意味する〝kahurangi〟は「空のウシ」、つまりアーリア人の雲の比喩にちがいない。「橋」を意味する〝kahupapa〟は「平たいウシ」、古代のアーリア人が川を渡る時に使ったのだろう。「煙」を意味する〝kauruki〟は「牛糞」であり世界中の牧畜民が燃料として使う。「担架」や「ストレッチャー」を意味する〝kauhoa〟は「ウシの友」、「火打ち石の鋭い歯が木片に打ち当たる」という意味の〝mata-kautete〟はおそらく形状から「ウシの乳首」であると明かして読み手を驚かせた。

〝アーリア人のマオリ族〟で語源についてトレガーがおこなった推論は、かなり想像力を駆使したものだった。論文誌「Transactions and Proceedings of the New Zealand Institute」において辛辣な反応を示したのが、「偏屈だが極めて聡明な」弁護士だ。比較言語学とマオリ族の言語に精通している人物で、語源を推測するトレガーのメソッドを使ってパロディを仕立て上げて発表した（アーリア人の集団がニュージーランドを訪れて〝kakapo［kaでウシを連想か］〟という「ブタのように鳴く飛べない大きなオウム」を発見し、故郷に戻って「留守番をしていたアーリア人同胞」にその生き物のことを説明したものの、信じてもらえず嘲笑された、だから「雄鶏と雄牛の物語［根も葉もないデタラメ］」というフレーズができた、という内容だった）。

それでもトレガーは自分の主張を引っ込めようとはしなかった。が、やはり彼のやり方には問題があった。言語学の比較法が機能するには、ひじょうに厳密におこなう必要がある。複数の言語の語彙に関連性があると証明するには、予測可能で一貫した規則性を提示しなければならない。ある言語の〝p〟が特定の状況において別の言語で〝f〟になるという場合、そのふたつの言語で比較するすべてのケースでそうなっているということだ。この原則は言語の比較法の基盤であり、例外は認められないとされている。トレガーは完全に独学だったので、それをじゅうぶん理解できていなかった。けれども19世紀後半には、こうした原則を熟知しているはずの人々ですら、イギリス人、バルト人、ケルト人、ギリシャ人、ローマ人、ペルシャ人、ポリネシア人のルーツを「中央アジアのゆりかご」に求めて「熱狂」したのである。

はるかな太平洋でアウトリガー・カヌーをつくり、釣り針をつくり、真珠貝を採り、大海原を航海する人々が、ユーラシア・ステップで羊を飼い馬に乗り、オオカミを怖れ、花嫁を連れていき、牛乳を飲み、車軸と動産を所有し、たぐいまれな能力を称賛された人々の子孫であると、いったいどうすれば考えられるのか。今日では理解しがたい。なぜ19世紀のヨーロッパ人はポリネシア人の起源はアーリア人であると納得できたのか。比較言語の新しい方法論が魅力的な領域を切り開き、伝説と歴史への情熱がかき立てられた。ちょうどロマン主義が主流の時代で、異文化、古代、遠隔の地への憧れもそれに拍車をかけた。

ヨーロッパの作家と思想家は言語と歴史に関してさらに大胆な説を唱えていた。ポリネシア人の起源がアーリア人であるという主張は、彼らにとっていわば巨大なパズルの貴重な小さなピースだった。遥か遠くの太平洋の島に憧れる一部のヨーロッパ人にとって、ポリネシア人がアーリア人であるという説は謎めいた未知の世界への敷居を一気に低くする効果があっただろうと歴史家K・R・ハウは述べている。同じ印欧語族ということならポリネシア人は「自分たちとかけ離れた原始的な人々」ではなく、彼らの歴史と神話と文化は「理解できる、共感できる、積極的に共有できる」対象となる。これは文化的剝奪《はくだつ》ではないか、とも言える。ポリネシアの歴史をヨーロッパの歴史に組み込み併合してしまう「知的な占領、所有、支配」であると。が、やはりインパクトが強かったのは遠い親戚同士であるという主張だ。ポリネシア文化の起源は印欧語族の系譜へとたどることのできる、ひじょうに早い時期に分岐したアーリア人であり、祖先を共有しているという説は19世紀の人々の願望を満たすものだった——民間伝承の領域でダーウィンの『人間の由来』に匹敵するといってもいい。これをもとに世界の多様な人々を結ぶ壮大な系図への思いがふくらんだ。トレガーは、ヨーロッパ人とポリネシア人はともに大家族の血筋を引く末裔同士と表現した。東のアーリア人と西のアーリア人が「数奇な星のめぐりあわせで新しい故郷をもとめて」航海して太平洋に到達し、入植し、再会したのだと。

ハワイのヴァイキング
アブラハム・フォーナンダー

太平洋の島で暮らすポリネシア人が何者であるのか。長年議論がかわされたなかで、彼らの起源がアーリア人という仮説は突拍子もない脱線ですんだのかもしれない。ところが熱狂的な支持者がいた。19世紀のポリネシア語研究の第一人者、ポリネシアの伝統を情熱的に記録した人々、ポリネシアの偉大な船乗りをヒーローとする伝説に魅入られた人々だった。たとえばアブラハム・フォーナンダーというスウェーデン人だ。19世紀半ばにハワイ諸島に移住し、伝承の採集で業績を残して生涯を終えた。

フォーナンダーはこの時代、太平洋を放浪したヨーロッパ人の典型ともいえる人物だった。１８１２

アブラハム・フォーナンダー、1878年頃
ストックホルム、スウェーデン国立図書館、ウィキメディア・コモンズ

年にスウェーデン本土の沖合に浮かぶ島で中産階級の一家に生まれ、16歳で大学に進学した。そこでスウェーデンのロマン派詩人に夢中になった。彼らがつくる人気のバラッドは古代スカンジナビア人（「ヴァイキング」と新たに命名された）が海を愛する勇壮な冒険者として活躍するというものだった。1851年にフォーナンダーは学業を放棄して海に出た。失恋が原因だったとも言われる。それからの10年間、放浪は続いた。ヨーロッパ、北米、西インド諸島の港から出る船に乗り込んで生計を立て、アゾレス諸島、セントヘレナ島、喜望峰へ。南米沿岸を南北に航海もした。ホーン岬を三度まわり、太平洋をカリフォルニアからカムチャツカまで横断した。この時期のことを後に振り返って「これまでに経験した困難、間一髪の危機、人生の浮き沈みはさておき……岸でも海でも死と背中合わせになったことは数え切れない」と述べている。

1841年、29歳のフォーナンダーは捕鯨船〝アン・アレクサンダー〟号と契約しマサチューセッツ州ニューベッドフォードの港を出た。ケープ岬をまわり南太平洋の漁場をめざしていた。彼は銛打ちだった。19世紀の捕鯨を描いた小説では銛打ちはとてつもない怪力で向こう見ずな人物、そしてアウトサイダーと設定され、危険で困難な任務をこなす彼らは他の乗組員とは異なる個性的な存在だった。代表的なのは『白鯨』に登場する4人の銛打ちだ。巨漢の黒人ダグー、ゲイヘッド生まれのネイティブ・アメリカンのタシュテゴ、ゾロアスター教徒のフェダラー、そして南太平洋の島から来た、タトゥーのあるクイークェグ。長身で胸板の厚いフォーナンダーは、もしかしたらメルヴィルの本に登場しているかもしれない。1845年の春に二人は偶然、ラハイナの港で出会っている。港に到着した者と、これから出て行く者として。

海の上で10年以上過ごした後、フォーナンダーはホノルルで船を降りた。この土地こそ自分の故郷と思い定め永住した。１８４７年に当時ハワイ王国を治めていたカメハメハ３世に忠誠の誓いを立て、市民権を与えられた。これはヨーロッパ人としてはひじょうに珍しく、当時ホノルルで暮らす海外出身者のうちハワイ王国の市民権を得ていたのはせいぜい3分の1だった。政府の仕事に就こう、あるいはハワイの人と結婚しようという場合は帰化が求められたのだ。35歳だったフォーナンダーは23歳のハワイ人女性アラナカプ・カウアピナオと恋に落ちていた。

ピナオという愛称で親しまれていた彼女は名家の出で、父親はモロカイ島の前知事、父方母方とも先祖代々首長を務め、カメハメハ王朝と強いつながりがあった。フォーナンダーのハワイ語の初めての教師がピナオであり、彼が最初に学んだ詠唱と系譜は彼女の一族のものだ。歴史や言語という範《はん》疇《ちゅう》を超えてフォーナンダーはピナオに強く影響を受けた。彼は政治的には一貫して反福音主義でポリネシア支持だった。ニューイングランドの宣教師はカルヴァン主義をハワイに持ち込んだが、メルヴィルと同じくフォーナンダーもその禁欲的なところを嫌った。彼はハワイの王を強く支持し、ハワイの上流階級の文化や気質に共感を抱いた。ピナオへの愛情も深かった。「私の妻と家族はこの土地の人間だ。だからこの土地にとって大事なことは、わたしにとって大事なことだ」と彼は書いている。

１８４９年に第一子で長女のキャサリン・カオノヒウラオカラニが生まれた。１８５１年には次女ヨハンナ・マルガレータ・ナオカラニ・カライポオが生まれたが、２歳の誕生日を迎えることなくこの世を去った。１８５５年、三人目の娘アンナ・マルタ・アライカウオココは死産だった。１８５５年、息子のアブラハム・カウェロカニ・カニパフも死産だった。おそらく月足らずだったのだろう。

１８５７年、ピナオは結婚10周年目を迎える２ヶ月前に５人目の子どもを産んだ。息子はチャールズ・セオドア・カリリラニ・カラニマヌイアと名づけられた。４日後、ピナオは出産時の合併症で亡くなり、そのおよそ10日後に赤ん坊も亡くなった。当時40代半ばだったフォーナンダーは悲しみにうちひしがれた。その後、再婚することなく彼は75歳に手が届くまで生きた。「もっとも神聖な記憶はハワイの墓に眠っている」と彼は書き残している。５人の子どものうちたったひとり生き延びたキャサリンは母親譲りの漆黒の髪と目で、神秘的なたたずまいだったという。

幼い命が次々に失われ、母親まで命を落とすという不幸は、19世紀には決してありえないことではなかった。ただしこれはハワイで起きたことであり、背景となる事情があった。遠隔の孤立した土地で外界との接触がほとんど、あるいはまったくない場合、そこの住民は「感染症に対してナイーブ」という表現をすることがある。インフルエンザや麻疹《はしか》などの世界のさまざまな場所で流行する病気に対し、限られた免疫しかないため、感染すると死亡率が高くなる傾向がある。１９１８年のパンデミックではアラスカの先住民族と太平洋の島民など特定の地域の死亡率は他にくらべて４倍から５倍、場合によっては10倍にもなった。この時には地球の総人口の３パーセントから６パーセントが死亡したと考えられる。それに対し西サモアでは人口の20パーセントが亡くなった。

19世紀の太平洋では、たびたびこうした事態が起きていた。早くも１８３０年代にはソサエティ諸島の宣教師たちが人口減少について報告している。タヒチでは１８４１年に天然痘、１８４３年に赤痢、１８４７年に猩紅熱、１８５４年に麻疹が大流行した。ハワイでも同様に海外から持ち込まれた感染症が次々に流行した。１８４８年と１８４９年、ちょうどピナオが第一子を孕《みごも》っていた時だった。

アメリカのフリゲート艦がメキシコから持ち込んだ天然痘と、カリフォルニアからの船が持ち込んだ百日咳《ひゃくにちぜき》が同時に襲いかかり、推定1万人が命を落とした。どの村もすっかり疲弊し、「病人に食事をつくってやれるほど健康な者はいなかった」、「1848年に諸島で生まれた赤ん坊の大部分、地域によっては10人中9人までがすでに墓の中と思われる」という観察記録が残されている。あきらかに他の病気も発生していた。その数年前に諸島に入ってきたおたふく風邪の症例がふたたび報告されていた。「胸膜炎」、「腸チフス」、赤痢と思われる病気もあった。これだけ重なると、とくに幼い子どもたちと高齢者はひとたまりもなかった。「老人はほぼすべて姿を消した」という記述も残っている。

異文化と接触する前のポリネシアの人口については意見が分かれるが、その後の人口の推移については一致している。ハワイ諸島の人口は19世紀の初めには約25万人だったが19世紀末には4万人を切っていた。同時期、ニュージーランドのマオリは3分の2近く減っている。マルケサス諸島はヨーロッパ人と接触する前にはおよそ5万人と思われた人口が激減し、1926年にはわずか2225人しか残っていなかった。作家のロバート・ルイス・スティーヴンソンは19世紀の終わり頃にマルケサス諸島を訪れた時の重苦しさを次のように書き記している。「歌も踊りも、もはや演じられることはなかった。歌詞と振りつけを知る者は誰ひとり残っておらず、島に運び込まれる夥《おびただ》しい数の棺《ひつぎ》がもののしい雰囲気を伝えていた」

スティーヴンソンが「死が満潮のように押し寄せる」と表現した壊滅的な人口減少を目の当たりにしたフォーナンダーは、大仕事に取りかかった。それが〝ポリネシア人についての報告：その起源と移住、そしてカメハメハ1世の時代までのハワイ古代史［An Account of the Polynesian Race : Its Origins and Migrations and the Ancient History of the Hawaiian People to the Times of Kamehameha I］〟である。これは生き延びた娘キャサリンに捧げられた。「彼女の母親の祖先の思い出として、そして父親の愛の印として」。フォーナンダーがハワイで暮らすようになって数十年が過ぎていた。最初はプランテーションの支配人、それからジャーナリスト、公僕、最後には判事を務めた。学校の監査官を務めた時にはハワイ人数人とともに毎年群島をまわり、もっとも遠い島まで足を伸ばした。行く先々で物語、詠唱、祈り、系譜を収集した――「古代の歴史、信仰、慣習に関するもの」ならなんでも集めたとフォーナンダーは記している。集めたものを整理して翻訳し、サミュエル・カマカウ、ケペリノらハワイの学者、そしてカラカウア王の助言を求めた。「からまった糸をときほぐす」ようにポリネシアの歴史をあきらかにしていくことをライフワークとした。

ハワイ人は知っていることをなかなか共有しようとしないところがあり、とりわけ代々受け継いだ秘儀は教えようとしなかった。長老たちは「そういう事についてはは地元の人間に対しても頑として沈黙するほどであり、まして外国人ではよほど親密で好意的な相手でなければ絶対に明かさない」とフォーナンダーは書き残している。ハワイに限らず、ポリネシアではどこも同じだった。ニュージーランドにも、あまりにも〝タプ〟――神聖かつ危険――であるため集団に属していない人間には教えてはならない知識があるという。あるヨーロッパ人がマオリ族の〝トフンガ〟の地位の人物に創造神話を語るよう説得したところ、暗闇のなかで、決して家族に知られないならと条件を出された。神官の儀式の詳細と聖なる木についてヨーロッパ人収集家に話した人物は「一般人」に秘密を漏らしたとして罰せられた。情報を提供した当人とその息子はまもなく亡くなったため、裏切ったせいで死んだのだと周囲は受け止めたという。

一族と部族の秘伝の知識は大切に守られてきた。それをヨーロッパ人に明かしてしまえばどうなるかという不安は、これまでに経験したことのないものだった。なぜヨーロッパ人はこうした伝統を記録したがるのか、それを誰と共有するつもりなのか、知識を書いたり印刷したりして公表すると知識の有効性はどうなるのか、そのプロセスそのものが冒瀆的ではないのか、といった懸念があった。マオリ族のある長老は、「昔はカラキア［祈りあるいは呪い］によって家は外の者に対し、家を冒瀆する者に対し閉じられていた。今日では口にする言葉が文字にされて、家は永遠に開かれたままだ」と表現した。

そのいっぽうでポリネシアの伝統的な知識が根本からぐらついてきたのも事実だった。外国人が押し寄せるとともに新しい考えが大量に入ってきた。政治構造が崩壊し、戦いと反目、そして併合へ。キリスト教への改宗が広まるとともに、従来の常識が一つまた一つ覆されていった。度重なる病気の蔓延《まんえん》と増えるばかりの死者数。思想体系そのものが風前の灯だった。あるヨーロッパ人は、まだ間に合ううちに島の伝統に「防腐処理」をしておかなくてはと述べている。緊急にポリネシアの知識を「救い出さなくては」ならないとヨーロッパ人もポリネシア人も痛感していた。フォーナンダーの言葉を借りれば、「あっという間に見捨てられ忘れられ」てしまうにちがいない。

ポリネシア人の歴史をフォーナンダーは独自のやり方で記録することにした。ヨーロッパ人として初めての試みだ。ポリネシアの系譜、風習、言い伝え、場所の名、数、伝承されてきた神話を分析することで2000年あまりの歴史を解き明かそうとした。対象はハワイ、ソサエティ諸島、マルケサス諸島、トンガ、サモア、フィジー、ニュージーランドといった地域にまでに及んだ。ポリネシア人はアーリア人という説をフォーナンダーは支持していたので、彼らの祖先が「インド・イラン語派を含む印欧語族を構成していた」ことを証明するのに心血を注いだ。ポリネシアの伝説と古代の太陽崇拝とのつながり、神々の名前とラテン語、ウェールズ語、古代バビロニア語との接点を指摘した。トカゲの物語にヘビ崇拝（クシュ文明につながる）を、石を使う儀式にヒンドゥー教のシヴァ派との接点を見つけた。フォーナンダーがめざしたのはハワイの完全な歴史をあきらかにすることだった。古代の起源から1795年のカメハメハ1世によるハワイ諸島の統一までを網羅する壮大なプロジェクトだ。

それはポリネシアの人々の移動経路を、その出発点からたどった初の試みであり、その点でひじょうに価値がある。フォーナンダーは始まりをイエス・キリスト誕生の何世紀も前のインドとした。ヒンドゥークシュ山脈の山麓地帯にポリネシア人の祖先がどれほど長く暮らしていたのか、旅立つ際にどういう「作法や儀式」があったのかはあきらかにされていない。それでもある時、彼らは東へと移動を始めてアジアの諸島に向かい、今日のインドネシアとフィリピンの島々に定住した。紀元1世紀あるいは2世紀頃、彼らはふたたび移動を開始した。太平洋を渡って遥かなフィジー諸島に到達すると、ふたたび定住期に入る。「数世代がそこで暮らした」後、移動を再開した。トンガ、サモア、ソサエティ諸島、マルケサス諸島に達して、紀元5世紀、6世紀頃にとうとうハワイ諸島に到達した。

フォーナンダーによれば、ここから数百年のあいだポリネシアの伝説は無風状態が続く。が、紀元1000年頃にとつぜん大きな変化が起きた。「ポリネシアのおもな集団の民間伝承に、非凡な男たち、彼らの勇猛果敢な遠征、心躍る冒険、彼方の土地への航海の伝説と歌があふれた。政治的に不安定になった、あるいは部族同士の争いが始まったことを反映していると思われるが、くわしい事情は伝説からは読み取れない」。そこからの300年から400年（だいたい紀元1000年から1400年）、「太平洋の島々は激しい移動期」を経験したとフォーナンダーは見る。新しい場所をめざすだけではなく、諸島間の行き来がひじょうに盛んで、ハワイ諸島には「サモア、ソサエティ、マルケサスから人々が遠征し、ハワイからもそうした島々に遠征していった」。

おそらく人口過多と自然災害が、人々の移動をうながしたのだろうと彼は推測している。火山の噴火や海岸線の後退が起きたのだろうと（かつて太平洋には現在よりもたくさんの島があったとするフォーナンダーの説は、沈んだ大陸の仮説に通じるものがある）。激しい移動と探検の時代は数世紀続き、紀元1300年代あるいは1400年代に動きが止んだ。ポリネシアの大移動がニュージーランドに到達したタイミングだ。その先、主要な諸島は孤立状態に入る。やがてヨーロッパの船がやってきて行き来が復活するまで。これがフォーナンダーの説だ。

無理のない、よくできた筋書きだ。ひじょうに正確な部分もあったのだが、とほうもない間違いも含まれていた。なんといっても、言語、文化、思考的枠組みの異なるものを翻訳するにはなにかと困難がある。フォーナンダーがめざした歴史とは時系列に沿って事物が並ぶというものだった。ところが彼がよりどころとした「伝統、伝説、系譜、詠唱の奥深い世界」は、表現や描写の仕方、論理もなにもかもその方針とは相容れない。フォーナンダーが考える歴史とは「連続性、正確さ、明快さ」がそろっているのだが、ポリネシアの口承の伝統はひじょうに詩的で、省略があり、感情に訴えかけるもので、詠唱する当事者にも曖昧であることが少なくない。それをどう解釈して翻訳するのか。フォーナンダーはまず、時代区分を明確にするという難題につきあたった。

フォーナンダーが記録しようとする歴史は時系列に沿ったものだったが、ポリネシアの伝承には日付はない。客観的で規則的な時間の概念にとらわれていない。季節や月の満ち欠けの周期と結びついた暦はあるが、「1850年」などの表現を使うシステムとはまったく別物だ。そこでフォーナンダーが目をつけたのがポリネシアの系譜である。大切に受け継がれてきた長く詳細な系譜を使って世代を数えていくという独創的な方法をとった。この方法を試みたのは彼が最初ではなかったが、フォーナンダーは系譜を手がかりに、ポリネシアの出来事を時系列で並べ、過去にさかのぼっていこうとした。

この方法が通用したのは、20世紀半ばに放射性炭素年代測定という科学的手法が開発されるまでのことだ。ポリネシア人は血統を重視し、誰が誰の系統を引くのかという情報を克明に残しているので、確かに系譜は歴史を組み立てる上で貴重な存在だった。ただ、彼らの系譜の性質は時を遡るにつれて「歴史」から「伝説」、そして「神話」へと変わっていく。フォーナンダーが使った系譜には99世代遡れるものがあった。単純に計算すれば3000年近くになる。20世代から30世代の系譜が多かったのだが、それでも600年から900年という長さになり、口承で正確な情報が伝えられる限度とされる時間の3倍から4倍になる。

ポリネシアの系譜はまちがいなく時間の経過をあらわしていたのだが、もともと正確な時系列を記録するためのものではなかった。系譜には社会的、政治的、あるいは形而上学的な目的があり、系譜をたどれば祖先に、そして「岩、木、川、空の星」にまでたどっていけた。重要な系譜は天地創造から始まり、神々の交合、人類の出現、陸地の分裂など長い時間の末に直接血のつながった祖先があらわれる。系譜の終わりのほう、つまり現代に近い部分はかなり正確でも、最初の「深い闇」などは神話的だ。その境目がどこにあるのか、ヨーロッパ人は容易に見極めることができなかった。

フォーナンダーも、この点に気づいていなかったわけではない。彼はポリネシアの伝承の信憑性を支持しながらも、史実を重視するヨーロッパ的な歴史の概念に忠実であろうとした。だからどうしても不自然な筋立てとなる。たとえば紀元1世紀に首長ワケア（古代ポリネシアの空の父）は妻パパ（母なる大地）とともにモルッカ諸島のジロロ島で暮らしていた、というふうに。あくまでも伝承をよりどころとしたためにフォーナンダーが描いた歴史には不条理な部分がある。また、それは彼ならではの見解を強く反映したものだった。

妻と娘がハワイ人であるという個人的な事情、そしてロマン主義全盛の時代に青春時代を過ごした経験がフォーナンダーのポリネシアへの強い思いを支えていた。ポリネシア人の祖先が太平洋全体を探検し植民地化したことを彼はすんなりと受け入れた。他の多くのヨーロッパ人——彼以前、以後に関わりなく——はそうではなかった。ポリネシア人が外洋を少なくとも数百キロメートルは楽々と航海し、300年あるいは400年間は諸島間を行き来していた。彼らは自分たちの意志で船出し、往復の航海を無事にやり遂げた。壮大なスケールの旅に必要なすべてを彼らは持ち合わせていたことをフォーナンダーは疑わなかった。彼らには「縫い合わせたり綴《と》じ合わせたり」して船をつくる力があった。そこに「人間、動物、蓄えを充分に乗せる」ことができた。「星が南半球と北半球両方で一年を通じて、どこから昇りどこに沈むのか」を知り、長い航海に耐える力を備え、「陸地が近づいたことを、鳥などを手がかりに」知る能力があった。なにより、持ち前の「勇気、大胆さ、忍耐力をここぞという場面で発揮」して乗り越えていける資質を持ち合わせていた。

これはすべて確実な事柄であるとフォーナンダーは認識していた。「アイスランドの船乗りが遥か彼方の陸地を発見したという伝承」を史実として信じられるなら、「ポリネシアの人々が船で行き来したという伝承」も信じられるはずだ。フォーナンダーの考えは明確だった。ポリネシアの英雄の物語には、彼らの起源と移動のすべてが描かれている。こうしてフォーナンダーと彼の後継者たちは偉大な航海を成し遂げたポリネシアの英雄の物語を時系列に沿った歴史に翻訳していこうとした。が、それは科学の領域ではなく、もはやアートの領域だった。

航海の物語
歴史と神話

ポリネシアの神話には航海の物語がつきものだ。ヒーローとヒロインが新しい陸地を発見したり、いにしえの故郷を再訪したり、冒険に出たり、たいせつなものを手に入れるために海に乗り出していく。フォーナンダーはこうした物語をポリネシア人の移住の歴史の中核に据えた。海の民の海の物語は、あきらかな寓話から史実にもとづいたものまでじつに幅広い。天地創造をおこなった神々と陸地を発見し入植した祖先はひとつながりだ。すべては「歴史的」で「神話的」でもある。

旅のとちゅう、登場人物は不思議な力を持つアイテムを使って危機を乗り越える。不思議な船、骨、パドル、釣り針、網、籠、ヒョウタンなど。不思議な袋に風を封じ込めたり、

「ラロトンガ島からニュージーランドに向けて6隻のカヌーの船出」(1906年、ケネット・ワトキンス)
ニュージーランド、オークランド・アートギャラリー

流れ星に導かれたり、話す星に助けられたりする。奇妙な生き物にも助けられる——風上に泳いで波から守ってくれるバショウカジキ、漂流者を救ったり転覆したカヌーを陸地へと引っ張ったりするサメなど。深い海のなかから怪物があらわれて襲われたりもする——巨大タコ、獰猛なカジキ、巨大シャコガイなど。海は恐ろしい渦、竜巻、霧、波、隆起するリーフで行く手を阻む。島もさまよったり流されたり姿を消したりと謎めいている。

そして、どんなに荒唐無稽な物語でもひじょうに詳細な情報がちりばめられている。乗ろうとする船をつくるにはどんな道具が必要なのか、どんな食料や物資を積むのか、それをどう保管するのか、カヌーが沈むのを防ぐための方法、甲板に砂で調理場をつくる方法など。航海に際しての具体的なアドバイスも数々見つかる。カヌーをつくる者に「真っ先に食べ物を確保する」、戦士には「自ら志願し、もっとも勇敢でもっとも経験豊富な者」を選ぶ、「2月には太陽、月、金星が沈む右側に航路を取れ」など。航海の論理的根拠と動機も含まれている。これは歴史家には理解しにくい部分だ。鳥の卵、羽毛、鼈甲《べっこう》、真珠貝、特別な岩など価値あるモノを手に入れるための航海もあれば、家族を探しに行く、花嫁を獲得する航海もある。いまいる島をどうしても出ていかなければならない場合もある。たとえば若者が一族の年長者と揉《も》めたり、人妻を奪ったり、なにかの罪を犯したりしたために船出する。飢饉《ききん》もあれば、なにかのトラブルという場合もある。たいていは野心や誇りをかけた航海だ。こうした詳細はおそらくほんとうのことだろう。あるいは事実をもとにしているのではないか。もちろん記録など残っていないが、実際に起きたこと、経験したことを物語に反映しているのだろう。

世界創生の神話も例外ではない。実際に航海しなければわからない知識をうまく取り込んでいる。

たとえばタヒチの神ルの物語だ。ルは妹のヒナとともに、世界のすべての島を見つけて名前をつけるために、ハル［船体］号というカヌーで出発する。「ルのカヌーの歌」は世界の起源の物語であり、あきらかに地理学の教材でもある。出発の前にルは周りを見回し、方角に名前をつける。「彼は東をテ・ヒティア・オ・テ・ラ（日の出）、西をテ・トオア・オ・テ・ラ（日の入り）、南をアパトア、北をアパトエラウと呼んだ」——トゥパイアが作成した海図で使われていた言葉と同じだ。航海は西から始まり、ソサエティ諸島に着くとルとヒナは島一つひとつにカヌーを近づけて名前をつけていく。マウピティ、ボラボラ、タハア、ライアテアと、その順番は実際の島の位置とぴったり合っている。ハワイの火山の女神ペレの物語も同様だ。ペレがカヒキから船出した時のカヌーは兄カモホアリイのもの、漕ぎ手は潮と流れだった。北西からハワイ諸島に近づくと、まずニホア、それからカウアイ、オアフと島を一つひとつ過ぎて——実際の地理と一致する順番で——最後にハワイ島の噴火口に落ち着いた。

ラタは偉大な航海をなしとげたポリネシアの神で、英雄としてその名はポリネシアン・トライアングルに知れ渡っている。そのラタの物語は、航海用のカヌーを建造し進水させるための方法や長い航海で直面する危険についての情報がこれでもかと盛り込まれている。父親の復讐《ふくしゅう》のために航海に出たラタに次から次へと海の危険が襲いかかる。不思議な出来事に遭遇するたびに、ラタは陸地を見つけたと勘違いする——魚の大群がカヌーを水没させようとする、メカジキが船体に穴をあけようとする、巨大なお化けカバラ［アジ科の魚］に食べられそうになる、怪力ハマグリがカヌーを吸い込もうとする、など。その他にもクジラや津波や隠れていたリーフが出てくるバージョンもある。

航海の物語は成功した旅を事細かに描いているものが大部分だ（いなくなった人物をさがすという旅もある）。そのなかでマルケサス諸島の物語は、航海でたくさんの命が失われる点で興味深い。英雄アカは貴重な赤い羽毛（ポリネシアの大部分ではクラと呼ばれる）を手に入れるために船でアオトナに行こうと決める。行く方法がわからないので、義理の息子2人を彼らの父親のもとに送って教えてもらうことにした。息子たちが父親に「クラのことで来ました」というと、「お前たちにはたどり着くことはできない。たくさんの食料が必要だ。調理したマ［発酵させたブレッドフルーツ］、生のマ、ココナッツ、生のタロイモ、調理したタロイモ、生のカペ［別の種類のタロイモ］、調理したカペをたくさん積まなければならない。海のずっと先の遠くまで行くことになるが、そこに食料はなく、陸地が見つかるまでに長い時間がかかる」と父親はこたえた。それでも彼らは船で行くことを決め、2隻の船を建造し、2隻をつなぎ、帆にするための織物と食料を集め、航海に必要な「7×20」人をさがした。

この物語はペレとルがマルケサス諸島の島に順に寄る筋書きでも知られる。旅の行程ごとの連作になっている場合もある。行程ごとに星の位置がちがう。息子ふたりは「私たちはペペウとウトゥヌイ、マイティヴィの息子。風のように、空の向こうまで髪をなびかせながら滑っていき、アオトナに行く」と身元を明かすと星が船を導いてくれる。これは星を道しるべにする航海そのものだ。水平線のほぼ同じ場所からのぼる複数の星を目印に進む方向を決定する方法は、古代ポリネシアの航海術のひとつとされる。

アオトナまでは長い旅だった。舟の食料も水も尽き、男たちは次々に死んでいく。「20人が死んだ。

2×20、3×20、4×20、5×20が死んでしまった。アカのもとには2×20の人員が残っていた」。ようやく目的地に到着し、籠に赤い羽毛を詰めて一行は故郷に向かって出発した。帰りも過酷な航海となった。「大きなパンノキの実が収穫できるほどの長い時間」をかけてついに故郷に戻ってきた。崖の上にはカヌーの帰りを待つ女たちが船を見下ろしている。アオトナに向けて船出した「7×20」人のうち、生還した男たちは3分の1にも満たなかった。

*

19世紀後半と20世紀前半、ポリネシア人の過去の移動の歴史をあきらかにするには航海の物語が重要な手がかりだった。1887年にフォーナンダーが亡くなると、ニュージーランドのS・パーシー・スミスという人物がその後を引き継いだ。スミスは後に協働するトレガーと同じく、ニュージーランドの未開拓の地で調査官として働いていた時にマオリ族と継続的に接するようになった。1850年代と60年代のことだ。20歳ですでにマオリ語を使いこなせるようになっており、通訳として働いた。この時期、物語と詠唱を収集するようになる。1892年、「ポリネシアの民族の人類学、民族学、言語学、遺物の研究」を目的としてトレガーと共同でポリネシア協会を設立した。また論文、解説、聞き取った民間伝承を発表する媒体として〝ジャーナル・オブ・ザ・ポリネシアンソサエティ〟を創刊した。

スミスはフォーナンダーを深く尊敬しており、ポリネシア人の口承の内容について「すべての伝承は事実に基づいている――詳細に違いがあったとしても、本筋はほぼ正確である」という立場だった。

1898年から1921年にかけてスミスはポリネシア人の歴史について本と論文にまとめ、評判となった。フォーナンダーが描いた筋立てに沿った内容で、起源は古代のインドである。祖先はそこから紀元前65年頃にインドネシアに移住し、紀元450年までにフィジー／トンガ／サモア地域に到着し、「英雄的な冒険の時期」を迎えてポリネシアの主要な群島に移り住んだ。スミスが次に取り組んだのは、自分が暮らしている土地のポリネシア人の歴史である。とりわけ力を入れたのが、「マオリはいつ・どこから」やってきたのかについてだ。口承では「いつ・どこから」は曖昧になりやすい（対照的に「誰が」「なぜ」は明快だ）。歴史には明確な年代と場所が不可欠であるという思いはフォーナンダーもスミスも同じである。そこでニュージーランドへの移動のルートと年表づくりが始まった。

ポリネシア人の航海についての伝承をヨーロッパ人が解釈しようとする際、大きく立ちはだかるのがハワイキという場所だ。太平洋の中央部と東部の伝承に登場するハワイキ――またはハヴァイキ、ハヴァイイ、アヴァイキなど語源は同じ――とは、偉大な航海者が出発した場所を指す。祖先の故郷とも表現されるが、たいていはそれ以上の意味を持つ。ソサエティ諸島の天地創造の物語では最初につくられた陸地として、「ハヴァイイ、陸地が生まれた場所、ハヴァイイ、神々が生まれた場所、ハヴァイイは王が生まれた場所、ハヴァイイは人間が生まれた場所」と詠われる。マンガレヴァ島の神話では世界の木にたとえられ、「その根はポの中にある、最上部の枝はタネの聖なる空に届く」と表現される。いいものはハワイキから来るとも言われる――ブタ、サツマイモ、特殊なヤムイモ、グリーンストーンや赤い羽毛といった宝物、タ・モコ（マオリのタトゥー）など特別な知識も。マニヒキ島の物語では英雄マウイがハヴァイキから火を持ち帰る。マルケサス諸島には、死んだ妻を追って男がハワイキに行く、あるいは亡くなった息子をさがしにハワイキに旅に出るという話が伝わっている。ハワイキは故郷、すべての源、豊かな楽園のような場所であると同時に、テ・ポを思わせる魂の場所、これから子孫として生まれる命のための場所でもある。

ハワイキは西のどこかにある——ポリネシアでは死者はこの方角に向かって安息の場所に行く——とされることが多いが、東という場合も、空や地下にあるとも言われる。太平洋には実際にハワイキという名前（同種の名前も含めて）の島がたくさんある。ハワイ諸島のビッグアイランドと呼ばれるハワイ島、サモア諸島のサバイイ島などはよく知られている。ソサエティ諸島のライアテア島はかつてハヴァイイと呼ばれていた。

この伝説的な土地の場所をはっきりさせようとヨーロッパ人として初めて取り組んだのが、言語学者のホレイショ・ヘイルだ。１８３８年から42年にかけてアメリカ合衆国探検遠征隊の一員として加わり、持ち前の洞察力を発揮して、トゥパイアの海図を検証した人物である。ヘイルは船で太平洋を巡りながら、クック諸島アイトゥタキ島では祖先がアヴァイキから来たという住民の話を聞いた。マルケサス諸島ではハヴァイキは地下の世界を指すと教えられた。アメリカ人のヘイルはもちろんハワイ島を知っていた。言語学者である彼は、どれも同じ場所を指す名前であると気づいていた。やがてサモア諸島のサバイイ島に着いたところでひらめいた。ハワイキこそ「ポリネシア人の移動の謎」を解く「キーワード」にちがいない、と。人は新しい土地に懐かしい地名をつけようとするものだ——プリマス、ヴェニス、ニューアムステルダム、ニューメキシコなど。それならばハワイキという地名を遡っていけば、ポリネシアの人々の共通の祖先の「原点」に着く。

ヘイルはこの「原点」はサモア諸島のいちばん西にあるもっとも大きな島、サバイイ島だと確信した。かなり説得力はあったが、ポリネシア人の起源をアーリア人と考えるスミスとフォーナンダーはこれに満足しなかった。もっと古く、もっと西の遠いところにハワイキはあるはずだった。インドとまではいかなくてもインドネシアあたりに。フォーナンダーはジャヴァがそうではないかと考えていた。ジャヴァ、ジャワ、ハワ、ハワ・イティ、ハワイキと音声学的な変化をたどったのだ。スミスはそれをもとにインドネシアのスマトラ島とセラム島までたどり着いた。しかし航海の物語をよりどころとして考えると、英雄たちが旅立ったハワイキは〝この原点〟ではなかったのではないか。それよりも古代の航海者たちが旅のとちゅうで名づけた多くのハワイキのひとつだったのかもしれない。そう考えればハワイキから航海してきたと主張するマオリの人々は、ソサエティ諸島のハヴァイイ（ライアテア島）から来た可能性がある。これはスミスにとって都合がよかった。いつ・どこからという問題をはぐらかせる。伝説の登場人物と系譜の情報が矛盾する場合も彼は同様の手法で同じ名前の人物が複数いたにちがいないと主張した。これはフォーナンダーも手こずった部分で、伝承を歴史的史実として解釈しようとするほどスミスの仮説は歪んだものとなった。

＊

フォーナンダーはポリネシア人の年代記を作成するための基礎づくりに貢献したのだが、皮肉なことにフォーナンダーの存在は歴史の表舞台からほぼ姿を消してしまった。いっぽうニュージーランドの発見と移住についてのスミスの見解はニュージーランドで広く受け入れられ、これこそマオリ族の歴史であると太鼓判まで押された。子どもたちはそれを教わり、歴史の一部として組み込まれ、銘板に刻まれ、国の起源を物語るものとして20世紀の大部分は尊重されてきた。

スミスは1865年に記録された東海岸の著名なトフンガ［神官］2人の話を軸として歴史を構成していた。始まりは紀元925年、古代の故郷ハワイキのクペという男が巨大なタコをめぐるもめごとに巻き込まれた。足の長さが5ファゾム［約9メートル］、目はアワビの貝殻ほどもあるそのタコに漁場を荒らされ、クペは殺すことを決める。大きなカヌーを用意して食料を大量に積み込むように指示し、すべての準備が整うと妻と友人のンガフエとともに出発した。洋上でクペはタコの様子を窺った。海面のさざ波が赤いところにタコがいる。カヌーが近くと、怪物タコは離れていく——猛烈なスピードで一直線に。どうやらタコは自分たちをどこかに導いているらしいとクペは気づく。海に出てから長い時間が過ぎ、ついにクペの妻が陸地を目にした。それは「水平線の上の雲のように」見えたので、アオテアロア［マオリ族の言葉で「ニュージーランド」］という名がついた。スミスはこれを「長くたなびく白い雲」と解釈した（他に「長い旅の末に見つかった陸地にかかる雲」や「風上の方角の遠い陸地」などがある）。

この物語には「飛躍した部分」があることをスミスは後に認め、より現実味のあるものにするためにクペが南方を探訪する航海に出たのは「〝コホペロア〟つまり尾の長いカッコウ」が南西の方角から飛んできたのを見たからだとした。クペはこの鳥の生態にくわしく、南西の方向に陸地があると確信したということだ。ともかくクペはアオテアロアに到着し、そこに人間がいないことを知る。いるのは鳥だけだった。クペは島を順番にめぐって探検し、ハワイキに戻って航海の成果を報告した。伝承によればクペは生涯ハワイキで暮らし、二度とアオテアロアを訪れなかった。そこで、「エ・ホキ・クペ［クペは戻るのか］?」という表現は、可能性がゼロであることを間接的に伝える時に使われるようになった。

クペのニュージーランド発見の後、ハワイキから二度の大規模な移住がおこなわれたとスミスは述べている。一度目は紀元1150年、トイという航海者が嵐で流された孫を探してやってきた時。二度目は紀元1350年に大規模な船団でやってきた。トイの物語はスミスによるつけ足しのようにも思われるが、大船団の物語はニュージーランドでいまもとても大切にされている。船団は7隻の大きな航海用カヌーで構成されていた。それぞれに男たち、女たち、子どもたち総勢70人が乗り込み、神々、植物、動物、食べ物、水、道具や用具類もなにもかも積み込んでいた。船はほぼ同時にアオテアロアに到着した後、それぞれ異なる海岸へと向い、そこで下船して定住し土地の所有者となった。彼らを初代として子孫が系譜に連なることとなる。この大船団の物語は「マオリ族の歴史上もっとも有名な出来事」として20世紀の大部分は受け止められていた。それは「すべての部族がこの時航海用カヌーでやってきた高貴な首長へと系統をたどっていける」からであると著名なマオリの学者が記している。ポリネシア人の移動はこの大船団で山場を迎え、大移動の時代は終わった。ニュージーランドはポリネシア人が最後に定住した島だった。大船団の到着後、「ハワイキへの〝タプ〟の海は断ち切られた」という言い伝えがマオリ族にはあった。

＊

クペと大船団の物語は何十年もの間、信頼のおけるマオリの歴史であるとされてきた。だが疑問符がつく部分がなかったわけではない。19世紀と20世紀前半にフォーナンダーやスミスが「伝承」で構成した歴史は、やがて研究者から問題視されるようになり、さまざまな改竄《かいざん》が指摘された。名前、単語、段落、句読点、文法を変え、物語を並べ替え、不道徳と思われる部分を削除していたというのだ。口承を文字として記録していく際にはこうしたことがありがちだと古典学者アガテ・ソーントンは述べている。〝イリアス〟や〝オデュッセイア〟などもそうなのだが、口承の物語はかならずしも年代に沿って進むわけではなく、話がとちゅうから始まったり、行きつ戻りつしながら進行したり、本筋から横道にそれて背景説明があったり、重要な情報が補足されたりする。伝統的なマオリの物語も同じで、それをヨーロッパ人が編集する際（ヨーロッパ人向けに）入り組んだ構造を調整した。そのため「言葉は明瞭だが意味は漠然として、聞く者の耳に心地いい」ものが、ひじょうに意味のとおったものとなり、神話の面影は薄れて歴史となった。

このようにヨーロッパ風に整えられた歴史は寄せ集めになりがちという難点がある。１９７０年代から原本の詳細な検証がおこなわれるようになり、ニュージーランドの発見者クペと国民に愛されてきた大船団の物語はじつはマオリの起源を語るものではなかったという主張がＤ・Ｒ・シモンズから出た。複数の伝承を適当につなげ、改竄も加えられていたことに加え、スミスによる年代指定も正しくなかったとシモンズは指摘した。クペがニュージーランドを発見した９２５年という数字も、じつは12世紀におこなわれた入植を無理矢理前に動かしたものである、と。クペが来た時に島には人間がいなかったという辻褄《つじつま》合わせだったのだろう。大船団の到来をスミスが１３５０年とした根拠は、数

ある系譜——系譜によって14世代や27世代など幅がある——の平均値だった。シモンズの言う通り、「算数の計算問題」ならば正解だ。

シモンズは決してニュージーランドの発見や定住について、英雄の航海やカヌーについてのマオリの伝承を否定したわけではない。あくまでも、クペと大船団の伝承は「ヨーロッパ人の研究者がニュージーランドの先史時代を解き明かすために必要とした」現代の神話であり、それが「次第に『事実』や『史実』として広まった」というからくりに光を当てたのだ。

こうして20世紀にはポリネシアの口承に基づく歴史は徐々に輝きを失っていった。ポリネシアの口承を過度に尊重したトレガー、フォーナンダー、スミスらの手法に疑問符がつき、断片的な資料の寄せ集め、幾度も繰り返される翻訳、系譜をもとに年代を弾《はじ》き出すといったおおざっぱな作業がさらに評価を押し下げた。科学的手法を活用する20世紀の研究者は、陸地の発見と定住の伝承に頼ろうとはしなかった。フォーナンダーが南海のヴァイキングと表現した勇猛果敢な船乗りの冒険の旅に彩られた「壮大」な歴史に替わって、新しく、より懐疑主義的な立場での「事実」を「風聞」に優先させる仮説が登場した。

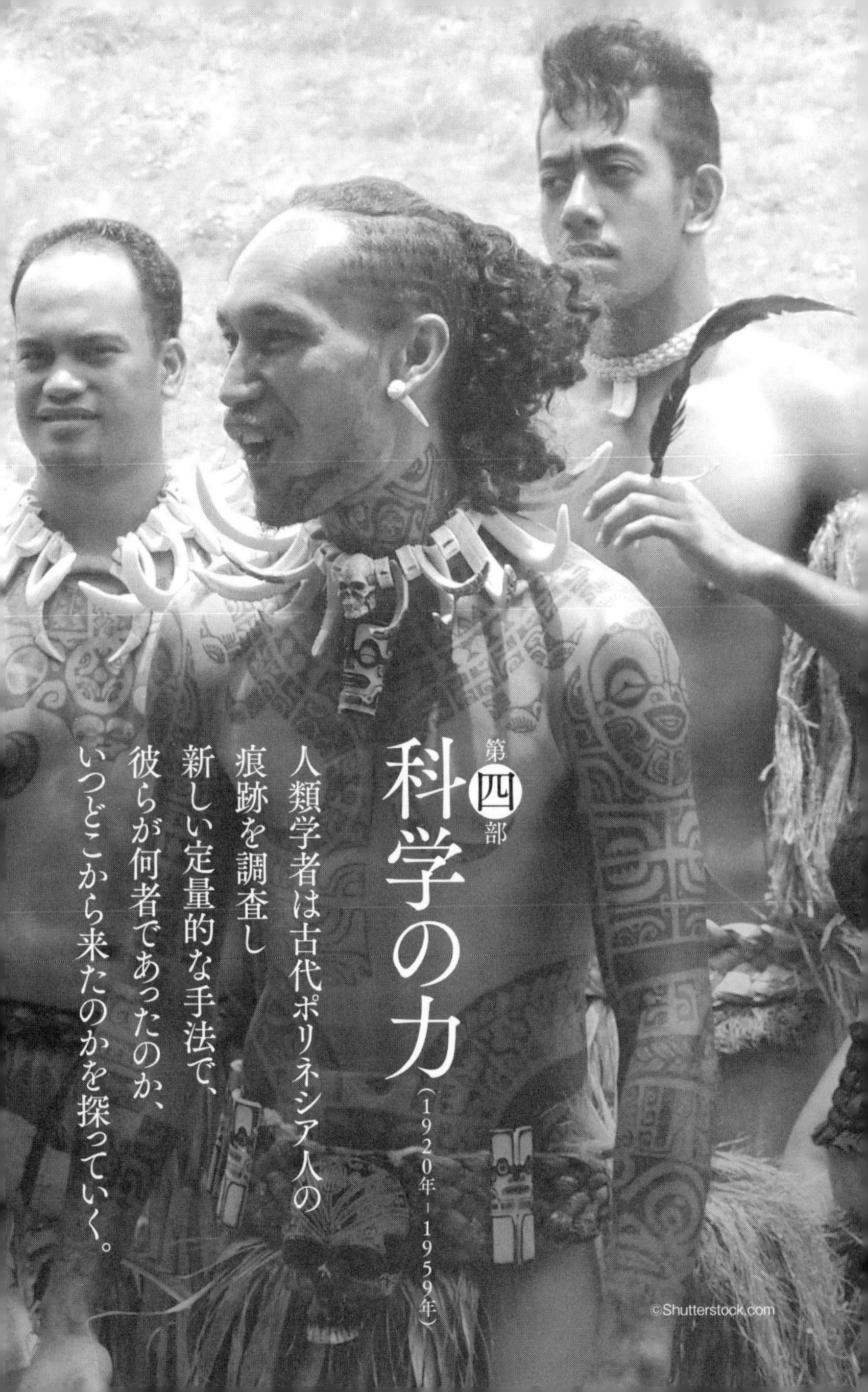

第四部

科学の力

（1920年－1959年）

人類学者は古代ポリネシア人の
痕跡を調査し
新しい定量的な手法で、
彼らが何者であったのか、
いつどこから来たのかを探っていく。

生体学
人間の計測

ポリネシア人は何者であるのかという疑問に19世紀に向き合っていたのは、宣教師、商人、植民地の役人など専門の研究者ではない人々だった。彼らは学問の世界とは無縁の立場ながらポリネシアの文化に浸り、こたえを得ようと情熱を傾け、荒唐無稽な持論を展開した。20世紀の最初の数十年でそれががらりと変わった。ちょうど人類学の研究が盛んになった時期である。太平洋という地域はアフリカ大陸とアメリカ大陸と並んで初期の民族学研究者にとって魅力的な対象だった。人類学の専門家は大挙して押し寄せ、新しい科学的な手法で謎解きに挑んだ。ポリネシア人とは何者か？　どこから来たのか？

「マルケサス諸島のポリネシア人女性（Dタイプ）」
撮影者エドワード・S・C・ハンディ、ラルフ・リントン
ルイス・R・サリバン著『Marquesan Somatology』（ホノルル、1923年）より
ハーバード大学トザー人類学図書館所蔵

いつ、どのように太平洋に入植したのか？

1922年、ポリネシアの歴史は「基本的にフィールドワークで取り組む分野」であり「事実の積み重ね」以外に解き明かす方法はないと述べたのは、ホノルルのバーニス・P・ビショップ博物館のハーバート・E・グレゴリー館長だ。さまざまな領域の研究者がチームを組んで現地に入り情報を収集するという方式が増えた。20世紀前半にはイギリスとアメリカの大規模な遠征隊が遥か彼方の土地までフィールドワークに出かけた。多くの科学者が参加し、銀行家、実業家、デパートのオーナーなどが後援者となり遠征隊には彼らの名前がついた。金ぴか時代を象徴する莫大な富、プリミティビズム（この時期、世界有数の美術館はアフリカ、オセアニア、アメリカ大陸のアート作品の収集に熱心だった）、人類学や社会学など社会科学の分野が確立されて人類の研究に自然科学の精密な手法が活《い》かせる、という世紀末の3つの要素が絶妙に溶け合ってこうした遠征隊が実現した。最先端の知的探求とエキゾチックな地での過酷な冒険というふたつを満たせるということで、援助のしがいもあった。

グレゴリーも後援者にめぐまれた。バヤール・ドミニク・ジュニアという人物で、ニューヨークの由緒ある家柄の御曹司だった。ニューヨーク証券取引所の会員である証券会社ドミニク・アンド・ドミニクのパートナーを父親とおじとともに務めていた。慈善家で、猛獣狩りのハンターでもあった。1920年、ドミニクは南太平洋への人類学の遠征隊の費用としてイェール大学に4万ドルを寄付した――今日の価値に直すと50万ドルに相当する。資金はビショップ博物館が管理し、バヤール・ドミニク遠征隊の資金に充てられた。遠征隊の目的は「ポリネシア人の起源を解明するための初の大規模かつ包括的取り組み」、具体的にはポリネシアの人々の身体的、文化的、環境的な特性についての

「組織的な調査」であった。

むろん、すでにポリネシアの人々に関してはたくさんのことがわかっていた。タヒチ人の食生活からイースター島の一枚岩でできた彫像まで、無数の探検家、宣教師、旅行作家らの日誌や回顧録にはありとあらゆる情報がちりばめられていた。とはいっても、どれも断片的でなにより非科学的だった。詳細で系統だった研究をするには、分類と比較が可能な大量の情報を収集する必要がある。バヤール・ドミニク遠征隊（一連の遠征を指していた）はポリネシア人の文化の多彩な側面を可能な限り完全に写し取ることをめざした。民族学者、考古学者、植物学者などから構成される科学者のチームが、ポリネシアン・トライアングルの4方面に送り込まれた。4チームがそれぞれ西のトンガ、東のマルケサス諸島、南のオーストラル諸島、北のハワイ諸島で活動することになった。大部分は20代後半もしくは30代前半で大学院生もいた。妻を帯同した場合、妻は「ボランティア」の資格で参加した。各チームは最低でも9ヶ月ひとつの場所に滞在し、できるだけ多くの情報を収集することになっていた。バヤール・ドミニク遠征隊の最大の任務はデータ収集だった。

データ収集の対象は多岐にわたっていたので、実際には遠征隊のメンバーは各々の関心ある事柄を調べる余裕はあった。人類学者エドワード・W・ギフォードはトンガの社会構造全体、法律、財産、宗教、戦争に関する慣習について幅広く調べた。マルケサス諸島に派遣された人類学者ラルフ・リントンは石積みの壁、石壇、石畳、彫像、岩面彫刻、砦を調べた。ロバート・エイトケンはオーストラル諸島で神話を研究した。植物学者フォレスト・B・H・ブラウンと妻はポリネシア南東部の植物相の調査をおこない、地元の植物学的な知識と命名についてもくわしく調べた。

バヤール・ドミニク遠征隊に参加した民族学者エドワード・S・C・ハンディは妻のウィローディーンとともにマルケサス諸島に9ヶ月滞在した。夫はマルケサスの神話と宗教的慣習を重点的に調べ、妻はあやとりとタトゥーについてくわしく調べるなど、夫婦はよき相棒だった。タトゥーの慣習は19世紀の後半にフランス政府が法律で禁じていたが、ウィローディーンは重要なタトゥーを施している人を100人探し出し、彼らを説得して希少なデザインを記録するのに成功した。写真では濃い藍色の文様がきれいに写らないので、紙に丁寧に描いた。1920年にポリネシアの社会のただなかに飛び込んだ日々について、後にウィローディーンは回想している。もっとも力を注いだのは人々の社会的なふるまいを把握することだった――礼儀正しいとはどういうことか、相手にとって不快なことはなにか、人々の言葉と行動の真の意味はなにかを知ろうとした。やがて彼女自身の意識が変化し、それにつれて一気に理解が深まっていった。島に来た時、住民は「情報を引き出す対象」に過ぎなかったが、9ヶ月後に去る時には友人になっていたのだ。

ハンディ夫妻は遠征隊の目的である情報収集には手を抜かず、踊り、服装、呪術、魚毒、拳闘、鳥の捕獲、時間についての観念などありとあらゆることを聞きただした。とりわけマルケサス諸島の伝説は夫妻の興味をひき、その内容はウィローディーンの想像をはるかに超えていた。猥雑でことあるごとに暴力に訴え、奔放な性が語られ、英語では「公開できない」ような物語もあった。タトゥーと同じようにマルケサス諸島の神話は1920年代には表向きには語られなくなった。そんななかハンディ夫妻が収集した物語の多くは、地元で「大嘘つき」呼ばわりされている人物が語ったものだった。「昔の物語は宣教師が『嘘』だと言っているのに、それを話すから」という理由で嘘つきと言われたのだとウィローディーンは書き記している。

バヤール・ドミニク遠征隊の各チームは島民の「身体の調査」も任務の一部で、そのための特別な道具も支給されていた。顔と頭のサイズを測るための測定器（キャリパー）、身長を測るためのスタンドつきの棒のような装置、肌の色を分類するためのカラーチャート、記録用の「身体測定カード」も。髪の特徴や肌の色合いといった情報や身体測定値などのデータ、髪のサンプルや写真はまとめて遠征隊に同行した「生体学者」でアメリカ自然史博物館のルイス・R・サリバンに送り、彼が結果を発表することになっていた。

ハンディ夫妻は300人分の「サンプル」を収集しなければならなかった。そのためには生粋のマルケサス人を片っ端から測らなくては間に合わない。エドワードはキャリパーとスタンドつき計測棒で測定し、ウィローディーンは「頭のてっぺんから足の裏まで人体のあらゆる特徴」をカードに記録し、マルケサス人の髪を少量だけハサミで切り取った（マルケサス人の髪は呪術師が「人間の魂を罠にかけるための餌」として使うと彼女は知っていたので、これは意外だった）。髪をカードに糊《のり》で貼り、肌の色をカラーチャートで測定していくのだが、この作業が最大の難関となった。

肌の色合いを数値で示す方法は複数あった。1879年に発表されたブローカの肌と体毛用のチャート、ドイツの解剖学者で生理学者グスタフ・フリッチュがデザインした色彩表は特殊な紙に油絵具で塗られた48色で構成されてポケットサイズの携帯ケースに収まった。そしてフェリックス・フォン・ルシャンの肌のカラーチャートは縦約18センチ横約8センチの真鍮《しんちゅう》のトレーにアイボリーから黒に近い色まで36のガラスのモザイク片が並び、二つ折りにして真鍮製のケースからスライドして取り出せる仕組みだった。ルシャンのチャートは標準とされていたが、バヤール・ドミニク遠征隊の各チームは使えず、フリッチュのキットで代用した。

ウィローディーンは肌の色合いを測定するのにかなり苦労した。当初はカラーチャートを使えばかんたんだろうと思っていたが、数値を確定できないケースが多過ぎた。「標準的なチャートの数字にポリネシア人の肌の色を当てはめるのは無理だと皆、頭を抱えている」と夫からも聞かされた。ウィローディーンはふたつの数字を記入して間にプラスの記号を書くこともあった。「分数を書くしかないと思ったこともある」と彼女は記している。「露出している部位」は頬の色、「露出していない部位」は上腕の内側の色を測定すると指定されたものの、小さな四角い紙に均一に塗られた色はまったく役に立たない。たいていのマルケサス人の「肌は輝き、金色で明るく黄色で茶色だった——これをどう表現すればいいのだろう。太陽の下の銅色とでも?」画家ならどうするだろうかとウィローディーンは考えた。「鮮やかなクロムイエローとセピア色を混ぜるだろうか、少々のローズ・マダーも加えるだろうか」。詩的な表現ならいくつも浮かんだ。「でも、私たちが取り組んでいたのは科学的なデータづくりであり、いちばん近いと思われる番号を記さなくてはならなかった」

ポリネシアではバヤール・ドミニク遠征隊の人類学者が身体測定などをおこなった。19世紀後半と20世紀前半にはさまざまな分野でこうした生体学の研究がおこなわれた。被験者は女性、子ども、運動選手、「精神薄弱者」、スカンジナビア人とエスキモー、双子、ネアンデルタール人の標本、触法精神障害者など民族内のサブグループというケースがあった。手のひら、足の裏、歯、耳など身体的な特徴が研究され、なかでも頭蓋骨、頭蓋、脳の重さ――アーティスト、学者、科学者、「際立って学識のある人々」を含む多様な人々を被験者として――の研究は注目を集めた。研究目的は分類し多様性の幅を確認し、多様性を生み出すメカニズムを探究することだった。

純粋に記述的な研究もあった。肘角の研究や女子と男子の成長の割合の比較といった研究もあるが、多くは体格（身長や頭の形）と精神状態（精神疾患など）、社会的な状況（貧困あるいは長子として生まれる）、文化的な慣習（遊牧生活など）との関係といった社会学的なテーマである。こうした身体測定で人間のさまざまな情報が得られるという発想は昔からあった。よく知られているのは18世紀にヨハン・ブルーメンバッハが頭蓋測定データをもとに人間を5種類（コーカシア、モンゴリカ、マライカ、エチオピカ、アメリカナ）に分類した研究だ。彼は頭蓋骨を豊富にコレクションしていた。19世紀後半、進化と遺伝についての議論に大きな進展があり、遺伝する身体的特徴は人間を集団分けする際に決定的な指標となり得るという考え方が注目を集めた。多くの大規模な調査がおこなわれ、証明するためのデータが収集された（ドイツの学童600万人の目と髪の色の調査もその一環としておこなわれた。プロイセン王国国王がオスマントルコのスルタンとのカードゲームで4000人の金髪の子どもたちを賭け、勝負に負けて失ったという噂が立ったのはこの時である）。

バヤール・ドミニク遠征隊の調査についてはいろいろと問題があるが、なかでも「人種」を分類するのに使われたのは致命的だった。生物学でも人類学でも、人種という区分は分類学ではすでに意味をなさなかった。17世紀以来、一度も正確に定義されないまま人種という言葉だけが使われていた。人種は何種類存在するのか、決め手となる特徴は肌の色か、毛髪の種類か、頭の形なのか、などについて合意はいっさいないまま。20世紀の遺伝子研究があきらかにしたのは、人種というものに呼応する遺伝子はなく、同じ人種とされがちな集団でも人類全体の多様性をしのぐほどの多様な人々のあつまりであるということだ。けれども1920年代始めの科学者はまだ、人種を規定する生物学的条件があり、それは不変で決定的であるという仮説に縛られていた。

バヤール・ドミニク遠征隊の人類学者は「明確に分類できる」人種が複数存在するという前提に立っていた。人類には少なくともコーカソイド、モンゴロイド、ネグロイドという3つの人種があると考えるのが一般的だった。ただ、世界各地の人間の多くはこのどれにもはっきり分類することができなかったので、科学者は人種を追加――マラヤン、インドネシアン、オーストロネシアン、ネグリート――したり、分類できない人々は「人種的に混合」しているケースなのだと主張したりした。ポリネシア人も明確に分類できない集団のひとつ（ネイティブ・アメリカン、メラネシア人、オーストラリアのアボリジニも）とされ、バヤール・ドミニク遠征隊は人体測定のデータをもとに、「ポリネシア人の身体的特徴」は既存の人種がどのように混合している状態にあるのかを解明しようとしていた。

太平洋の島にはどこでもよく似た人々が暮らしている、ということは昔からよく言われており、彼らについての決まり文句でもあった。といってもヨーロッパ人から見ると長身で屈強な体つきで髪が黒く肌が褐色で、ハンサムな顔立ちが多いという以外にこれといって具体的な指標があるわけではなかった。とくに肌の色に関してはなんとも定義のしようがなかった。またポリネシア人は世界のどんな人々と似ているのかについても、ヨーロッパ人のこたえは一致しなかった。アメリカ先住民、インドネシア人、フィリピン人などが挙がった。ポリネシア人はどのような人種が混合しているのかという意見も割れた。ポリネシア人はアーリア人という仮説に影響されている科学者はまだ多く、コーカソイドだと主張した。モンゴロイド（すなわちアジア人）、あるいは南北アメリカ大陸の先住民族と同系という考えもあった。人種を明確に言い当てることはできない状況でも、南北アメリカ大陸の先住民族というのは無理があった。ともかくポリネシア人が人種的に「ハイブリッド」という見方ではだいたい一致していた。コーカソイド、モンゴロイド、ネグロイドの要素が混合しているのだろう、と。ある学者は、人種が層状に重なっていると表現した。

バヤール・ドミニク遠征隊の各チームから集まるデータはサリバンが整理し分析しまとめることになっていたが、これは大変な作業だった。何百人もの被験者の数十の特徴を記録したデータセットが何千も集まってきた。まず身体測定による身長、肩の高さ、耳幅、「下顎骨角幅」などの数値。さらに肌の色合い、毛髪の形状、瞳の色、歯の形状など数値化できないはずの特徴もすべて数値で表記されていた。また頭蓋指数、頬下顎指数も計算した。得られたすべてのデータをもとに分類し、さらに下位分類しようというのだ。しかし腕がもっとも長い男性の髪の形状と頭蓋指数、もっとも頭の短い女性の身長と肌の色合いなどの相関性からグループ分けしようとするのは絶望的な試みだった。

サモア、トンガ、マルケサス諸島で収集した人体測定データをもとにした一連の研究の結果は1921年から1923年にかけてビショップ博物館から発表された（サリバンは1925年に若くして亡くなり、4回目のハワイ諸島のデータについての研究はまだ準備段階だった）。結論は複雑で、不可解といってもいい。ただ、大量の統計データに取り組みながらサリバンは段階を踏んで新しい発想をしていく。それをたどるのは興味深い。

サリバンはまず、一般的にポリネシア人が「ヨーロッパ人と人種的姻戚関係」にあるとされてきた現状を述べ（アーリア人のルーツを持つという仮説を示唆している）、バヤール・ドミニク遠征隊が収集したエビデンスはその仮説を否定すると明言している。むしろ彼らは「人種的にはモンゴロイドにもっとも密接である」ことがサモア人とトンガ人のデータ分析からあきらかになった、つまり本質的にアジア人と判明したと述べている。サモア人はそこからヨーロッパ人に近いほうに分岐し、トンガ人は「メラネシア人」の方に近づいた。データはトンガ人の肌の色は黒みが少し強いと示していた（トンガは太平洋の島国のうち唯一、よそ者に支配されたことがないため、トンガ人は「もっとも純粋な」ポリネシア人と見なされていた。1920年には2万3000人を超えるトンガ人がいたのに対し、ヨーロッパ人はわずか347人だった。いっぽうハワイの1920年の人口統計はハワイ人が4万1000人足らず、ヨーロッパ人は5万4000人、フィリピン人と日本人と中国人を合計すると15万人を超えていた）。

サリバンは次にマルケサス諸島に目を転じる。19世紀に人口が激減し、住民とヨーロッパ人、中国人との結婚率が高くなるなど状況は複雑だった。そこで、マルケサス人はふたつのタイプに分かれるという新しいモデルを掲げた。おそらくエドワード・ハンディの影響があったのだろう。まず、長身、長い頭、細い鼻梁《びりょう》、直毛、体毛が多い、肌の色合いが明るい傾向の人々（どれもいかにも「コーカソイド」らしい特徴）、もうひとつのタイプは、低身長、頭の幅が広い、鼻梁の幅が広い、毛髪にうねりがある、体毛が少ない、肌の色合いが暗い傾向の人々（「非コーカソイド」を示す典型的な特徴）とし、前者のタイプを「ポリネシアン」、後者を「インドネシアン」と命名した。そこでサリバンはサモアとトンガについての分析を見直すことにした。マルケサス諸島でのグループ分け――長身／肌の色が明るい、低身長／肌の色が暗い――は、他の島でも通用すると気づいたのだ。となるとポリネシア人は人種としてモンゴロイドではなくコーカソイドに分類したほうがいい。これでふたたび彼らは「白人」に、アジア人ではなく印欧語族の人々になった。ただし「肌の色が暗い」系統という枠組みで。

人体測定の膨大なデータ――多大な労力をかけて収集し、分類し、再分類した数値――からサリバンはなんとか合理的な結論を導き出そうとしたが、明らかに徒労以外のなにものでもなかった。頭の形、鼻の幅、頭蓋指数の分析結果はでたらめだった。肌色用のカラーチャートの数字、両手を横に広げた時の幅、耳の高さの相関関係を導き出せるはずはなかった。たとえなんらかのパターンがあったとしても、１９２０年代にはそれを計算できるツールはない。サリバンはすべて手計算だった。後に編み出された統計的な方法論や計算能力が当時あったなら、ちがっていたかもしれない。けっきょく導き出されたのはデータが物語る真実ではなく、人間が抱える思い込みでねじ曲げられたなにかである。

マルケサス諸島の研究でサリバンは「ポリネシアン」と「インドネシアン」に分類した島民の写真を載せた。男女の頭部を正面と側面から撮ったもので、パスポート用の顔写真を思わせる。そろって真面目な表情で、やや心配そうな顔、むっとした顔、少数だがかすかに微笑《ほほえ》んでいる顔もある。多くはこの撮影のためにおしゃれしているようだが、ポートレートとはほど遠い。比較と分類がしやすいように均一な、標本用の写真だ。サリバンの生体学の研究成果はクォート判で出版され、ページごとに12枚、15枚、16枚もの写真が掲載されている。「まったく別個の集団が少なくともふたつ」存在する可能性があるというサリバンの主張を、はたしてこの写真から判断できるだろうか。

実際のところ、ポリネシア人の顔写真を見れば見るほどサリバンの言葉の意味がわからなくなってくる。皆、似ているといえば似ている。しかし、当然ながらひとりひとり異なる。鼻梁が長い、鼻の幅が広い、毛髪にうねりがある、髪が少々乱れている、直毛にちかく丁寧に櫛《くし》で整えている、とさまざまだ。写真を見ていると、レンズを通して被写体である彼らを見ているような気持ちになる。この人たちは何者なのだろう、なにを思っているのだろう、と。ウィローディーン・ハンディの記録によれば、マルケサスの人々は写真を撮ってもらいたがったそうだ。そしてそれぞれ1枚ずつ自分の写真を受け取った（どうやら彼らにとっては〝まさに〟ポートレートであったようだ）。他の人類学者は、測定と撮影の現場はまるで社交のイベント会場のようだったと表現している。おおぜいが集い、冗談を言ったり、からかったりにぎやかだったらしい。それなのに写真からはそんな気配は少しも伝わってこない。指示された通り厳密なデータを収集する過程で、ほかにもたくさんのことが失われていたにちがいない。いったいどんなことが、と想像したくなる。それをこらえて、彼らの写真をあくまでも標本として見たとしても、なにがサリバンの主張に当てはまるのかさっぱりわからない。

バヤール・ドミニク遠征隊による生体学の研究は、ポリネシア人の起源を科学的に解明する時代に入ったことを象徴している。それは大量のデータを使った定量的研究でポリネシア人の歴史について客観性と再現性をそなえた知見を得るという企てだった。彼らはポリネシア人の起源がアーリア人であるという仮説を踏まえ（あるいは否定し）、隣人であるメラネシアと東南アジアの人々との関係についてもあきらかにした。この報告書から伝わってくるのは、猛烈な努力、あくまでも自分たちの手法を遂行するという責任感、科学的な思考を追求しようという情熱だ。その当時の人類学者が次のように述べている。「私たちが真の理解に至る道はただひとつ……測定、測定、さらなる測定である」。しかし、やはりこの企ては失敗だったと言うしかない。

問題の大部分は方法論的なものだが、そもそもの前提が間違っていた。科学者がポリネシア人の分類に使おうとした区分は、客観的な基準によるものではなかったのだ。流動的で、社会的条件に左右され、歴史的に構築されたもので、たやすく操作できるものだった。サリバンの用語の使い方が曖昧で統一されていなかったのも、このあたりに関係している。

21世紀の人間から見れば、じつにおぞましい内容に満ちた研究に感じられる。じつは20世紀前半の自然人類学は優生学と科学的な方法論を使うことで人種差別主義の正当化につながる傾向があった。だからといってこの研究のすべてを否定するわけではない。後の科学者はよりよいツールとより大きなデータセットを使い、生体情報から統計的に有意な情報を導き出すことになる。そしてヒトゲノムの解読によって人間の歴史を物語る生物学的証拠を得ることとなる。それにひきかえ生体学で人類の起源、祖先、遺伝について解き明かそうとした初期の研究はまだまだ拙い。探求は続いていく。

マオリの人類学者
テ・ランギ・ヒロア

ポリネシア人は生物学的には何者だったのか。この問いは当時、第一線の人類学者だったピーター・H・バックことテ・ランギ・ヒロアにとってひじょうに興味深いものだった。ニュージーランド人の彼はイギリス人とアイルランド人の血を引く父親とマオリ族の母親との間に生まれた。20世紀前半の人類学者としては唯一ポリネシア人の血を引く立場であるだけに、ポリネシア人の起源についての問題を我が事として受け止めた。

テ・ランギ・ヒロアの人生はとても痛快だ。まったく無名の状態から頭角をあらわし、実力を存分に発揮して専門家として頂点に昇りつめた。彼の父

ヒナキ（ウナギを採るための籐《とう》細工のワナ）をつくるパラテーン・ンガタを観察するピーター・バック
1922年頃、撮影者不詳
ニュージーランド国立図書館、アレクサンダー・ターンブル図書館、ウェリントン

親は各地を渡り歩く労働者でオーストラリアのゴールドラッシュをめざしてやってきたものの大金持ちになる夢を果たせず、ニュージーランドに渡ってタラナキ地域出身のマオリ族の女性と一緒になった。彼らの子どももテ・ランギ・ヒロアは子どもの頃には母親と祖母にかわいがられ、マオリの言葉と慣習を2人から教わった。小学校はヨーロッパ人の子どもが通う学校に入学した。母親が1892年に亡くなると——おそらく彼は14歳か15歳だったはずだが、正確な誕生日はどこにも記録されていない——学校を離れ、国内のよその土地に仕事を求める父親についていった。数年後、テ・ランギ・ヒロアは羊の毛刈りとしての将来に見切りをつけ、有名な男子中等学校テ・アウテ・カレッジに進学した。20世紀前半の著名なマオリ族の指導者を多く輩出した学校だ。そこからオタゴ大学に進んで医学を学び1904年に学士号を、1910年には博士号を取得した。

テ・ランギ・ヒロアは自身の「内的な葛藤」についてよく述べていた。「自分のなかのアイルランド人がマオリを批判し、マオリがアイルランド人に異論を唱える」と。ふたつの異なる文化に属しているという意識は彼のアイデンティティの核であり、やがて人類学の権威への道を切りひらくことになる。ふたつの文化に属していることでヨーロッパ人科学者に欠けている視点を獲得しているので、自分にとってはひじょうに有利だとテ・ランギ・ヒロアは考えていた。「内側からの視点」と表現したこともある。が、そういう立場だからこそ突きつけられる現実もあった。彼が初めてオタゴ・メディカルスクールの「関係者以外立入禁止」の区域に入った時、階段をのぼり切ったところには「マオリ族の頭蓋骨、骨盤、完全な骸骨の買い入れ、価格は交渉の上で」という掲示があり、彼は「ぞっとした」と述べている。西洋医学を学ぶなどまっぴらだとその瞬間は思ったという。

それでも勉強を放棄することなくテ・ランギ・ヒロアは医師となり、ニュージーランド保健省の医官になった。マオリの文化への関心は片時も薄れることはなく、博士論文の大部分はマオリ族の伝統的な医療の歴史が占めていた。また医師の仕事の傍らタトゥーの文様、木彫を施した室内のパネル、籐《とう》細工、織物についてまとめた本、そしてアウトリガー・カヌーについても本にまとめ出版した。さらにポリネシア人のおおがかりな生体学的調査を自主的におこなっている。第一次世界大戦中、テ・ランギ・ヒロアは軍医としてマオリ・パイオニア大隊に所属した。1919年、戦争が終わり軍隊輸送船でニュージーランドに帰還する際、船上で調査すれば大きな標本をつくることができると思いついた彼はフラワーの頭蓋測定器、フォン・ルシャンの肌の色合いのカラーチャートを借りてマオリ族兵士の測定をおこなった。その数814人以上。今日まで、ポリネシア人の生体測定の標本としては最大の数である（それをもとに彼は結論を出しているが、ルイス・サリバンの研究を超えるような画期的なものではなかった）。

1923年、メルボルンで開催された汎太平洋科学大会でビショップ博物館のハーバート・グレゴリーはテ・ランギ・ヒロアに注目し、翌年クック諸島の遠征に招いた。これはバヤール・ドミニク遠征隊に続くものだった。数年後、ホノルルの博物館のスタッフにならないかとグレゴリーから誘いがかかった。これがテ・ランギ・ヒロアのキャリアの転換点となる。ニュージーランドを離れ、医師としての仕事からも離れ、そこからは人類学ひとすじの道を歩んだ。それからの数年間、サモア諸島、アイツタキ島、トンガレバ島、マニヒキ島、ラカハンガ島、マンガイア島など広範囲を旅してまわり民族学の論文を執筆した。1930年代半ばにはすでにポリネシアの民族学者としての地位を確立し、

１９３６年にグレゴリーが引退するとビショップ博物館の館長に就任した。それにともないイェール大学の教授という名誉ある地位にも就き、１９５１年に亡くなるまで任務をまっとうした。

　ポリネシア人の起源は太平洋の人類学において大きなテーマであると同時に、テ・ランギ・ヒロアにとっては身内の物語だ。母方の祖先が受け継いできた伝統を重んじる暮らしを幼い頃から肌で感じ、ポリネシア人の起源についてのフォーナンダーやスミスの業績には敬意を払っていた。彼らが描いたポリネシア人の歴史は１９２０年代と30年代にはそれなりの役割を果たした。テ・ランギ・ヒロアは大船団の冒険を否定したことはない。しかし詳細に関しては多くの疑問符をつけた。スミスがよりどころとした物語には聖書の内容を思わせるものがあり、さらにヨーロッパ由来の地理的な知識が含まれていると指摘している。ポリネシア人の移動の年代を知るための極端に長い系譜についても、疑問点を挙げている。確かに歴史の年表の資料になったにちがいないが、２０００年を超える長い期間について確かな情報を口承で維持することははたして可能なのか。「実母の血筋への深い愛情とともに、私は父親から懐疑的な気質を受け継いでいた」と彼は書いている。

　テ・ランギ・ヒロアは解剖学や疫学を研究するようにポリネシア人の起源に取り組んだ。民間伝承や神話に頼るのではなく具体的なエビデンスをもとに仮説を立てるべきだと確信していた。身体などの測定値やモノ（魚を獲るための罠など）を重視し、文字を持たない人々の歴史は「過去につくられたモノ」から推測できると考えた。受け継がれてきた技術――たとえば編む技術――も同様だ。使う材料はいまの時代のものでも、頭と手を使って母親から教わった通りに編む技術は文化として受け継がれてきたものだ」。

やがてテ・ランギ・ヒロアはこの分野にひじょうにくわしくなり、工芸品をひとめ見ればポリネシアのどの地域のものなのか言い当てることができた。ヨーロッパとアメリカの博物館に収蔵されているポリネシア関係の多量のコレクションを見に行った際には、かならず説明書きの誤りを見つけた。ニューヨークのアメリカ自然史博物館のジオラマを見てパンダナスの葉を扱うタヒチ人が持っている道具が正しくないと見抜いた。スイスのベルン歴史博物館では、『オタハイト島〔タヒチ〕の斧』という説明がついているものが、じつはハワイの典型的な手斧だった。同じ博物館には太平洋岸北西部のネイティブ・アメリカンのマント〔cape〕とマオリ族のターニコ織のマント〔cloak〕が展示されていたが、どちらもトンガのものと説明されていた。彼は友人アピラナ・ンガタに次のように書き送っている。「ベルンの研究者はトンガの織物について論文を書くという蛮行に走っていたかもしれない！」

テ・ランギ・ヒロアは「並外れた辛抱強さ」で知られた人物で、モノづくりの過程をじっくりと研究しポリネシアの手工芸品のありとあらゆることに通じていた。床に敷く織物、マント、籠の編み方を自らマスターし、地曳網《じびきあみ》漁の網、すくい網、定置網、ザリガニ獲り用の籠もつくった。何時間も立ったままノートを手に、複雑なモノをつくる工程の一つひとつをスケッチ、写真、メモで記録していたそうだ。すべてを記録し終えると、今度は自分で最初からやってみる。「ある工程をあきらかにするには自分でやってみるに限る」という信念を貫いた。室内の木彫パネル、船、服、家具、武器、籠、道具類にいたるまで完璧にマスターしていたので、「もしも漂流して環礁にうち上げられても、祖先と同じような暮らし」ができるはずとまで言われていた。
ンガタはマオリ族の指導者として尊敬を集めた人物でテ・ランギ・ヒロアの親友でもあった。そしてテ・ランギ・ヒロアに、「知識を満杯に詰め込んだ蔵」で留まるな、「世の人類学者が西洋の観点を捨てて人類の真実に向き合わざるを得ないような理論をつきつけろ」とハッパをかけた。1930年代、テ・ランギ・ヒロアはポリネシア人の起源についての理論に取り組んだ。ポリネシア文化への造詣の深さはもちろん、個人的な思い入れの強さもあり、打ち込みがいのあるテーマだった。

当時のおおかたの人類学者がそうであったようにテ・ランギ・ヒロアは基本的にポリネシア人とアーリア人とのつながりを受け入れていた。ただ彼の関心は初期の分岐のあたりではなく、東南アジアを出てからポリネシア人の祖先はどのようなルートで移動したのかにあった。可能性が高そうな経路はインドネシアとフィリピン経由でニューギニアの北岸沿いに進み、ビスマルク諸島を通ってソロモン、バヌアツ、ニューカレドニア、フィジー、そこからトンガ、サモア、その他のポリネシアン・トライアングルの島へという経路だ。これはメラネシアの中心部を通り、島から島への移動距離が短く、全体の長さもいちばん短い。天然資源も豊富で、多様な植物性および動物性の食料と真水が手に入りやすく、木や石など資材として使えるものもふんだんにある。

だがテ・ランギ・ヒロアは自分の祖先がこの経路をたどったとは考えなかった。それより北寄りの、フィリピンからミクロネシアの島づたいに――パラオ、ヤップ、カロリン諸島、マーシャル諸島、ギルバート諸島の順に――サモア、そしてポリネシアン・トライアングルに移動したのではないか。しかしミクロネシアという名前が示す通り、この領域は島と島とがとてつもなく離れているのに加え、島そのものがサンゴでできた小さな環礁で、天然資源は極めて限られる。魚、貝、サメは豊富だが土、植物、動物、真水、木、石は乏しい。

ミクロネシア経由のルートにはいろいろと問題があるが、最大のものはテ・ランギ・ヒロアも認めている通り、ポリネシアの食用植物はほぼ例外なく大陸や火山性の土壌でしか育たなかっただろう——パンノキ、バナナ、キャッサバ、サツマイモ、大部分のタロイモなど。これでは「環礁づたいのルート」での輸送はできない。そこで移動は二波に分かれていたと考えた。1回目は「船で……環礁から環礁へ」進み、2回目は食用の植物と家畜を運び、南寄りのルートで移動したのだと。しかしこれはある人類学者が指摘したように倹約的モデルとは言えない。

なぜテ・ランギ・ヒロアはこのような仮説に固執したのか。彼は祖先のポリネシア人がメラネシアの島々を経て移動するという発想を受けつけなかった。それを理解するには、この領域の歴史を振り返る必要がある。

当初から、太平洋にやってきたヨーロッパ人は気づいていた。太平洋中央部と東部（ポリネシアン・トライアングル）の島民と、西側の島民との容姿には差があることに。西側といっても、距離はさほど離れていない。クックに同行した博物学者フォースターも太平洋の人々は大きくふたつに分けることができると考え、「肌の色が明るく、手足が長く、筋骨たくましく、長身……もう一方は肌の色は暗め、毛髪は硬くてうねりがある、細身で上背はあまりない」と観察している。19世紀前半のフランス航海者ジュール・デュモン・デュルヴィルは区分方法と名称を提案した。いまも使われている

3つの「ネシア」は——ポリネシア、ミクロネシア、メラネシア——デュルヴィルの命名だ。ポリネシアは太平洋中央部と東部の「たくさんの島々」にちなんで、ミクロネシアは北部と西部の「小さな島々」を指し、メラネシアはいちばん西側の「黒い島々」を意味する。デュルヴィルはミクロネシアをポリネシアの延長部分のようにとらえていた。したがって大きな差異は外洋の人々——肌の色合いが明るく、デュルヴィルが「銅色の種族」と呼んだ——と、西の端の肌の色が暗い人々だった。

こうしてはっきり区分されたことで、ポリネシア人とメラネシア人という分け方が定着してしまった。おかげで、実際には連続帯のどこかに位置している両者の肌の色合いが白か黒かという二択になってしまった。それとともに倫理観、知性、気質、美しさ、社会および政治構造の複雑さ、遡れる時間の長さが二択方式になり、メラネシア人は肌の色が暗いというだけでなく、政治、経済、社会の構造において「プリミティブだ」とヨーロッパ人によって勝手に決めつけられたのである。18世紀と19世紀には、小柄で肌の色が暗く疑り深く、女性は「不器量」で「醜い」、男性は「横暴」で冷酷などという記録もされている。自治権のある小集団で形成されるメラネシアの社会を、ヨーロッパ人はまるで法律、政府、組織化された宗教が欠落しているかのように見なし、すぐそばのポリネシア人が体が大きく肌の色が明るく、ヒエラルキーがはっきりしているのと比較して「イヌとオオカミ」にたとえるなど、きわめて一方的だった。

「メラネシア人」という言葉はこうしてヨーロッパ人によって、異質な存在や劣った存在という印象とともに使われた。あからさまな人種差別がおこなわれていた20世紀前半にテ・ランギ・ヒロアがこのことに気づかなかったはずがない。解剖学者J・H・スコット（マオリ族の頭蓋骨を買い入れるという掲示をオタゴ・メディカルスクールで出した張本人と思われる）が「マオリが……ポリネシア人とメラネシア人というふたつの系統を受け継いでいるのはあきらかだ」と述べ、サリバンはトンガやサモアの人々のデータセットをもとに「メラネシア人の要素」に言及した。その言外の意味をテ・ランギ・ヒロアは確実に認識していたはずだ。だからこそ、彼の初期の生体学的研究からは葛藤がにじみ出ている。

テ・ランギ・ヒロアを苦しめたのはメラネシア人へのヨーロッパ人の人種差別的評価を己のものとしなければならないという葛藤、と見るのはあまりにも表面的だ。人種と人種差別について彼の胸中は複雑だった。自身がふたつの人種の伝統を受け継ぐ立場にあるのを有利に感じてはいた――「私はふたつの人種に属し、バイリンガルだ。ふたつの血筋を受け継いでいる。どの要素が欠けても私ではない」、「いままでに成功といえるものがあるとしたら、それはふたつの血筋を受け継ぐという幸運のなせる技」と書いたこともあるくらいだ。しかし１９３０年代と40年代には、それはまちがいなく不利なことだった。アメリカ合衆国の市民権を得られず、テ・ランギ・ヒロアは歯がゆさを感じた。当時のアメリカの帰化の法律はコーカソイドの割合が50％を越えることを条件としていた。なんとも皮肉なことに、テ・ランギ・ヒロアを含め当時この大部分の人類学者は、ポリネシア人は印欧語族の壮大なディアスポラの末裔、つまりコーカソイドで〝ある〟と確信していた。しかし１９４０年代のアメリカ合衆国政府は彼らを「アジア人」に分類し、市民権を与えなかった。

テ・ランギ・ヒロアは主要な学術賞をいくつも受賞し、ベストセラーを執筆し、名誉博士号を４つ、ナイトの爵位も与えられたが、それですべてが解決されるわけではなかった。彼は温和な人物として知られ、公の場では温厚な態度を崩さなかったが、プライベートなやりとりでは激しい憤りを爆発させることもあった。「マオリ族に対するパケハ［白人］の態度はあまりにも偽善的だ……民族学も例外ではない。マオリ族を研究して執筆する白人は、彼らを仕事や名声を得るための素材くらいにしか思っていないのではないか」とンガタに宛てて綴っている。そのいっぽうでポリネシア人にも序列があり、ランク分けのシステムがあった。テ・ランギ・ヒロア自身、「メラネシア人」の身体的特徴は「ポリネシア人の美の基準」に当てはまらないとし、マオリ族では「肌の色合いが明るいほど高く評価され」、暗い色合いの者は「揶揄《やゆ》され見下される」立場に置かれると述べている。

彼の複雑な胸中を推し量ることは難しい。どこまでがマオリ族の通念で、どこにヨーロッパ人の偏見が混じっているのか。それを読み解くのは至難の業だ。しかし両方があってこそひとつの仮説に行き着いたのだから、あえてそこにこだわる必要はないだろう。

テ・ランギ・ヒロアが唱えたミクロネシア経由の理論は、話題をさらうが正しくはないという点で、水没した大陸やベーリング地峡経由のルートと大差なかった。それでも、重要な事柄に光を当てた功績はある。ポリネシア人と西の隣人とはどういう関係にあるのか、ポリネシア人はメラネシアからやってきたのか、それ以前にはどこからどういうルートでやってきたのか。文化的に、生物学的に、そこを通過してきたのか？　そしてそれはどんな文化的そして生物学的な影響をもたらしたのか。

まずはメラネシアの人々について知る必要があるのだが、これが一筋縄ではいかなかった。1770年代にフォースターはひじょうに興味深い仮説を立てている。太平洋西部の肌の色合いが暗い人々――多くは大きな島々の内陸の山岳地帯で暮らしていた――は「古い時代からの住民」とフォースターは想定した。そして海岸近くで暮らす肌の色合いが明るい人々は「マレー人の多様な部族」に関係していて比較的新しい時代に住み着いたと考えた。鋭い指摘だったのだが、それから2世紀近く、この仮説を証明する者は出てこなかった。

いまでは、メラネシア西部の島々（ニューギニアとビスマルク諸島、ソロモン諸島）に古代から人が住み着いていた事実があきらかになっている。ポリネシアの島々よりもずっと昔から人がいた。海水面が現在よりもかなり低かった時代、ニューギニアとオーストラリアは陸の橋でつながっており、少なくとも4万年前にはそこに人が住み着いてソロモン諸島の端まで広がった。これは考古学的な証拠をもとに現代の研究が解き明かしている。メラネシアにはもともと人がいた、ということだ。それにしても4万年は長い時間であり、現代のメラネシアの住民と古代の人々を同一視するのは考えものだ。フォースターは太平洋の人々を大きくふたつに分けた。現在の太平洋の住民にはそのような区分はない。太平洋の中央部と東部（ポリネシア人）にはひじょうに均質な集団がいる。西のメラネシアの島々には気が遠くなるほどの時間をかけて多様化した人々と多様な文化が複雑にちりばめられている。

この多様さを具体的に物語るものがある。膨大な数にのぼるメラネシアの言語だ。フォースターとデュルヴィルはそれに気づいていたが、そのことがなにを意味するのかを理解していなかった。そもそもポリネシアを単一の「民族」ととらえたのは、どの島でも言語が似ていたからだ。西部の島々には言語の統一性はない。今日のニューカレドニア――ニュージャージー州とほぼ同じ大きさ――ですら30から40もの言語が話されている。バヌアツの島々ではこれまで110の言語が記録されてきている。ニューギニアは地球上でもっとも言語の種類が多い場所として知られている。950を超える言語があり、いくつの語族に属するのかはまだ判明していない。このような極端な多様性から言語学者は経過した時間の長さを読み取る。言語はつねに変化する——分裂し、変形し、新しい言語に変わる。経過する時間が長いほど、たくさんの言語ができる。チョーサーの時代から現代にいたるまで英語は変化している。それがもしも4万年続いたら、どんなことになるだろうか。

こうしたことすべてが、ポリネシア人の移動を解き明かすにあたって重要なカギとなるのだが、1930年代にはまだメソッドが存在していなかった。20世紀前半には科学的な手法を積極的に取り入れるようになるのだが、初めのうちは首を傾《かし》げたくなるような研究成果が並んだ。身体測定をもとにした摩訶不思議な理論、民族学的な特性をもとに導き出された数々の移動経路、偏見と憶測にまみれた仮説などがそれである。しかし、数十年のうちに新たな手法が画期的な成果をもたらすことになる。活躍したのはシャベルとふるいだった。

モア・ハンター
石と骨

長いこと太平洋の領域は考古学の対象とはみなされていなかった。めぼしいものは見つからないだろう（土器も金属も）、人が住むようになったのは考古学的な興味をひきつけるほど古い時代ではない、文化的に大きな変動が見られないので新たな考古学的発見は見込めない、という見方が20世紀に入ってからもずっと続いていた。唯一の例外はニュージーランドだった。19世紀という極めて早い時期に考古学の調査が始まったのは、有史以前の巨大な鳥の骨に混じって人間がつくったものが見つかったのがきっかけだった。

初期の植民地時代のニュージーランドにおいて、

デイヴィッド・テヴィオットデール著『The Material Culture of the Moa-Hunters in Murihuku』中の岩絵のモア、ジャーナル・オブ・ザ・ポリネシアン・ソサエティ（1932年）
ニュージーランド、オークランド大学、ポリネシア・ソサエティ

〝モア〟は謎に包まれていた。初期に訪れた探検家はおそらく誰もモアについて知らなかったはずだ。19世紀前半にヨーロッパから入植者が入ってくるとともに、大きな骨についての報告が急増した。ジョエル・ポラックというイギリス人入植者は、マオリ族の知人から「化石化した大きな骨」を見せられ、ニュージーランドには「大昔」にとても大きな鳥がいたのだと説明されたと書いている。さらに長老が語る次のような話も記録している。「アトゥア［神］は毛に覆われた鳥の姿となり、深い森のなかで旅人を待ち伏せて襲いかかり、すさまじい力で倒し、殺し、貪り食った」。ある宣教師はほぼ同じ時期に同じ地域を旅した際に、「怪物のような生き物」の話を聞いたという。

鳥だと言う者も、「人」だと言う者もいた。が、モアであることは誰もが認めた。たいていは巨大な雄鶏のような姿をしていた。そして「人間のような顔」だった。山のなかの切り立った崖の大きな洞窟で幸せに暮らしていた。巨大な〝トゥアタラス（トカゲ）〟２匹に守られ、寝ている時も２匹はアルゴスのようにしっかりと見張っていた。

彼らに話をしたマオリの人々は砂州や川で時折見つかる巨大な骨で釣り針をつくっていたという。ポラックはその骨をよく観察し、どうやら「エミューと同種」の絶滅した鳥であるようだと所見を残しているが、特に注目されることはなかった。よく知られているのはイギリスの著名な比較解剖学者で古生物学者のリチャード・オーウェン卿（恐竜の名づけ親で知られる）の功績だ。１８３９年にオーウェンはニュージーランドを旅した人物からモアの骨のかけらを手に入れた。大腿骨《だいたいこつ》の部分で長さは約15センチ、周囲14センチ半だった。「ナプキンにくるまれてテーブルに運ばれてきた」ものを、最初はありふれたウシの骨だと思った。しかしよく調べてみると哺乳類の長い骨とは似ても似つかない、かといって爬虫類の骨でもなかった。では鳥の骨か。飛ぶ種のどれにもこれは合致しない。けっきょくオーウェンは、この骨はダチョウのような大型の鳥のものであると結論をくだし、〝Dinornis novaezealandiae〟をつけた。「大きくて恐ろしい」というより「驚きの」鳥であるという意味を込めて恐鳥と呼んだと言われている。

モアの謎はとりあえず解明された。ところが1840年代と50年代に、人間とモアが共存していたことを示す証拠が出てきた。ニュージーランドの北島と南島の両方で、モアの骨が人間の暮らしの痕跡とともに発見されたのだ。先史時代の人間の食事から出たと思われる貝殻と骨が堆《うずたか》く積まれたなかから出てきた。古代に煮炊きしたと思われる跡や、そのそばでも見つかった。貝殻とカモ、イヌ、ネズミ、ネズミイルカ、アザラシの骨に混じっていたケースもある。包丁として使ったと思われる石の破片とともに散乱していた卵の殻を再現すると、モアの卵20個以上ができあがり、一部には穴を開けた形跡があった。「中身を取り出すために人為的に穴を開けた」ように見えたと記録されている。なんといっても決定的だったのは、それから約10年後に発見された人間の骸骨の手に卵があったことだ。卵を持った姿で埋められていたのだ。

モアの一部の種は現代まで生き延びていると期待する人々はいた。実際に本物を追跡したと言い張る者も出てきた。が、19世紀半ばには大半の科学者はモアはとうの昔に絶滅したと認めた。ではいつ絶滅したのか、モアをとらえて食べたモア・ハンターは何者だったのかという問いが残された。

有力な説を提示したのはプロイセンの地質学者でニュージーランドに移住したユリウス・フォン・ハーストだった。太平洋に人間が定住した歴史を見直した。当時のヨーロッパでは人類の先史時代について議論が活発で、ハーストも強く影響されていた。フランスで先史時代の動物の骨とあきらかに人間がつくったものが発見されたことを受けて、研究者は石器時代を旧石器時代と新石器時代のふたつに分けるようになった。旧石器時代は古代人が石の破片をナイフとして使って、マンモスやホラアナグマなどの獣を追って狩りをしていた時代だ。新石器時代になると石と骨を磨いて道具をつくるまでになった。

マオリ族はあきらかに新石器時代に属するとハーストは主張した。美しいグリーンストーンのペンダントときれいに磨いた石斧《せきふ》と棍棒がその証拠だ。いっぽうモアはあきらかに旧石器時代に生息した巨大動物（メガファウナ）――ニュージーランドにおいて……北半球の「巨大な〝厚皮類〟などひじょうに大型の動物」に相当するもの――である。つまりニュージーランドには今まで想定されていた時期よりも古くから人間がいた、というのがハーストの結論だった。より原始的な人間が1万年も前に暮らしていた、これがヨーロッパの最新の議論からスタートして、行き着いた結論だった。

旧石器時代の人間がモアを狩って絶滅させ、マオリ族がやってきた時にはモアはとうに死に絶えていたとハーストは考えた。だから多くのマオリ族はモアについてほとんどなにも知らない、モアの骨を見つけてもすぐにはわからずウマやウシの骨と思い、モアの卵の殻の破片を人間の頭蓋骨と誤認するのだと指摘した。なによりの決め手となったのは、ニュージーランド各地のモア・ハンターの遺跡で見つかる石斧だった。これは旧石器時代の代表的な技術であり、いかに人々が原始的であるのかを示していると彼は主張した。南島の遺跡で見つかった打製石器に北島でしか手に入らない黒曜石の一種が使われていたことも、モア・ハンターたちが生きた時代の古さを物語るとハーストは考えた。彼らにはクック海峡を渡る術《すべ》はなかったはずなので、北島と南島が分断される以前の地質時代のどこかでニュージーランドに定着したにちがいない。

ハーストの主張は物議を醸した。ニュージーランドに1万年も前から人間がいた、そしてモアの絶滅の時期がそんなに古かったという説をほとんどの批評家は受け入れなかった。反論の材料として洞窟で発見された「ひじょうに完全な」モアの死骸について持ち出す者もいた。靭帯《じんたい》、皮膚、羽毛がまだついているほど保存状態がよく、1万年という単位で時間が経過したとは信じ難い。マオリ族の伝承はどうなる。モアが主題になっているものは少ないが、それを無視するのか。口承伝統を数多く収集したジョージ・グレイ卿は、マオリ族にはモアについてじゅうぶんな知識があり、絶滅したことも知っていたと述べた。その知識は祖先から受け継がれたものであり、祖先がニュージーランドにやってきた時にはまだモアが生息しており、直接遭遇したこともあった。〝モア〟はポリネシアの言葉で「ニワトリ」あるいは「家禽」を意味し、「ニュージーランドに渡ってきた人々がそこで〝恐鳥〟に遭遇すれば、モアと呼んだ可能性はある」とグレイは見解を述べている。

ではモア・ハンターとは何者だったのか。旧石器時代のプリミティブな狩人ではなかったのか？　ハーストが唱えた年表には異議が出たものの、彼の理論は重要な問いを投げかけた。ニュージーランドに最初に住み着いたのはマオリ族なのか、それとも先住者がいたのか？　揺さぶりをかけたのは

S・パーシー・スミスだった。ニュージーランドにハワイキから最初の入植者が到着した時、すでに島には人が住み着いていたという説を彼は唱えた。先住民は長身でやせていて肌は黒く鼻は平たく、髪は細かった。差し掛け小屋で暮らし、わずかなものを身にまとう、あるいはまったく身に着けない。自分たちの系譜を知らず、食べ物を育てることもない人々であった。どこから来たのかも知れず、西側のもっと大きくて暖かい国からニュージーランドに吹き飛ばされてきたと信じられていた。ハワイキからやってきた移住者（マオリ族の祖先）は能力が高く、先住者をあっさり屈服させて奴隷にし、女たちを自分の妻に、少年を使用人に、残った者は皆殺しにしたという筋書きだ。

あきらかにメラネシアとポリネシアに関する人種差別的な思惑をニュージーランドの植民の歴史に盛り込んだもので、モアにも考古学的な遺跡にも関係ない。しかしモア・ハンターはポリネシアのマオリ族とは民族学的に異なる人々（ひょっとしたらメラネシア人）であると強く印象づける効果があった。そんな状況のなか、専門家が登場した。

オタゴ大学の人類学者H・D・スキナーである。ニュージーランドで初めて人類学の教鞭《きょうべん》をとった――そして長らく、唯一の――人物が、混沌とした状況を系統立てて整理することになった。考古学者であり、それ以上に民族学者でもあった彼はモア・ハンターの遺跡から出た遺物の分類に精力的に取り組んだ。釣り針、やすり、針、錐《きり》、石斧などがあったが、なかでも石斧は重要な遺物だった――キメの細かい滑らかな重い石を磨き、黒っぽい色がサテンのような光沢を放つものも見つかった。これについてハーストは、ニュージーランドの最初の住人がつくったにしてはあまりにも「巧み」であると考え、なぜ遺跡から出たのか不思議に思っていた。はたしてモア・ハンターと関係づけることができるのか、スキナーはそれを目的のひとつに掲げた。

それには層位学的手法が効果的だった。地面を掘ると地表から深くなるほど古いものがあるという原則に従えば、石斧など巧みにつくられた道具が出てくる深さで判断できる。地表に近い層から発掘されれば、後に渡ってきた人々と同時代と考えられる。しかし事はそう単純ではなかった。19世紀には層位学を念頭に置かず見境なく発掘していたため、「この時代の豊富な出土品の多くは、現在はあまり役に立たない」とニュージーランドの後の考古学者が嘆いている。

スキナーと同僚のデイヴィド・テヴィオットデールは独創的な方法を思いついた。モアの骨があるというだけではモア・ハンターの存在の裏付けとはならない。古い骨を集めることなら誰でもできるからだ。モアの骨といっても、脚の骨は道具づくりに役立つが椎骨《ついこつ》はそうではなかった。そこに彼らは目をつけた。「使われない」骨――肋骨《ろっこつ》、椎骨、骨盤骨など――とともに出土した場合は生きたモアがその場で処理されたと考えられるので、確実にモア・ハンターがいたはずだ。

ニュージーランドに最初に住み着いた人々についてわかってきたことを、スキナーとテヴィオットデールはゆっくりとつなぎ合わせていった。彼らはアースオーブン［地炉］を使い、イヌを好み、ごみの山からはハーストイーグルという大型のワシや大型のハクチョウなど絶滅した動物の痕跡が見つかった。岩陰遺跡と洞窟の壁に描かれたハンターとモアの絵はモア・ハンターのものとスキナーらは確信した。そこにはまるまると肥えた卵形の身体に短い脚、そして長くしなやかな首のモアの姿が残されていた。

スキナーとテヴィオットデールは人工遺物——オタゴ博物館だけで1万点以上——を徹底的に研究し念入りな発掘をおこない、ついに結論に達した。モア・ハンターこそニュージーランド初の入植者で定住者であった、彼らがモアも他の大型の鳥も狩り尽くして絶滅させた、なにより彼らは文化的にポリネシアンに分類できると。モア・ハンター、マオリ、他のポリネシア人（遥か遠隔のイースター島の人々を含め）がつくるモノは明白な類似性があり、メラネシアにも他の地域にも関連性は認められない、そして彼らより前に人間がニュージーランドに到達した痕跡はなかった。

1939年のある日、13歳の男子生徒ジム・アイルズが自宅の農場の地面をシャベルで掘ろうと突き刺したところ、なにかに当たった。最初は乾燥したヒョウタンの殻だと思い込んだが、じつはモアの卵だった。それも、ほぼ完全な姿の大きな卵だった。さらに掘っていくと人間の骸骨があらわれた。そして首飾りも。クジラの歯でできた7個の大きなビーズが連なり、中央にはマッコウクジラの歯のペンダントヘッドがついていた。これこそ「ニュージーランド先史時代のもっとも初期の標準遺跡」であり、いまなおニュージーランドでもっとも重要とされている考古学的遺跡だった。

アイルズ家の農場はワイラウ川の河口に形成されたワイラウバーと呼ばれる砂州にあり、砂と小石の堆積が約7キロに渡って広がる。「川と海が絶え間なくせめぎ合った時代」に築かれたこの砂州はクック海峡の南側のクラウディ湾と、ラグーンや河口に注ぐ水路を隔てている。吹きっさらしのやせた土地だが、水産資源は豊富でカーワイ、シラス、ウナギ、ニシン、カレイ科のフラウンダー、貝類などが獲れる。ラグーンにはハクチョウとカモの群れが飛来し、どうやらモアを狩る（あるいは保存する）絶好の場所だったらしい。砂州全体で数え切れないほどのモアの骨が見つかった。その多くは

1920年代に耕された際に掘り出された。しかし地表のすぐ下に人が定住していた遺跡がそっくりそのまま残っていたとは、アイルズが大発見をするまではまったく気づかれずにいた。ごみの山、調理場の跡、住居の柱、そして40を超える墓が埋もれていたのだ。

アイルズの発見は地元でおおいに注目をあつめた。モアの卵が見つかるのは珍しく、クジラの歯を使った首飾りは誰も聞いたことも見たこともなかった。一家はだいじなものだからとビスケットの缶にしまって国立銀行に預けた。魚屋の店先にしばらく展示されたこともある。ある女性が聖なるものを扱うように卵を撫《な》でるのをアイルズはよく憶えていた。いくつもの博物館が関心を示し、けっきょくウェリントンのドミニオン博物館に引き取られることが決まり、卵と首飾りは一家の漁船でクック海峡を渡った。

1942年前半、アイルズはふたたびシャベルを手にした。今回は防空壕《ぼうくうごう》を掘るために。するとお告げでも聞いたみたいに、またもや貴重な宝物を掘り当てた。1939年に発見した遺跡からのそう遠くない場所で地表から約30センチの深さに、つぶれた卵、そしてまたもや骸骨が見つかった。この骸骨は後に、血気盛んな年頃の若者と判明した。みごとな副葬品とともに埋葬されていた。クジラの歯とモアの骨の首飾り、クジラの歯と牙の首飾り、モアの骨でつくった大きなビーズ11個をつなぎ中央にクジラの歯のペンダントヘッドがある首飾り、何百ものネズミイルカの歯に穴をあけてつないだ首飾り2本、モアの骨のビーズ11個とクジラの歯の首飾り、そして粘土質岩の石斧14点。そのうち5点は長さ30センチから46センチ、重さは2・3キロから4・5キロだった。

驚くべき発見が報じられ、カンタベリー博物館の民族学者ロジャー・ダフは実物を見るためにクライストチャーチからわざわざ足を運んだ。ダフはオタゴ大学の学生時代にスキナーの教えを受けていた。前回の発見のことは知っていたが、「単発的なもの」と考えていた。それは誤りであったと認め、「ニュージーランドにおいて最大の発見」と若きアイルズの功績を讃えた。ダフが到着した時にアイルズは釣りで留守にしていたという。「キッチンテーブルを埋め尽くすように並べたものを見て、ダフがどんな顔をしたのか見たかった」と語っている。

それから20年、アイルズとダフはともにワイラウバーの遺跡を次々に発掘し、出土品は2000点を超えた。穴を開けられたモアの卵、石斧、釣り針、さらにクジラの牙やモアの骨や石でつくったみごとな腕輪、首飾り、ペンダント、魔除《まよ》けなどが見つかった。ひときわ注目されたのは、畝《うね》のある管《くだ》状の巨大なビーズで、「リール型」と表現される。これはモアの大腿骨の一部からつくられていた（恐鳥と命名したオーウェンの手元にあった骨と同じ部分）。それまでにも石でできた同様の「謎めいた」モノは見つかっていたが、なにに使われたのかははっきりしなかった。火おこしに使った、「系譜に関係する」などマオリの解釈は割れていた。埋葬された人物が身につけていたので、マッコウクジラの歯やきれいに磨いた大きな牙のような形の石が装身具であるとようやく判明した。

奇妙な特徴もあった。出土した装飾品も道具も「巨大」という共通点があるとダフも触れている。とりわけ石斧はひじょうに大きくて重く、実際に使うところを想像するのが難しい。また、出土品の大半はニュージーランドでそれ以前に存在した形跡がなかった。これはモア・ハンターは他の土地からやってきた集団だった、という説（人気があるが正式には断定されていない）の信憑性を高める効果があった。ダフは別のとらえかたをした。「文化が完全に停止状態になることはない」、環境と外界からの刺激に反応して自発的かつ継続的に進化し、変化は命の本質である。ここでようやく――初めて――モア・ハンターの〝文化〟ではなく、モアを狩るという〝段階〟という考えにダフは至った。モア・ハンターとマオリ族を別々の集団ではなく、連続的な段階にある人々と考えたのだ。

人類の文化を進化的にとらえる方向へのシフトは必然的だが、当時はそこまで意識されていたわけではない。このパラダイムシフトの先になにがあるのか、それもあきらかではなかった。あまり意識されていなかったが、ポリネシアシフトは、ポリネシア人の早期の歴史において移住は複数回にわたって「波状」に繰り返されたという人類学のモデルは、ポリネシア人の航海の伝説を暗黙のうちに肯定していた。一族そろって壮大な航海に乗り出して島を発見して定住し、島と島の間の行き来はかなりひんぱんだったという伝承だ。だがポリネシアの文化が〝場所ごとに進化した〟可能性があるなら、すべてが変わってくる。

移動して定住する回数はもっと少なかったのかもしれない。航海の回数は少なく、大人数でもなかった可能性がある。「一隻のカヌーに乗り込んだ」若い男性と女性だけでも、ニュージーランドで集団を「維持できる人口」を実現させる可能性はあると計算した考古学者もいた。最初の定住を紀元1000年と想定し、一年につき1％から2％という「控えめな」増加率でも、有史時代までに20人の若い男女から10万人に増えることが可能性だった。実際にそうであったかどうかははっきりしないが、ひとつの可能性として有力になった。ポリネシア人の定住は、さらにシンプルなモデルが唱えられた――まさに歴史全体が書き換えられた。これまでの、ハワイキをはじめ他の場所から頻繁に移動して定住がすすんだという複雑なものではなく、定住はもしかしたら一度だけで、その後はゆっくりと時間をかけてその土地で進化したというモデルだ。それまで考えられていた筋書きや、口頭で伝承された神話や伝説をもとにした仮説ともまったく異なるとらえかたである。具体的な〝年代〟は相変わらずはっきりしなかったが、それも時間の問題だった。パズルを解くカギはようやく水平線の向こうからあらわれようとしていた。

放射性炭素年代測定

「いつ」を調べる

ワイラウバーでの発見をロジャー・ダフが『マオリ文化におけるモア・ハンターの時代』として初めて出版したのが1950年。翌1951年、シカゴ大学ウィラード・F・リビー研究室が太平洋に関する初の放射性炭素年代測定結果を報告した。オアフ島の発掘現場、クリオウオウの岩陰遺跡のいちばん下の層から出土した炭を調べ、この遺跡に人が住み着いたもっとも早い年代を紀元1004年、プラスマイナス180年と確定した。

リビーは放射性炭素年代測定を開発した功績で1960年にノーベル化学賞を受賞した。この測定法は考古学にとって、とりわけ文字による歴史の記録が

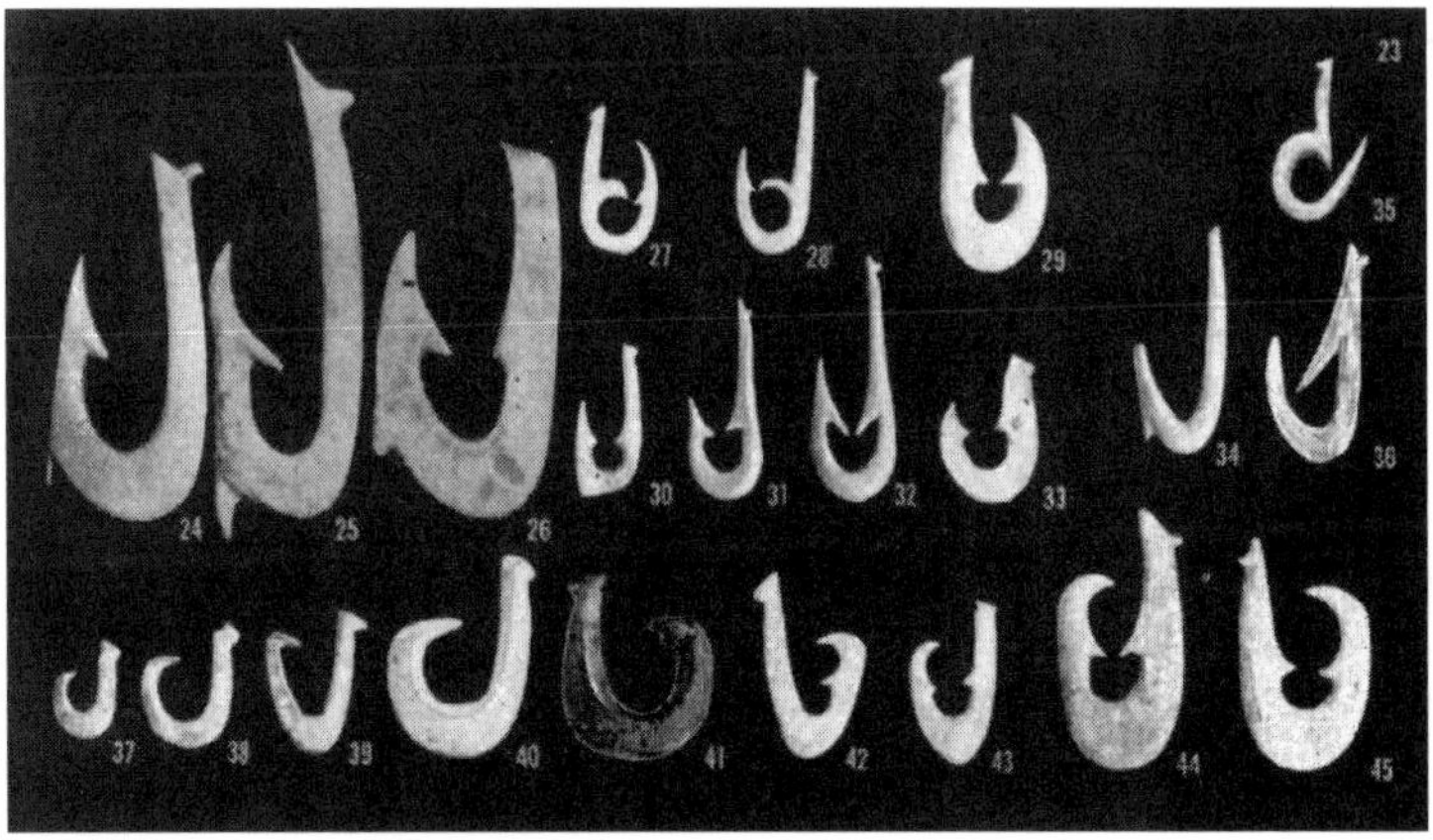

ハワイ、サウスポイントから出土した釣り針、
ケネス・P・エモリー、ウィリアム・J・ボンク、篠遠喜彦著『Fishhooks』(ホノルル、1959年)より
ハワイ、ホノルル、バーニス・P・ビショップ博物館所蔵

存在しない領域においてまさに「天の恵み」だった。数十グラムの有機物──棺の木、一握りのオオムギ、シカの枝角、牡蠣の殻、泥炭など──があれば、文字の記録が存在しない時代に起きたことでも、その年代を客観的に測定できる。いつ火が熾《おこ》されたのか、いつ動物が処理されたのか、いつ家やカヌーがつくられたのか、いつ入植地ができ、いつそれが放棄されたのかを。むろんおおよその数字であり、測定にはコツが必要であったりと決して簡単ではなく時間もかかったが、それでも確実に変化をもたらした。

放射性炭素年代測定のメソッドは原子物理学の発達にともなって開発されたもので、実験によって証明するのは難しくても理屈は明快だった。地球に降り注ぐ宇宙線が大気と接触すると原子反応を引き起こすことは、20世紀前半にはあきらかになってきた。こうした反応のひとつが炭素の放射性同位体、炭素14をつくり出す。放射性炭素はとても少なく、地球の大気中の炭素14の原子一個につき、普通の形態である炭素12の原子は1兆個という比率なのだが、ふたつの原子の化学的性質はまったく同じだ。どちらも酸素とむすびついて二酸化炭素をつくり、それを植物が取り入れ（光合成のプロセス）、動物が植物を食べる、動物は別の動物に食べられる、と続く。このように炭素の原子はすべて食物連鎖に同じ方法で組み込まれ、植物と動物における炭素14と炭素12の比率は大気における比率と変わらない。

ただし炭素14と炭素12にはひとつだけ重要な違いがある。放射性炭素（炭素14）は普通の炭素（炭素12）のように安定していない。放射性であるため、ゆっくりと一定の速度で崩壊する。崩壊する割合はあきらかになっているが、当時のウィラード・リビーにとって不明な事柄のひとつだった。彼はまず炭素14の半減期は3ヶ月であると推測した。実際の炭素14の半減期――半分の量に減るまでに要する時間――は約5700年である。

植物が枯れたり動物が死んだりすれば、もはや炭素14を取り込まないので「クローズドシステム」になる。炭素14は引き続き崩壊し続けるが新しく入ってこないので、炭素12に対する比率は変わり始める。この変化は一定で予測可能だ。残っている炭素14の割合をつきとめれば時間の経過が判明する。それが放射性炭素年代測定の「すばらしくシンプルな原則」である。考古学者コリン・レンフルーは次のように説明する。

生きていた時の比率は、つねに変わらない。標本を調べて比率を確かめれば、放射性崩壊が始まってからの時間を割り出すことができる。標本の死からの年数を測ることで年代を特定するという仕組みである。

初めておこなわれた放射性炭素年代測定は、エジプト第三王朝のファラオ、ジェセル王の墓から出土したヒノキの木片を使ったもので、これはC－1として知られている。木片は1947年前半にニューヨークのメトロポリタン美術館エジプト芸術部門の学芸員からリビーのもとに送られていた。当時、ジェセル王の墓はもっとも初期の巨大な石の構造物と考えられており、紀元前約2700年頃ではないかと想定されていた。「どういう結果が出るのか、私たちの記録と比較するのを楽しみにしています……科学的な手法で紀元前2000年頃という結果が得られれば、これは大変に有意義なこととなるでしょう」とその学芸員は書いている。放射性炭素年代測定による結果は1948年7月、暑い午後のシカゴで決定された。墓（あるいは木片）の年代は紀元前2029年プラスマイナス350年と決定された。

それからの1年半、さまざまな標本の測定がおこなわれた。フランスのラスコー洞窟で出土した炭（1万5000年以上前）、オレゴンの洞窟からの繊維を編んだサンダル（9000年以上前）、チリの洞窟で出土したオオナマケモノ（1万年以上前）、ストーンヘンジで見つかった炭（およそ3700年前）、1874年に伐採されたジャイアントセコイアの中心部分（約2700年前、年輪による年代測定では2800年前）、死海文書を包むのに使われた麻布の一部（紀元33年の前後200年以内）。

シカゴのリビー研究室にハワイから標本（文献ではC－540と記載）を送ったのはビショップ博物館の人類学者ケネス・P・エモリーだった。20世紀半ばのポリネシア研究の第一人者である。エモリーはハワイで育ち、1920年にビショップ博物館のスタッフとなった。バヤール・ドミニク遠征隊が出発したのと同じタイミングだ。以来30年、ポリネシアの遠隔地に足を運んでフィールドワークをおこなってきた。1925年にはフランス人とタヒチ人の混血の女性マルグリット・トゥレと結婚している（トゥレもテ・ランギ・ヒロアのようにポリネシア人である、つまり「アジア人」であるとして当初はアメリカ合衆国の市民権を認められなかった。しかし、この決定は後に覆された。自然人類学の専門家が「マルグリットの肌の色合い、鼻の形、頭の形状は……まぎれもなく白人」であると主張したためだ)。

1941年の日本による真珠湾攻撃の際、リビーは家族とともにホノルルで暮らしていた。当時44歳で入隊する見込みはないと考え、博物館の収蔵品を守る任務にあたった。詠唱、伝説をタイプした何千枚もの記録、フィールド調査の記録、日誌、報告書、未発表の原稿などを丹念にマイクロフィルムとして残し、母校ダートマス大学で保管してもらうために送った。ニューハンプシャー州ハノーバーであれば、さすがに「爆撃はされない」だろうと考えたのだ。

アメリカが参戦してからまもなくエモリーが海軍将校と会食をした際に、もしもアメリカの空軍兵が太平洋上で撃墜されたら、という話題になった。運よく「無人島」にたどりついたとしても飢えか喉の渇きで死ぬことになると将校は言った。それに対しエモリーは、ポリネシア人は何千年とは言わないまでも何百年も無事に暮らしていると述べた。どんなに小さな島でも、食料と水を手に入れる方法はある。ココナッツさえあれば食料、水、器、燃料になる。ただ、たいていのアメリカ軍人は殻の剝《む》きかたを知らないのが問題だ。それならば教えてやってくれと頼まれ、エモリーは快諾した。ちなみにココナッツはとがった棒さえあればなんとかなる。こうして彼は太平洋の戦闘地域における米軍サバイバル・インストラクターに就任した。

エモリーは基礎編の手引きを編集し、〝南海の知恵〟と題名をつけた(『Castawway's Baedeker to the South Seas』の原型として知られている)。経験的な知識と民族学的研究に裏打ちされた情報がたくさん盛り込まれていた。食べられる植物(アカザとタコノキの実)、食べてはいけない魚(ストーンフィッシュとフグ)、井戸の掘り方、ココナッツの殻でサンダルをつくり葉を編んで小屋をつくる方法、サンゴで切った時の手当法（ヨウ素は絶対に使ってはならない）、催吐薬の代用（海水）。ルーペは箱マッチよりも役に立つ。いざとなればマチェーテひとつあれば、どうにかなる（ポケットナイフもあれば「フル装備」）。

エモリーが作成した手引きは反響を呼んだ。ホノルル・アドバタイザー紙は「ツイてない空軍兵への貴重なアドバイス、ココナッツで命を繋げ」というタイトルの記事を掲載した。ホノルル・アカデミー・オブ・アーツはエモリーをロビンソン・クルーソーになぞらえた展示会を催し、サンダルづくりやココナッツの葉を編む実演をした。じきにエモリーは「パイロット、従軍牧師、看護婦、歩兵、砲手、海軍の水兵」を対象に一日に4、5コマ、さらに8コマもの講義をおこなうようになった。そして彼の「漂流者のための学校」は全国紙にも登場した。

人類学は意外にも戦争に役立つと証明された。しかし戦争は太平洋を容赦なく変え、人類学者は悲痛な思いを味わうことになる。島々に米兵を派遣し移動させるために滑走路がつくられ、かつてカヌーやスクーナー船で何週間もかけて移動した距離は飛行機ならわずか数日で横断できるようになった。大勢の米兵が押し寄せて――昔の捕鯨船の時代のように――多量のカネと工業製品が持ち込まれ、文化は再度大きな変化を経験することになる。エモリーやテ・ランギ・ヒロア（エモリーの上司として1951年に亡くなるまでビショップ博物館の館長を務めた）らは、ある時代の終焉を見る思いだった。

この胸が塞がれるような状況に一条の光をもたらしたのが、放射性炭素年代測定の開発だった。テ

・ランギ・ヒロアの存命中にリビーからの手紙が届き、クリオウオウの岩陰遺跡の年代測定の結果を知ることができた。この手紙は「まったく新たな展望」が突如ひらけたのだとエモリーに確信させた。すぐさま彼は新しいプログラムに取りかかった。それはハワイの島々全体を発掘するという野心的なもので、ハワイ大学の学生が作業員兼アシスタントとして駆り出された。

彼らにまじって日本人の若者、篠遠喜彦《しのとおよしひこ》がいた。日本で考古学の発掘を経験していた彼は際立って有能だった。「土器はどこでしょう」。篠遠はまっさきにエモリーにたずねた。従来の考古学も日本の早期の考古学も、出土した土器から相対年代を割り出す手法が標準とされていた。モノを形や様式など目に見える特徴で分類し、順番に並べていく手法はセリエーションという手法に含まれる。似ているモノはおそらく同じ時代に属し、様式は漸進的に変化しがちという原則にもとづくこの手法に土器はぴったりだった。セリエーションも層序学も相対的年代を確立する手法であり、これに新しく登場した放射性炭素年代測定が加われば、具体的な年代に沿って文化の変遷をたどることができる。しかしハワイには土器がなかった。そこで篠遠は土器のように「特徴がはっきりした」人工物をさがし、これだというものを見つけた。釣り針だ。

スキナーが石斧を研究したようにエモリーと篠遠は何千もの釣り針を単式、結合式、かえし《アゲ》がある、かえし《アゲ》がない、刻み目がある、頭部にノブのような突起があるなどの特徴で分類した。篠遠はこれを整理するためのカード式の目録を考案し、3500件分のカードを収めた。それぞれのカードの端には必要に応じて穴かスリットがあり、金属棒をファイルに差し込むと穴のあるカードだけ取り出せるこのシステムを後に彼は「貧者のＩＢＭ」と表現した。

ハワイの遺跡で釣り針の宝庫と言えるのはビッグアイランドのサウスポイントと呼ばれる乾燥した場所だった。ハワイ島の南端のサウスポイントは海流がぶつかり魚が豊富なことで知られる。そこでさまざまな形式の何千もの釣り針が出土した。そのサウスポイントの遺跡の炭を放射性炭素年代測定に出したところ、複雑な結果となった。サウスポイントに初めて人が住み着いた時期が、標本によって紀元10世紀、紀元2世紀と差がついたのだ。そばの遺跡の同じ標本の測定を複数の研究所に依頼すると、400年以上もの差が出た。じつは放射性炭素年代測定は当初考えられていた以上に繊細で複雑なものであると、しだいに明らかになってきた。

カウント誤差、サンプリング、コンタミネーションに関してはある程度想定されていた、が、根本的なエラーがはっきりしてきた。リビーは大気中の炭素14の量は一定と仮定していたが、それが間違っていた。地磁気の変化や黒点の増減、そして化石燃料の燃焼、原子爆弾の爆発、核兵器の試験など人間の活動も大気の放射性炭素の濃度を変えていたのだ。なんらかの基準に沿ってそれを調整した上で放射性炭素年代測定をおこなわなければ、年代が大幅に前後する（紀元前3000年頃の年代は最大で700年も）可能性もあった。他にも複雑な問題がわかってきた。たとえば海洋生物の放射性炭素の割合を下げる海洋リザーバー効果（測定結果が実際よりも古い年代になる）、長命な種類の木でできた家や炭が実際よりも新しい年代に測定される「古木効果」がある。

ポリネシアのモノについて放射性炭素年代測定を依頼したのは、もちろんエモリーだけではない。ニュージーランドのロジャー・ダフはワイラウバーのアースオーブンで採集した炭の標本をウェリントンとイェールの研究室に送り、二通りの結果を得た――イェールの研究室は紀元1015年プラスマイナス110年、ウェリントンの研究室は紀元1225年プラスマイナス50年だった。エモリーが依頼したクリオウオウの岩陰遺跡の標本は紀元1004年プラスマイナス180年と測定されていたので、かなり近い。初期の放射性炭素年代測定でいちばん興味深いのは、マルケサス諸島の標本の結果だ。

バヤール・ドミニク遠征隊でマルケサス諸島を調査した考古学者は、ここは「考古学的調査の成果はほぼ見込めない」と1925年に報告している。1956年、新たな遠征隊がポリネシアン・トライアングルの東端に位置するマルケサス諸島の可能性をあらためて調べた。本隊に先立ち、当時コロンビア大学の大学院であったロバート・C・サッグスが予備調査のために現地入りした。かつての調査チームが完全に見誤っていたと彼が見抜くのに時間はかからなかった。ありとあらゆるところに考古学的価値のあるモノが存在していたのだ。「どこもかしこもマルケサスの古代の文化の遺物だらけだった……谷という谷には家の基礎がバラバラになって散乱し、その上に雑草が生い茂り……古代の村の遺跡は倒れた木々や勢いよく根を張るヤシの下敷きになっていたが、石斧《せきふ》、石杵《いしぎね》、頭蓋骨、などさまざまなモノがある」、そこには「何百メートルもの長さの」儀式用の広場があり、深い谷を見下ろす崖には「埋葬に使われた洞穴があり、何世紀も前の人々の遺骨が残っていた」。

ハアトゥアトゥアという砂丘に大量の「ブタの骨」があったと聞いてサッグスはガイドとともに確かめに行った。ヌクヒヴァ島の東の隅に位置し、低木がある意外は吹きさらしの砂丘だった。10年前の1946年に高波が押し寄せて浜辺の一部を削り取り、骨と人工物は砂の上に剝き出しで残されていた。サッグスとガイドが馬に乗って進み、ビーチの奥の「ハイビスカスが絡み合うように群生」している先に出ると、「なだらかに傾斜する一面の砂に破片が散らばっていた。それを見たとたん、危うく鞍《くら》から転がり落ちそうになった」と彼は記している。

眼下に広がるなだらかな砂浜全体に散らばっていたのはブタの骨ではなく人骨だった！　肋骨、椎骨、大腿骨、頭蓋冠の破片、手と足の骨がそこらじゅうにある。砂丘が切れる手前には白化した女性の頭蓋骨が頭頂部を下にしてほぼまるごと露出していた。

波に削りとられて露出した部分には真っ白な砂の層に厚さ約60センチの黒っぽい層が帯状に走っていた。そこに少量の炭と灰、真珠貝のかけら、石とサンゴでつくった道具の破片、舗装の一部のようにぴたりとつなげた大きな石が見えた。これはひとつの集落の跡だった。住居の柱の穴、調理場、中庭、墓所まですべてそろっていた。一度にはとても調べ切れず、サッグスは翌年、妻をともなって再訪した。

ハアトゥアトゥアからは興味深いものがいくつも出土した。ほぼ円形の単式の釣り針には美しい彫刻があった。シャンクとポイントが真珠貝で結合式のルアー、ココナッツをすりおろすためにノコギリの歯のように加工した真珠貝の殻など、たいていはポリネシアで見つかるたぐいのモノだった。が、カタツムリの殻の形をした野菜の皮むきといった独特のモノもあった。また「メラネシア風」の「珍しい形の石斧」、バヌアツではよく見かけるがポリネシアでは見かけない髪飾りもあった。大きな真珠貝の円盤の縁をギザギザにした装飾的なデザインだ。ニュージーランドのワイラウバーの墓からリール型のビーズとクジラの歯の首飾りが出土したように、これはポリネシアの初期の歴史と西の遠い島々とのつながりを解き明かすカギなのだろうか。

さらに驚きだったのは、ハアトゥアトゥアの灰、炭化した骨、炭の放射性炭素年代測定から得られた年代だった。こうしたマルケサス諸島のモノは、ポリネシア東部で発見された古代の人工的遺物として飛び抜けて古いことがわかった。紀元前2世紀には人が住み着いていたことになる。マルケサス諸島の伝承からは、そこまで早い時期を割り出すことはできない。サッグスによれば「もっとも信憑性の高い系譜にもとづくと、最初の移住者ヌクが諸島に住み着いたのは紀元約950年」であるのに対し、炭素14の年代測定はその時点ですでに1000年も前から島に人がいたと示していた。

驚きはそれだけではすまなかった。1957年にサッグスはハアトゥアトゥアで二期目の仕事を開始し、遺跡の体系的な調査に取りかかった。試掘調査、本格的な発掘、ふるいがけ、出土品の記録と、着実に進めた。ささやかな発見が続く。「真珠貝でつくった釣り針の破片が数個、サンゴのやすりがひとつふたつ」、住居の柱の穴がいくつか、一見したところ墓のようだがそうではない穴がひとつ。ある日、作業員がシャベル一杯分の土をふるっているのをサッグスは見ていた。すると石と砂にまじってなにかが見えた。「レンガのような赤っぽい、なにかの破片とおぼしき平たいもの」がちらっと見えて、また消えた。土器のかけらか。いや、そんなはずはない――土器は東南アジアの島全域とメラネシアの大部分で出土していたが、サモアよりも東では一度も見つかっていなかった。だがサッグスの目は確かだった。砂に挟まれた黒っぽい帯状の層の一番下の部分、確かに人間がいた時代の層からまぎれもなく土器の破片が出てきた。すぐにふたつめの破片が見つかった。ひとつめよりも大きかった。そして3つめが。これは古代の土器のふちの一部だった。まるみのあるふちには溝があり、内側と外側の表面には「いにしえの時代にこの器を手で滑らかにした」形跡が残っていた。

土器の破片は合わせて5個見つかり、3つの器の一部だった。まず茶色い壺《つぼ》。これは低火度で焼かれ、ざらついた質感でもろかった。赤茶色の鉢はしっかりと焼かれて口の部分がひろがっていた。もうひとつは赤茶色の滑らかな質感の土器で、道具で磨いた跡があった。このささやかな土器のかけらによって「ポリネシアの先史時代は書き換え」られた。とはいえ、当時わかるのはそこまでだった。はたして古代マルケサス人はこうした土器をつくったのか。つくったのであれば、なぜもっと見つからないのか。それとも何千キロも西の、まちがいなく土器をつくっていた島の人々とやりとりがあったのか。あるいはマルケサス諸島に初めてやってきた移住者が土器を持ち込んだのか。もしそうであるなら彼らはポリネシアン・トライアングルの西端から直接やってきたのか。土器のない太平洋中部の島々――タヒチ島、クック諸島、オーストラル諸島、トゥアモトゥ諸島――を迂回《うかい》したということか。

誰もこたえようがなかった。それでもハアトゥアトゥアの年代が劇的に古かったこと、そしてポリネシアン・トライアングルの東の端で土器が発見されたことは大事件だった。伝説のハワイキは土器の存在しないタヒチよりもマルケサスである可能性も出てきた。マルケサスを起点としてポリネシア東部のすべての島へと人々が渡っていったのかもしれない。しかし直観的にそれはあり得ないと感じられた。サモアあるいはトンガから直接マルケサス諸島に渡るとなると風上に向かって3200キロ以上航海しなければならない。そこから折り返してタヒチなどトライアングルの中央部の島に到達するのは、ルートとしては無理がある。地図を見れば一目瞭然だ。

しかし事実は事実。放射性炭素年代測定によりハアトゥアトゥアはサモアより東で判明している遺跡のなかでもっとも古いと判明し、小さな破片ではあったが唯一、土器が存在していた。「この発見で、私たちはマルケサスの人々の起源とポリネシア人全般の起源についてどう軌道修正をしたのだろうか」とサッグスは振り返る。土器はすべてのカギを握っていたのだ。

ラピタ人
パズルの重要なピース

土器はポリネシアの歴史のカギを握っていた。それを理解するために、いったんポリネシアン・トライアングルを離れて西のメラネシアのワトム島に舞台を移そう。ニューブリテン島の北の沖合に浮かぶ幅5キロメートルほどの小さな島だ。ニューブリテン島はパプアニューギニアの北のビスマルク諸島に属している。1908年のある日、ドイツ人神父オットー・マイヤーは教会を建てるための基礎づくりとして地面を掘っていた。すると精巧な装飾を施された土器の破片がたくさん出てきた。それがどれほどの価値を持つのか、判断のしようがなかった。「隠遁者《いんとんしゃ》である自分に科学の専門領域についてなに

クリストフ・サンド著『Archaeological report』より第13遺跡から出土したラピタ土器の文様、『ジャーナル・オブ・ザ・ポリネシアンソサエティ』(1998年)より
著者のご好意により掲載

がわかるというのか」と思いながら、それでもこの破片はワトム島の住人と南米の人々をつなぐ証拠かもしれないと一部をパリの人類博物館に送った。

1920年、バヤール・ドミニク遠征隊トンガチームはトンガタプ島で装飾のある土器を発見した。ポリネシアの「文化複合」に土器は含まれないとされていたのだが、じつは初期のヨーロッパ人探検家がトンガ諸島で土器の小さな壺を見たと報告している。クックの二度目の航海に同行した博物学者は土器を目撃し、1642年にタスマンが航海で寄ったことと「なにか関係している」のだろうと想像した。19世紀にヨーロッパ人はトンガで土器を見て、そばのフィジーから持ち込まれたものだと思い込んだ。フィジーでは土器はめずらしくなかったのだ。過去にこういう報告があったにもかかわらず、バヤール・ドミニク遠征隊のチームはたくさんの土器のかけらを掘り当てるなどとはまったく予想していなかった。彼らが収集した「低火度で焼かれた、多孔質でもろい土器」の破片はじつに1677ピース以上。赤から茶色、焦げ茶色、そして黒までと色は多様だった。たいていは装飾がなく、チームのメンバーの言葉を借りれば「粗っぽく雑なつくりで装飾品というより実用品」だった。ただしそうではないものも、わずかながら混じっていた。高度に洗練された奇抜な装飾つきの破片が。小さな点で描かれた直線と曲線の幾何学的な文様が、粘土にスタンプを押したようについていた。

トンガに派遣されたチームにはシニアメンバーとして人類学者エドワード・W・ギフォードが参加していた。系統立ったデータをもとに考察をおこなう人物で、独自の経歴でも知られていた。鳥類と貝類の研究にも打ち込んでわずか14歳で初の論文――軟体動物(Epiphragmorphora fidelis)について――を発表した。ハイスクールを出るとすぐにカリフォルニア科学アカデミーの職に就き、大学には一度も通ったことはなかったが着実に出世して58歳でカリフォルニア大学バークレー校の正教授の地位に就いた。

１９４７年、ギフォードはふたたび太平洋を訪れた。今回はフィジー、ニューカレドニア、ヤップ島への三回シリーズの諸島遠征の第一回である。今回はポリネシアの西にどのように「文化が続いている」のかを確かめることがギフォードの狙いだった。ポリネシアの西に行くほど時代を遡ることになる。第一回の遠征では、トンガとフィジーとの連続性が確認できた。「フィジー諸島の考古学的な特徴は、なによりもまず土器」であった。土器のかけらはいたるところで見つかった。砂丘でも岩陰遺跡でも川岸でも、それは「地表に散らばり」、「地中にふんだんに」あった。もっとも深いところでは約３・７メートルの深さで見つかり、人工物としてはいちばんありふれていた。ギフォードは石と貝殻でつくられた道具や装飾品も見つけたが、土器の破片との比率はおよそ1対1万だった。フィジーではあらゆる場所、あらゆる時代に存在し、さまざまな様式が見られた。独特の幾何学的な文様もあった。点で描かれた直線、曲線、弧は、道具を使って粘土にスタンプのように押していったのだろう。

ギフォードはさらに西へと向かった。１９５２年に訪れたニューカレドニアと隣のバヌアツは、ポリネシアン・トライアングルとビスマルク諸島のちょうど中間あたりに位置する。ニュージーランドと同じく太古のゴンドワナ大陸の一部で、独特の自然史を見ることができる。めずらしい動物と植物の宝庫で、「ヤドリギに似た」寄生針葉樹、道具を使う有名なカラスなどが生息している。人間がやってくる前のニューカレドニアは多様な爬虫類の宝庫でもあった。角を生やし尾に棘《とげ》のある巨大なカメ、体重約9キログラムのオオトカゲ、極小のめずらしい陸ワニなどがいたが、どれも絶滅してしまった。ほかにも巨大ツカツクリ、飛べないセイケイ1種、2種類のハヤブサ、ツカツクリ1種などの鳥が絶滅した。

ギフォードはニューカレドニアに着くとさっそく同僚リチャード・シャトラー・ジュニアとともに島内の考古学的遺跡を見にいった。足となったのはカリフォルニアから船で持ち込んだ1951年型シボレー0・5トントラックだ。ヌメアを出発して、湿潤で森の多い東海岸を北上し中央部の山岳地帯を横断し、サバンナのような乾燥した西海岸を南下し、とちゅう何度も車を停めた。フエ半島の浸食海岸の端では初めて装飾つきの土器のかけらを拾った。ここが後に訪れる第13遺跡だ。

それからの7ヶ月で二人の人類学者は53の遺跡を調べ11カ所を発掘した。地元の協力者のチーム、カリフォルニアから合流した妻も加わった。トラックの走行距離は2万2500キロメートル以上——全長わずか約402キロメートルの島で、収集した人工物は17000点を超えた。魚釣り用の錘《おもり》、ナイフ、皮むき器、腕輪、へら、チョッパー、研ぎ器、石斧などがあったが、なんといっても主役は土器だった。遺跡の多くは土器のかけらと貝殻が散乱していた。ギフォードは「海岸の貝塚」と呼び、その特徴として海に近い、真水が手に入るところから近い、畑に適した場所が近いという3点を挙げた。

この遠征のさなかギフォードのもとに、フィジーで発掘した標本の初の放射性炭素年代測定の結果が届いた。彼は1947年という早い時期に、炭の標本を収集していたのだ——当時はまだこのメソッドの有効性が実験的に証明されていなかったにもかかわらず。帰国してさっそく年代測定をしてもらおうとしたが、シカゴ大学のリビーの研究室は多忙を理由に、カリフォルニア工科大学とバークレー放射線研究所からも断わられてしまった。放射線研究所のあるアシスタントからは、「残念ながらご意向に沿うことはできず……もしもそちらで専任の学生あるいは技術者を置くことができるのであれば、装置と手順についてよろこんで相談およびアドバイスに応じます」と返事が来た。

それでもミシガン大学のメモリアル・フェニックス・プロジェクトの協力をとりつけることができた。1948年に開設された原子力の「平和利用」を支援するための機関である。最初のフィジーの標本の年代は約950年前と測定された。ギフォードはただちに小論文を書き上げて『ジャーナル・オブ・ザ・ポリネシアンソサエティ』に発表した。年代は「ひじょうに重要である。さらに深い部分の埋蔵物は、より古い年代と推定できるからだ」という彼の言葉の通り、同じ遺跡から収集した炭を分析したところほぼ1000年遡った年代と測定された。紀元一世紀頃に人が住み着いていたと判明したのだ。

半年後、ギフォードとシャトラーは出発の準備が始まったにもかかわらず、第13遺跡の発掘に向かった。これが遠征隊の最後からふたつめの発掘作業となる。作業員をおおぜい確保でき、なにより発掘が容易だった。他の発掘現場のように崩落が起きたり、穴にしじゅう水が溜まったりするようなこともなかった。第13遺跡でギフォードらは海岸の端の傾斜に沿って発掘の位置を次々に指定していった。干潟と海に挟まれ植物が生い茂った低い地峡も対象となった。近年はヤムイモの畑に使われていたらしい。作業が始まるとすぐに、ここが他の遺跡とはちがうと判明した。ニューカレドニアで見つかった土器の90％以上は装飾のないものだった。トンガとフィジーもそうだった。しかし第13遺跡から出土した土器は装飾つきのものが多い――ざっと全体の3分の1――だけではなく、研究者が見たことのない「すぐれた」装飾だった。

装飾はふんだんで、きれいに仕上げられていた。土器によっては内側と外側両方に装飾があった。文様は繊細で、円、半円、菱形、四角、三角、ジグザグ、ヤシの葉のような扇形、「目」（アーモンドの内側に円）が描かれていた。第13遺跡から出土した土器を見て、紀元前7世紀のコリント式の花瓶やブッケロという古代エトルリアの黒い陶器を連想する者、文様も技法もポリネシアのタトゥーに似ているという者もいた。規則正しく、かつ複雑な文様はギザギザとした鋸歯《きょし》状の道具で粘土に跡をつけ、サンゴ石灰石の白いペーストで埋めたらしい。伝統的なポリネシアのタトゥーは尖ったギザギザがついた道具で肌に傷をつけ、染料か炭（19世紀のニュージーランドでは火薬）をすり込む。じつによく似ている。

発掘の最終日にギフォードは現場用の手帳に「この遺跡の村の名前はラピタ」と書きつけた。こうして第13遺跡で出土した独特な土器と、そこで暮らしていたはずの人々はラピタと呼ばれるようになった（ギフォードは命名したつもりはなかっただろう）。この遺跡で見つかった土器と、すでにトンガとフィジーで見た土器のかけらの様式とがつながり、そばのイルデパン島でのフランス人の発見ともつながった。イルデパン島の発見は、ワトム島からマイヤー神父がパリの人類博物館に送ったものとつながっていた。ギフォードはこのことを最終報告としてまとめた。これはただごとではないとギフォードもシャトラーも感じていた。そして放射性炭素年代測定の結果を見て確信した。第13遺跡の標本はニューカレドニアでもっとも古いものと判明したのだ。しかも2800年も前である。紀元前一千年紀の終わりにニューカレドニアには早くも人が住み着いたということだ。

その後、次々にラピタ遺跡が見つかった。パプアニューギニアの最北のムサウ、リーフ環礁とサンタクルーズ諸島、ティコピア、バヌアツ、フィジー、トンガ、フツナ、サモアの各島で——ビスマルク諸島とポリネシアの西の端に挟まれた島々だ。各遺跡からの標本で年代測定をおこない土器がつくられた文化の年代があきらかになると、思いがけないパターンが浮かび上がった。ラピタ人は太平洋西部の約4000キロにわたって——ざっとソロモン諸島からサモアまで——紀元前1000年頃に〝ほぼいっせいに〟植民したらしい。またソロモン諸島の東では、彼らより古い文化は存在しないと思われた。つまり下の層を掘っても人間の文化を示す人工物は見つからなかった。ラピタ人が何者であるにしろ、こうした島々に初めて登場した人間だったのだろう。彼らこそはるかな太平洋における真のパイオニア——水平線の彼方にあるかどうかもわからない島々をめざして航海した人々——であり、それはつまりポリネシアン・トライアングルに到達した初めての人間ということなのだろうか。もしもそうであるならばポリネシア人にとって、先住者であるだけでなく祖先ということにもなる。

こうして確実な裏付けとともに、ポリネシアに人が住み着いた年代は一気に2000年も遡ることとなった。誰よりも早く暮らすようになった人として、ラピタ人をポリネシア人と呼んでいいのかもしれない。どういう人々だったのだろう。土器に繊細な装飾をほどこす審美眼の持ち主であることはわかった。それから？　彼らは移動し、新しい土地に定住する人々だった。開拓者で探検家、パイオニアである。旅ができたのは、そのための技術を備えていたからだ。新しい土地に持ち込めるだけの文化があった。暮らすのは森と海に挟まれた細い海岸線だった。これまでに見つかったラピタの居住地はほぼすべて、砂浜、海岸段丘、２０００年前に砂浜だった場所だ。彼らはラグーンの端を好んだ。真水が近くで手に入り農耕できる場所に近い、そして外洋に出やすいという理由でリーフの開口部の向かい側を選ぶことが多かった。深い海で網を引いて漁をおこない、ラグーンで投網をした。たいまつをともしてリーフで夜釣りをした。ブタ、ニワトリ、イヌなど数種類の動物を家畜にしていた。家畜は餌をもとめて海岸線沿いを歩き回り、人々は海の幸を集め、畑ではヤムイモやタロイモを育てた。

ラピタ人の存在を明かしたのは土器だったが、彼らが最高の技術を発揮したのはカヌーだったにちがいない。ビスマルク諸島からソロモン諸島まで約１６００キロに渡って連なる島はほぼすべて見える範囲にある。島と島との間は70キロもない。だがその先の群島は約４００キロ先だ。さらにその先は約８００キロ離れている。ラピタのカヌーはひとかけらも発見されていない――長い時間が経過し、大気中の湿気は多く、材料は腐りやすかった――が、航海、アウトリガー、ブーム、ウォッシュストレーキ、リブ、コーキング、櫂《かい》、船にたまった水を汲み出す、積荷、などの言葉はあった。これはオセアニア祖語で再建されている。インド・ヨーロッパ祖語と同様にオセアニア祖語は仮想的な言語で、ラピタ人の拡散をたどる手がかりとなる。

オセアニア祖語はオセアニアの人々の理論上の母語であり、オセアニアの言語はすべてオセアニア祖語から派生したと考えられる。派生した言語は４５０種類を超え、ポリネシアのすべての島、メラネシアの小さな島の大部分、ミクロネシアの２島を除くすべての島で話されているものがここに含まれる。オセアニア祖語は、より大きなオーストロネシア語族の一語派だ。オーストロネシア語族は太平洋の言語すべてに加えて、フィリピン、ボルネオ、インドネシア、ティモール、モルッカ諸島、マダガスカルの言語も含む。合わせて1000を超える言語の巨大な語族だ。そのなかでもっとも古いのが台湾諸語でフォルモサ諸語とも呼ばれる——台湾はかつてポルトガル語で「美しい島」を意味するイーリャ・フォルモーザと呼ばれていた。古いということは、ある意味で地理的なルーツでもある。台湾諸語の一部はいまも台湾の先住民が使っている。このように言語だけに限れば、ポリネシアからメラネシア、東南アジアの諸島、さらに中国に近い島へとそのルーツを遡ることができる。が、紀元前5000年あるいは6000年を境にそれ以上はたどれなくなる。

この語族からオセアニアの言語が最初に分岐したのはビスマルク諸島のあたり、ラピタ人の最初の植民の時期に重なるようだ。紀元前1500年と1000年の間に、そこからサモアまでの島に急速に植民が進んだことは、これと無関係ではない。オーストロネシア祖語の再建で、謎めいたラピタ人の世界にようやく窓があいた。熱帯では考古学的な意味でめぼしいものはほとんど残っていない。カゴ、縄、網、木製の生活用品、食料、衣類はまず期待できない。建物は石の基礎と黒ずんだ柱の穴だけだ。だが再建された祖語の語彙はまぎれもなく、彼らの暮らしに欠かせなかった言葉だ。重要だから受け継がれ残されてきた。

たとえば一日のうちふたつの時間帯を指す言葉があったようだ。夜明けから午前の中頃まで、そして午後の中頃から夕暮れまで。どちらも熱帯で効率よく作業をするのに適した時間帯である。ヒョウタンあるいはココナッツの殻でつくった水筒、水が漏れないようにするための栓あるいはストッパーもあったらしい。木製の椀《わん》とココナッツのカップ、アースオーブンから食べ物を持ち上げるためのトング、ホラ貝製のラッパ、ココナッツの葉を使うたいまつを指す言葉もあった。開墾、クワで掘る、雑草を取る、畑を囲うための柵もあった。おそらくブタが入り込まないための柵だろう。風についても豊富な語彙があった。強風、嵐の風、微風、乾いた風、さまざまな方角から吹いてくる風、雨をもたらす風も。いまのオリオン座とおおいぬ座に重なる大きな鳥という星座があった。金星のことは、私たちと同じように明けの明星と呼んでいた。

オセアニアのすべての言語でこうした概念が一つ残らず確認できるわけではないが、言語学者が道筋をたどるのに必要な痕跡はじゅうぶんにある。再建できるだろうという予想が裏切られたケースもある。オセアニア祖語には、津波と火山を指す明確な言葉がない。そのいっぽうで地震と洪水を指す言葉については再建できる。また航海に関する用語についても言語学者は手を焼いた。これにはふたつの理由が考えられる。政治にも言えることだが航海術はローカルなものであり、ある領域で通用しても別の領域では通用しないという性質がある。ニュージーランドとパプアニューギニアの夜空は異なり、パプアニューギニアとハワイの夜空も同じではない。ソロモン諸島の風と潮の流れはラパ・ヌイ島［イースター島］ともマルケサス諸島ともちがう。もうひとつ、多くのオセアニアの社会で航海術の知識は特権的なものとされ、ごく一部の人間が独占していたと言われる。もしもそうであるなら、社会で航海術の知識が重要でなくなれば、あっという間に失われただろう。

対照的に、オセアニアの文化の黎明《れいめい》期にまで遡れる重要な概念がある。たとえば陸地を指す言葉だ。「海ではない」、あるいは「居住されている領域」という表現がある。そしてカヌーは、外洋を航行するための大型の帆船という表現だ。星を指す言葉、昇る・沈むを意味する言葉もある。空や天を指す言葉もあり、ポリネシアの遠隔の島ではその言葉は創造神の意味も兼ねる。

ラピタ人（正確には複合民族）の移住には、彼らのおそるべき能力が発揮されている。新しい島、新しい砂浜で自分たちの暮らしを確立した——家、畑、習慣、移動手段など生活のあらゆる知恵を実践した。海岸沿いの平地や河口付近、ラグーンといった環境を好んだが、つねに新しい環境に適応し、新しい陸地の短所と長所をうまく取り入れた。太平洋の特徴は、大陸に近いところから東へと移動するにつれて種の数が着実に減っていくことだ。島の種で言うと、ニューギニア島は面積が大きく生態学的に豊かなので520種ほど生息している。そこから東に数百キロメートル離れたソロモン諸島では、とたんに127種に減る。フィジーでは54種、サモアでは33種、トンガでは20種、ソサエティ諸島では17種、マルケサスでは11種、ポリネシアン・トライアングルの東南の果てに位置するヘンダーソン島ではわずかに4種。サンゴ、植物、爬虫類、昆虫、棘皮《きょくひ》動物、脊椎《せきつい》動物についても同じことがあてはまる。要するに遠くに行くほど利用できるもの——少なくとも植民者にとって——が乏しくなるので知恵が必要となる。

ラピタ人も彼らの子孫も、必要なものすべてを新しい場所に持参する方法をとった。繁殖用のつがいの動物も、接木《つぎき》用の台木も、種子も。ついでに運んでしまったものもたくさんあった。雑草や軟体動物や昆虫、微生物までもがアルフレッド・クロスビー的に言うと「大型旅行かばんに生物相がごっそり」詰め込まれて植民者の行く先々に運ばれた。太平洋にヨーロッパ人の進出が与えた影響を説明する際にクロスビーが使った言葉だ。同じことが初期の植民者にもあてはまる。ラピタ人が運んだ生物相はイヌ、ブタ、ニワトリ、タロイモ、ブレッドフルーツ、サトウキビ、バナナなど役に立つものだけではなかった。ナンヨウネズミと呼ばれる小さな茶色い密航者、ヤモリとカメムシとカタツムリもちゃっかり同行していた。

ラピタ人は新しい土地に適応し、変化を加えた。人類は移動した先の環境を変えずにはいられないらしい。ラピタ人も例外ではなかった。彼らが植民した島々の花粉分析の結果は、植民と同時期に木炭粒子が劇的に増えたことを示した。おおがかりに焼いて開墾し畑にしたのだろう。泥、粘土、その他「浸食されて生じた岩屑」の層も森の開墾を物語る。なにより劇的な変化は野生生物、とくに鳥に起きた。ポリネシアの陸鳥の絶滅は「第四紀後期における脊椎動物の絶滅としてもっとも極端な例」とも言われる。クイナ、ハト、オウム、アオバト、ツカツクリと同種の無数の鳥がラピタ人と子孫のポリネシア人によって絶滅させられた（雑食性のナンヨウネズミの仕業もあっただろうが）ことを示す証拠がある。彼らは鳥を狩り、鳥の生息域を破壊した。人類は目についたものはなんでも食べるし、自分たちが暮らしやすくするためにあらゆる方法で環境を変える。生物学者ティム・フラナリーはヒトという種――つまり私たちを――「未来を食べる者たち」と表現した。ラピタ人が鳥もカメもトカゲも軟体動物も魚も食べ、さらにニューカレドニアの大型の陸生ワニまで食べ、環境を自分たちに都合よく変えたとしても不思議ではない。

このようにラピタ人と彼らの子孫はオセアニアの景観を変え、多くの生命体を絶滅させ、オセアニアにすさまじい変化をもたらした。それは人類が他でもやってきたことだ。しかし、こんなにも遠く離れた場所でこんなにも多くの島々で、はたして誰もがこんなことを〝できる〟ものなのか。大海原を何千キロも航海して、あるかどうかもわからない島への途方もない移住については、わからないことばかりだ。必然性があったのかどうかも。〝なぜ〟船出しなければならなかったのか。見える範囲の島なら安全なのに、少し先には黒々とした山の頂きが見える島があるのに、なぜそこから出たのか。

考えられる理由としてはまず、ラピタ人が太平洋西部の島にやってきた時にはすでにオーストロネシア語を話す人々がそこにいた。何万年も前から。ラピタ人が使える土地は海岸沿いの幅の狭い土地だけだった。内陸の住人を追い出したり競り合ったりすることを選ばず、彼らは行った先の島の端に住み着き、さらに次の島をめざした。しかしこの仮説は、先住者がいない島では成り立たなくなる。ラピタ人は隣の島が見えるソロモン諸島の先の、無人のリーフ環礁とサンタクルーズ諸島、バヌアツとニューカレドニアへ、フィジーへ、そしてポリネシアの島々へと渡っていった。

なかには大きく可能性に満ちた島もあった。発見した時にはきっと心躍ったことだろう。食べるものも土地も真水もふんだんに手に入る。それなのに、なぜ彼らはそこで留まらずさらに進んだのか？　島の大きさから考えれば、人口増加という理由は考えにくい。資源が足りなくなるのは、おそらく何百年も先だっただろう。もしかしたら、彼らは「ある信念」に突き動かされていたのかもしれない。「始祖になる」という思いを抱いて未知の世界に旅立ったのではないか。オーストロネシアの多くの文化では始祖は敬う対象となる。ポリネシアでは始祖の名前とおこないは神話の核であり、系譜には始祖の名前がつく。まっさきに定住した者たちは高い地位に就き、いい暮らしができる。時とともにその立場はますます有利になる。壮大な移住の最終章を飾るのがニュージーランドへの人類の到達だった。最初に入植したのは「3000年にわたるオーストロネシア人の拡散を受け継ぐ人々であっただろう」と、ある人類学者が述べている。新しい島を発見して定住する物語が3000年に渡り「ひとつまたひとつ積み上げられ」た。それならば自分も島を見つけに行こう、そして始祖になろうと「野心的な若者」が思わないはずがない。たとえそれがどんなに遠くであっても。

©Shutterstock.com

第五部　出帆

（1947年－1980年）

新たな展開へ。
古代ポリネシア人の航海を
再現しようと挑む冒険者たち。

コンティキ号
トール・ヘイエルダールの筏

ラピタ人の存在はポリネシアの先史と太平洋西部を結びつける貴重な発見だった。これでポリネシアとアジアも間接的に結びついた。しかしまったく逆方向の大陸、つまり南米大陸とポリネシアを結びつける仮説はまだ否定されたわけではなかった。東から西に吹く強い偏東風を考えれば、太平洋を東へと航海するなど「ありえない」、だからポリネシアの住民は「チリとペルーの先住民族の子孫」にちがいないという主張が19世紀には支持を得ていた。20世紀に入ってもなお根強い支持があった。1930年代と40年代にこの説に魅了されたのが、ノルウェーの冒険家で人類学者のトール・ヘイエルダールだっ

コンティキ号（1947年）
ノルウェー、オスロ、コンティキ号博物館

た。

ヘイエルダールは1936年に初めて太平洋を旅した。22歳の彼は20歳の花嫁とともにマルケサス諸島のファトゥ・ヒヴァ島で暮らし始めた。文明を捨て自然に戻ると決め、現代世界という「鎖」から解き放たれて「なにも持たず裸足《はだし》で、手つかずの自然に入る」つもりだった。それは「別世界に浸るというヒッピーの夢想」であったと何年も後にヘイエルダールは述べている。が、思ったようにはいかなかった。棲家《すみか》に選んだ竹の家はアリに食われた。マルケサス人に怪しまれた。裸足で暮らしたために切り傷と擦り傷を負い細菌に感染して膿《う》んだ。やがて二人は洞窟で暮らすようになる。病気になり不安が募り、誰かが船で救いにきてくれないかと切望するようになった。そしてこの時期、ヘイエルダールはある仮説を思いついた。そのため後に名声を獲得し、学術界と疎遠になっていく。

ファトゥ・ヒヴァ滞在が約1年になろうとする頃、ヘイエルダールと妻リヴは月夜の浜に座り、波を見ていた。「不思議ね、島の反対側ではこんなに波が砕け散ることはないのに」とリヴが言った。「そうだな。ここは風上の側だから波がつねに打ち寄せるんだ」ヘイエルダールが答えた。このやりとりがきっかけとなって波が「つねに東から波が打ち寄せる」しくみについて考え始めた。水平線の向こうから「つねに東風が」島に吹いてくるしくみについて。

この島々に最初にやってきた人々は、そのことを知っていた……私たちも知っている。東の水平線のはるか彼方、雲があらわれるところに南米の海岸が広がっているということを。7000キロメートル先のそこに至るまで、ただ海だけがあるということを。

その時にいっしょに浜にいたマルケサス人の老人から、二人はこんな話を聞いた。「ティキは神であり首長だった。ティキが私の祖先たちを、いま私たちが暮らしているこの島々に連れてきた。その前には海の向こうの大きな国に住んでいた」

その夜、床に就いたヘイエルダールの頭のなかにはティキと祖国の物語が渦巻いていた。「遠くで砕け散る波音の低い響きは……遠い昔の声が……なにかを語りたがっているように感じられた」。そこで彼はあっと思った。森のなかに立つ石の彫像だ。「ティキの巨大な石像」と彼が呼ぶその像は、「南米の失われた文明のものとされる巨石に似ている」。そこから「すべてが、始まった」。

妻とともにヨーロッパに戻ったヘイエルダールはポリネシアの民族の研究をしようと思い立つ。「南太平洋に残された謎にすっかり魅了され……伝説のヒーロー、ティキとは何者かを解き明かそうとした」。ティキとは、民族学者エドワード・ハンディによればマルケサス諸島で崇《あが》められた多くの神々のひとり。そして最初の人間であるティキはたくさんの砂と交わって多くの人間をつくったトリックスターである。またマルケサス諸島を含めポリネシアでは一般的に〝ティキ〟は神格化した祖先や守護神の像をあらわし、人間や動物の姿だ。ハンディはティキについて「人間の祖先を創造した創始者の姿あるいはデザインであり、人類の究極の起源を示す」ものと解釈した。だがヘイエルダールはティキが歴史的な人物であると確信を強めていった。東から吹きつけるあの貿易風、砕け散るあの巨大な波。ティキは東からマルケサス諸島にやってきた始祖である、そのルーツは南米にあるという結論にいたった。

ヘイエルダールはオセアニアの植民について数年がかりで理論を組み立てた。それはマルケサス諸島について調べたこと、気候についての記録、あやふやな言語学、知識の拡散についての19世紀の理論、スペインのコンキスタドールのあやしげな伝承が入り交じったものだった。すべての始まりはアンデス山脈の高地に位置するチチカカ湖のほとり、現在のボリビアとペルーの国境のあたりで始まった。そこにはインカ帝国よりも昔の時代に巨石のモニュメントをたくさん建立した謎の人々がいた。彼らについてはコンキスタドールによる不確かな情報しかない。謎の人々は太陽神ヴィラコチャに率いられ、その神はコンティキという名でも知られていた——ヘイエルダールによれば長身の白人で赤毛、頬髯《ほおひげ》があった。紀元16世紀頃、コンティキは侵略軍に大敗し、王を慕う者たちと乾燥した高地から海に逃げバルサ材の筏《いかだ》で太平洋に乗り出し、ポリネシアまで航海して最初の植民者となった。これがヘイエルダールの仮説だ。

だが、ポリネシアと東南アジアを結びつける大量の証拠がある——ポリネシアの食用の植物と家畜化した動物はすべてアジア起源であり、言語学的にも裏付けられていた。そこでヘイエルダールはアジアからの第二の植民の波を想定した。人々はアジアの本土に沿って北上し、ベーリング海峡を渡って北米に、それからハワイ、さらにポリネシア全体に拡散したというヘイエルダールの主張は、19世紀の宣教師ウィリアム・エリスが提唱した経路とよく似ている。こうして、ヨーロッパ人が太平洋に到来した時にはアジアから渡った人々とコンティキに付き従った赤毛で肌の白い人々はすでに入り交じっていた。

この主張を裏付けるためにヘイエルダールは細々とした事実を整理してまとめた。ポリネシア人には時々赤毛が出現する、イースター島に巨石像が存在する、ポリネシア人の文化と北アメリカ太平洋岸北西部のクワキウトル族およびハイダ族の文化との類似性など。なんといっても最大のよりどころは太平洋の海流と風向きであり、人類はそのエネルギーを利用して太平洋に植民したとヘイエルダールは信じ、「決定的な要因は距離ではなく風と海流である」と述べた。風と海流のパターンを決めるのは、もちろん地球の自転だ。

＊

1947年、ヘイエルダールは南米からのルートの証明に取りかかった。有名な実験である。屈強で向こう見ずな5人のスカンジナビア人とともにバルサという巨木で大型の筏を建造し、インカ帝国の前の謎の太陽神にちなんでコンティキ号と命名した。ヘイエルダールが仲間とともにエクアドルのジャングルで（地元の人々の協力を得て）伐採したバルサという巨木9本でつくった筏は長さ9メートル（最長部分で14メートル足らず）幅約5メートル。細めのバルサ材の丸太で板張りをし、割り竹を敷き、葦《あし》でつくった敷物で覆って甲板にした。マングローブの高木2本の先端を縛ってマストに、そこに竹の帆桁を取り付け大きな四角い帆をさげた。帆には頬髯のあるコンティキの絵をプリントした。舵用の木製の大きな櫂《かい》が船尾から突き出し、デッキには男たちを太陽と雨から守るために小さな竹製の小屋が建てられた。

この探検には各国の公的機関、半官半民の機関の多くの人々が協力した。ニューヨークの探検家クラブの会員、アメリカ軍の航空資料軍団、ワシントン駐在ノルウェー陸軍武官、アメリカ海軍水路部、イギリス軍事ミッション、チリ人の国連事務次長補、「エクアドルのバルサ・キング」ことドン・グスタヴォ・フォン・ブッホヴァルト、さらにはペルー大統領ホセ・ルイス・ブスタマンテ・イ・リベロ閣下まで。提供されたものは資金、アドバイス、物資までさまざまだ。アメリカ軍から装備と食糧の提供を受け、メンバーがそれを遠征中に試すという方法もあった。

4月28日の午後、熱狂的な群衆が見守るなか、ペルーのカヤオ港をコンティキ号は曳航《えいこう》されて出ていった。筏にはいっさい金属は使わず完全にロープだけで組み立てられていた。ただし乗組員の装備にはコンパス、六分儀、携帯用の時計、位置を割り出すための海図、外界との連絡を維持するための無線装置がそろっていた。海岸から80キロメートル沖でフンボルト海流「ペルー海流」に乗ったところでエスコート船がコンティキ号から離れた。フンボルト海流は北上し西に向かう南赤道海流にぶつかる。コンティキ号はこの海流に乗って西へと向かうことになる。ポリネシアまで。

それからの3ヶ月間、男性6人とオウム一羽は筏で暮らし、周囲の海には生き物がいた。自己完結した小さな世界だった。孤立状態と、時間の感覚についてヘイエルダールはこんなふうに表現している。「不意に、いまが紀元前1947年であっても紀元1947年であっても、そんなことはどうでもよくなった」貿易風は絶えず吹き続け、凪《な》いで筏が止まることはなかったものの、航海の半ばですさまじい嵐に二度見舞われた。その際にオウムが海に落ちて行方が知れなくなった。筏は平均して1日に約80キロ進んだ。船も飛行機も、人間の活動らしきものはいっさいあらわれなかったが海は生命に満ちていた。毎晩のようにトビウオが筏に飛び乗り、朝になると誰かがそれを集めて朝食に出した。筏のそばにはたいてい虹色に輝くマヒマヒの群れがいた。サメもよくそばを泳いだ。夜には大型のイ力が深いところから浮かび上がることもあった。「悪魔のような緑色の目は闇のなかでリンのように光った」という記録がある。クジラは時折、筏とたわむれた。巨大なジンベイザメが一度だけあらわれ、ゆっくりと筏の下を通過したところを乗組員の一人が銛《もり》で突いた。

太平洋を筏で進みながら、ヘイエルダールは思いを綴っている。「波と魚と太陽と星が訪れ、去っていった。海になじむにつれて安堵《あんど》感を覚えるようになった私たちは、あらためて太古の人々に敬意を抱いた。彼らは私たちよりもはるかに深く太平洋と対話し、まったく異なる関係を築いていた。真の海を見ることができる人々だったのだ」かつてマルケサス諸島に移り住んだ時の思いと重なった。文明の鎖から解き放たれて別世界を探そうという思いに。そこにはより自然な「真の」生き方への渇望があった。これには二度の世界大戦の恐怖がおおいに影響していたはずだ。大昔の汚れない時代に恋い焦がれるような気持ちだったのだろう。「科学技術がなかった時代、人はもっと豊かで充実した暮らしを送っていた」へイエルダールの言葉は寂しげだ。

ポリネシアはまだ数百キロ先というあたりで、初めて陸地の前触れがあった。複数のグンカンドリ、それに続いて2羽のカツオドリがあらわれた。1日ごとに海鳥の群れが少しずつ大きくなり、太陽が沈む頃には急いで飛び去った。次にあらわれたのは「不思議なくらい静止した雲」だった。それ以外の「小さなふわっとした羊毛の一片」のような雲は貿易風に流されていくのに対し、その雲は空ににじっととどまっていた。そこはもうトゥアモトゥ諸島だった。タヒチ島とマルケサス諸島の間に広がるこの環礁は、初期の多くのヨーロッパ人探検家も目にしていた。雲の下にプカプカ島があらわれた――マゼランはデスベントゥラダス諸島、スホーテンとルメールはドッグアイランドと呼んだ。梢《こずえ》の上に煙がたちのぼるのが見え、「焼けたボラオの木のかすかな匂い」が海面を漂ってきた。続いて葉、植物、切ったばかりの木の香りも。しかし舵を切る術《すべ》がないまま筏は漂流し、島は船尾の向こうに遠ざかった。

次にファンガタウ環礁を通りかかり、たくさんの島民がカヌーに乗って会いにきた。ここでも筏を風と海流の向きに逆らって進めることはできない。それがなにを意味するのか、ヘイエルダールらはようやく理解した。ラグーンの静かな海面、浜辺、青々としたココヤシの森は見えても、そこにはたどりつけない。「意地の悪いレッドリーフ」が邪魔をした。カヌーは行き来できるが、筏を操ってラグーンの開口部から入るのは絶望的だった。

航海101日目、筏は絶体絶命の危機に襲われた。前方に幅72キロメートルものサンゴ礁がまるで壁のように待ち構えていたのだ。迂回する方法はない。「これは生きるか死ぬかの瀬戸際だ」とヘイエルダールは書いている。サンゴに当たって跳ね返る波が複雑なうねりをもたらし、コンティキ号を持ち上げたかと思うと叩き落とす。真正面の光景は「太平洋の大海原が容赦なくずたずたに引き裂かれ、水平線があるべきところまで粉々に」なっていた。サンゴ礁との距離はどんどん縮まり、荒々しい波の一撃がコンティキ号を襲い、ラロイア環礁の外礁に叩きつけられ、そこに巨大な波が次々に襲いかかり筏を飲み込んだ。ヘイエルダールらは必死に筏にしがみついて耐え、誰かが甲板から滑り落ちてサンゴの壁に激突する事態は奇跡的にまぬがれた。筏はボロボロだったがなんとかリーフを乗り越え、男たちはラグーンに放り出され、浅瀬を小島に向かって歩き始めた。「ヤシの木が生い茂る天国のように美しい島に向かってリーフの浅瀬を歩いたのは忘れられない経験だ」とヘイエルダールは振り返る。

陽がさんさんと照る浜辺に着くと靴を脱ぎ捨て、裸足の爪先でカラカラに乾いた熱い砂をぎゅっと踏んだ……少しいくと、頭上を高いヤシの梢が覆った。そのまま小さな島の中心部へとまっすぐ進んだ。青いココナッツがたわわに実り、生い茂った低木には真っ白な花が咲き乱れ、その甘く魅惑的な香りに気が遠くなりそうだった……私はすっかり圧倒されていた。膝から崩れ落ちて両手をつき、乾いた熱い砂に両手の指をぐっとめり込ませた。

コンティキ号の航海はプロモーションとしては大成功をおさめた。航海の記録はまずノルウェー語で1948年に出版され、1950年に英語に翻訳され、何百万部ものベストセーとなった。その後、モンゴル語やエスペラント語まで60を超える言語に翻訳され再版された。ニューヨーク・トリビューン紙は「比類ない傑作」、ロンドンのサンデー・タイムズ紙は「海洋を扱った第一級の作品」と絶賛し、サマセット・モームは想像を超える真実と称え、ハリー・S・トルーマンは「困難に立ち向かう人々が世界にはまだいる、なんとすばらしいことか」と称賛した。筏の上で撮影した映像をもとに制作された映画『コン・ティキ』は1年後にアカデミー長編ドキュメンタリー映画賞を受賞した。世界中で「コンティキ」フィーバーが起きてコンティキ・ホテル、コンティキ・カクテル、コンティキ水着、コンティキ浮き輪が誕生した。ヘイエルダールの名は世界に知れ渡ったが、学術界は冷ややかだった。

航海の意義を早々に否定した専門家のなかにはテ・ランギ・ヒロアもいた。「たいした冒険だ。しかし科学者がおこなう遠征と同列に扱われることはないだろう。当然だ」と述べている。コンティキ号の航海にあたっては、当初から技術的な事柄に関心が集中した。バルサ材の筏が外洋を約6400キロも、壊れもせず沈みもせず横断できるものなのか。乗組員は飢えで死ぬか喉の渇きで命を落とすのではないかと取りざたされた。カヤオの造船所では大使館付き海軍武官は賭けをし、乗組員は生きてポリネシアに到達できない方にウィスキーを賭けた——乗組員が残りの人生で飲み尽くせないほど大量のウィスキーを。コンティキ号では現代の航海計器が使われ、缶詰の保存食が積み込まれ、曳航されて海流に乗ったことに批判はあったが、技術的な疑問の大部分は、実際の航海がこたえを出していた。南米の海岸で浮かべられたバルサ材の筏はポリネシアに到達〝できた〟。それまでの3ヶ月間、筏に積んだ物資と海上で手に入れたもので命をつなぐことが〝できた〟。

世間一般の関心はおおむねこのようなものだったが、人類学者にとっては航海によって仮説が本当に証明されたのかどうかが問題だった。証明されていない、とする意見が多数派だった。ある評論家は、ヘイエルダールの主張は「年代学、考古学、植物学、人種、言語学、文化のどの側面においても」支持は得られないと述べた。ヘイエルダールは学術界から理不尽な難癖をつけられていると言い続けた。しかし学術界側の指摘は的を射たものであり、ヘイエルダールの強引なこじつけも問題視された。1952年、ヘイエルダールは〝太平洋のアメリカ先住民族：コンティキ号遠征が証明した理論〟というタイトルで800ページにおよぶ反論を発表したが、厳しい評価を浴びた。「著者が自説に込める情熱はページをめくるごとに明白に伝わってくる。あるパラグラフでは『可能性がある』と表現された事柄が次のパラグラフで『たぶん、そうであろう』となり、半ページ先では事実として確立されているという例がいくつもある」と『アメリカン・アンソロポロジスト』誌で指摘されている。また『アメリカン・アンティクイティ』誌では「あらゆる藁《わら》にすがり、著者の目的に合うようにねじ曲げられた希薄な証拠を、合理的限界を超えてゴリ押ししている。矛盾するデータにはほとんど注目せず、時には省き、紙面には無謀な発言があふれている」と酷評された。

ヘイエルダールの主張には、単純な誤りがたくさんあった。ポリネシア人は太陽崇拝ではなかった。タヒチ語の〝パヒ〟は「筏」を意味していなかった。イースター島の〝モアイ〟はティワナクの巨大な石像と似ていなかった。北米の太平洋側北西部の言語とポリネシアの言語とは関連性がなかった。とりわけ不快だったのが「白い神」コンティキという主張だった。そもそもヘイエルダールはポリネシア東部の島々に巨石を積んだみごとな建造物と彫像が存在する理由をあきらかにするところからスタートした。そこで立てた仮説が、謎めいた白人文化が到来したが後になぜか消滅し、すぐれたノウハウと審美眼のみが受け継がれたというものだった。1920年代と30年代にヨーロッパ人が抱いたファンタジーそのものだ。1950年代の人類学の専門家には荒唐無稽に思われ、「この論文からは嫌でも人種差別主義が読み取れる」と認める人々もいた。

ただしひとつだけ、誰も真っ向から否定できなかったのは、アメリカ大陸の基本的な食用作物であるサツマイモがポリネシア中央部と東部にあるということだ。甘くデンプン質で栄養豊富で、アサガオと同じ科に属し学名は〝イポメア・バタタス〟。アメリカ大陸の先住民族が栽培を始め、ヨーロッパ人がやってきた時には広く普及していた。最初に目をつけたヨーロッパ人はクリストファー・コロンブスだ。新世界の生産物の標本としてイサベル1世に持ち帰った。

ポリネシアにヨーロッパ人が来るようになったのは、それから1世紀あるいは2世紀後だ。太平洋の中央部と東部の多くの島々の重要な主食がサツマイモであるという記録が残っている。イースター島では1722年にヤーコプ・ロッヘフェーンは物々交換でサツマイモを手に入れた。クックの遠征隊に同行した士官の報告によれば、ハワイにはサツマイモがありすぎて「いちばん貧しい住民が〝なんの見返りも求めず〟に船に投げ込んで」きた。ニュージーランドの気候ではポリネシアの伝統的な食用作物の多くが育たないのだが、広大なサツマイモのプランテーションは存在した。ポリネシアにサツマイモが存在していた「明白な証拠」は、ジョセフ・バンクスが1769年にニュージーランドで収集した押し葉標本だ――こんな早い時期から、見た目は似ているが植物学的には異なるヤムイモとはきちんと区別されていた。

サツマイモが注目されたのは、それ以外のポリネシアの食用作物が南米とは逆の方向から入ってきていたからだ。バナナ、ブレッドフルーツ、タロイモ、サトウキビ、ヤムイモなど重要な植物がアジアから太平洋に持ち込まれたとするなら、アメリカ大陸のサツマイモがなぜ栽培されているのか。どうやってサツマイモはポリネシアにやってきたのだろう。

サツマイモは人間によって太平洋の島々に広まったはずというのが長年の植物学者の見解だった。水に浮かないので漂流することは考えられない。種子が鳥の内臓に入って運ばれるケースにも当てはまらないと思われる。人類が運んだと仮定すると、スペイン人か南米の先住民かポリネシア人のいずれかだ。スペイン人探検家はフィリピンにサツマイモを持ち込んだことで知られている。そこで彼らが1595年にマルケサス諸島を発見した時にサツマイモを植えたのではとずっと考えられていた。しかしそこからわずか1世紀くらいでポリネシア全体に普及するというのは無理がある。残るふたつの可能性については、かなり議論がおこなわれた。サツマイモは南米の先住民によって持ち込まれた、あるいは南米に到達したポリネシア人がサツマイモを手に入れ、意気揚々とポリネシア東部に持ち帰ったのか。彼らは船乗りで大型のカヌーがあり、長旅はお手の物だった。いっぽう南米の人々は筏だけで海岸沿いを進むのがせいぜいだった。となれば、やはりポリネシア人だろうか。しかしそれを証明する動かぬ証拠はまだない。比較的新しい議論は人間の手を介さず、サツマイモの種子がはるか遠くまで飛散した可能性を論じている。まだ決着はついていない。ヘイエルダールが持論の証拠として持ち出してきた時のまま、依然としてサツマイモは興味深い謎に包まれている。

専門家は一様にヘイエルダールの仮説には否定的だった。やんわりと疑問を呈するといった程度から、手酷《てびど》い批判まで反応はさまざまだったが、なかでも辛辣《しんらつ》な批評をしたのが人類学者ロバート・C・サッグスである。マルケサス諸島、イースター島、ティワナク、インカといった要素に加え「肌が白くて頬髯のある謎の男たち」は消滅したとするコンティキ理論はまるで、「アメリカはローマ帝国の最後の日にヘンリー8世により発見され、彼は無知な先住民族にフォードファルコンをもたらした」と主張するようなものだと。だが世論はヘイエルダールに味方し、仮説はずっと生き続けた。ある歴史家の2003年の言葉だ。「今日、街で一般の人々に『ポリネシア人はどこから来たと思いますか?』と質問したら、きっと……『南米』という回答がいちばん多いにちがいない」

あまり取り上げられることはなかったが、ヘイエルダールの仮説にはもうひとつ注目すべき点があった。太平洋の島々に初めて植民した人々についてヘイエルダールは、ただ風の吹くままに流されてどこかから——たとえばアジア、ペルー、カナダのブリテッシュコロンビア州のあたりから——渡ってきたと想定した。「昔のポリネシア人は偉大な航海者だった」という言い方もしたが、彼らの航海術を高く評価していたわけではない。ポリネシア人の航海者としての技量も「外洋航海に耐える船」も、ヘイエルダールは一貫して低い評価をつけていた。それは彼だけではなかった。それまでの2世紀近く、ポリネシア人の航海能力に関して疑問符がつくことはなかった。ところが20世紀半ばに評価が逆転する。ほんとうの意味で航海者だったのか、漂流していただけではないのかという声が強くなったのだ。

航海か、漂流か
アンドリュー・シャープ

1956年、「太平洋の歴史において、きわめて挑発的な研究」を発表したのはニュージーランドの歴史家アンドリュー・シャープだった。著書のタイトルは『太平洋の古代の航海者』と穏やかなものだったが、これまでの常識を打ち破る次のような主張を繰り広げた。ポリネシアの航海者が過去に自らの意志で実行した航海は、いずれも500キロ未満でそれ以上の距離を計画的に航行したことは一度もない、したがってフィジー、トンガ、サモア、タヒチ、トゥアモトゥ、マルケサス、ニュージーランド、ハワイ、イースター島は意図的に植民されたわけではない。

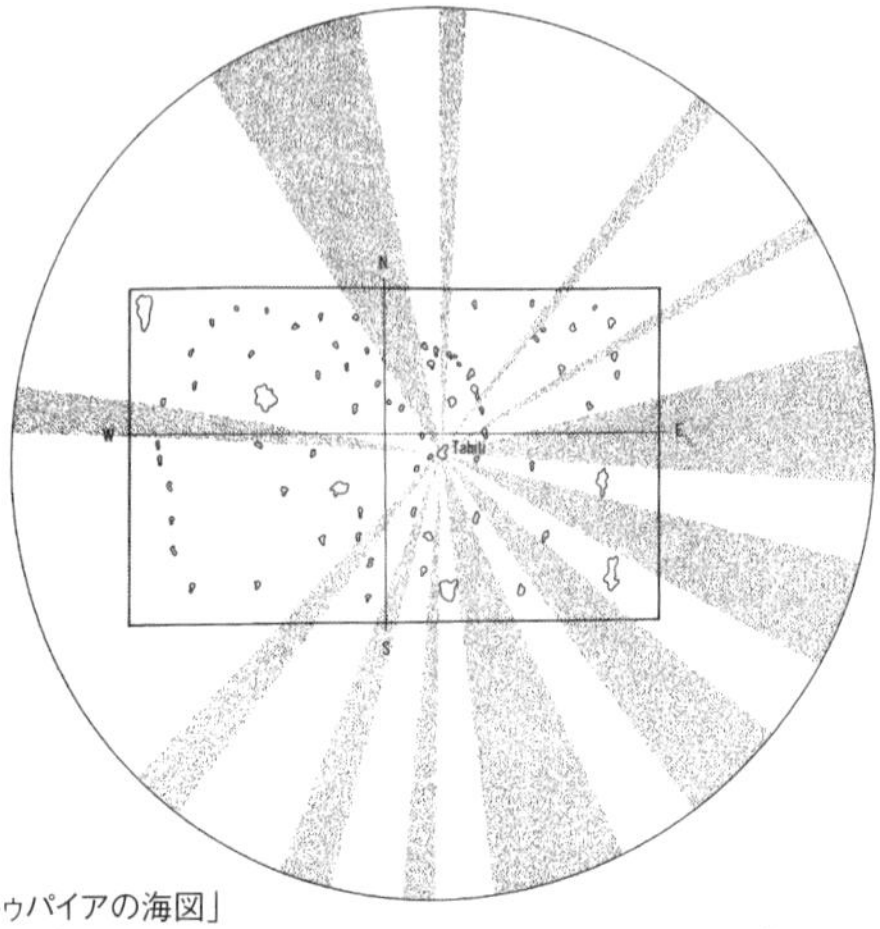

「トゥパイアの海図」
『The Settlement of Polynesia:A Computer Simulation』より
マイケル・レビソン、R・ジェラルド・ウォード、ジョン・W・ウェブ著(ミネアポリス、1973年)
ミネソタ大学出版局

500キロ以内の距離、たとえばフィジー、トンガ、サモアの諸島やタヒチ、トゥアモトゥ諸島の島々であれば計画的に行き来できたとシャープは認めた。目的の島に向かって出発し到着し無事に戻ってくることができると。しかし500キロが限界で、それを超えると思い通りに航行することは不可能となる。なぜなら計器がない。六分儀、羅針盤、時間を知る術がない、となれば外洋で現在地を確かめることができない。海流は目で確かめられず風は変わりやすく、頼りになるのは天体の状況だけ。だが「昼間には星は光らない、昼間は夜よりもずっと長い、太陽はいい道しるべではない」。霧、垂れ込める雲、嵐に見舞われる可能性もある。視界にめぐまれ、それが続くのは「奇跡的なこと」であり、計器のあるヨーロッパ人航海者でも決して油断できることではない。500キロの範囲内であればポリネシア人は「傑出した航海者」の名に値したが、「航海用の計器がなかった時代に自らの意志で遠距離の航海をしたというのはあくまでも神話であり、それを裏付ける証拠はない」。

そう、問題は証拠である――シャープが容認できる証拠はなかったということだ。彼はキャプテン・クックの記録にまで遡って――これはよくある手法――持論を展開している。そこで持ち出されたのはトゥパイアの出会いがあった第一回の航海ではなく、マイというタヒチ人が登場するクックの三回目にして最後の航海の記録だ。マイは1774年にクックに随行していた船の船長に連れられてイギリスに渡り、苦労して生き抜いた（ジョセフ・バンクスのはからいで天然痘の予防接種を受け命拾いをした）。1年後、クックの最後の航海の目的のひとつは、マイをタヒチ島に連れて帰ることだった。

クックの船は現在のクック諸島に立ち寄った。タヒチ島の南と西に広がる諸島だ。アイトゥ島でマイは同郷のタヒチ人４人と出会った。彼らは10年ほど前にタヒチ島から２００キロのライアテア島に向かって船出した。比較的短い航路だったのにどういうわけか目的地を見失い、めざす島から８００キロ近く南西のアイトゥ島を見つけたという。船に乗り組んでいた20人のうち生存者はわずか５人。転覆した船体にしがみついて漂流しているところをアイトゥの人々に助けられ、そのまま島の社会の一員として暮らすようになり、故郷に戻るという考えはまったく抱いていなかった。クックは次のように日誌に記している。「この大海原の島に、大陸からもどんな陸地からも離れた島に、人が最初に住むようになった経緯をこの状況はよく伝えている」。ポリネシアの遠隔の島に最初に住み着いたのは、海で迷子になった航海者であったということだ。

クックが一回目に太平洋にやってきた時にはトゥパイアとの会話をきっかけに発想を転換し、これとはまったく逆の結論を出していた。当時はこんなふうに綴っている。「彼らは島から島へと数百リーグ（約１６００キロ）を航海する。昼間は太陽を羅針盤代わりに、夜には月と星を頼りに。これを証明することができれば、この海域の島々に人が暮らすようになった謎は解ける」

当時、クックは誰よりも博識で彼の観察はもっとも信頼がおけるものだった。それでも彼の言葉を鵜呑《うの》みにしていいかどうかは微妙だ。最初の航海と最後の航海のあいだにクックは長期にわたる過酷な遠征をおこなっている。南方大陸をさがして南極圏にも突入している。１７７７年までの10年間、クックはほぼ途切れなく航海し、故郷から何千キロも離れた未知の海域で何百人もの乗員の命と健康を守る責任を負い、危険な状況にも直面した。三度目の航海日誌を書いたクックは、トゥパイアの島のリストと海図に魅了された頃とはすっかり変わっていた。彼の伝記作家によれば、クックは「疲弊していた。目で見てわかるような肉体的な症状はなかったが、自身で気づかないほどの脳のかすかな鈍化により……発見者としての感覚は……かつてのようにつねに冴《さ》え渡るということはなくなり、他者に対して……打てば響くような共感を寄せることはなかった」。三度目の航海では、クックは以前に比べて頑固で気難しくなり、ものごとに驚嘆し感動する力が弱くなり、ポリネシア人に対し――他の人々に対しても――ものごとを善意に解釈しようとしなくなった。

だがシャープの受け止め方はちがっていた。クックの三度目の日誌の変化は、憶測と推論から客観的な事実への軌道修正であると解釈したのだ。さらに、「信憑性のある記録」――太平洋にヨーロッパ人が到来してからの文書記録――を見る限り、ポリネシア人による計画的な長距離航海がおこなわれた形跡は皆無であるとも主張した。いっぽうで漂流したり、意図せぬ状況で長距離を航海した例は無数にあった。宣教師、捕鯨船員、軍艦の艦長らヨーロッパ人の記録からシャープはポリネシア人の漂流の事例を挙げていった。タヒチ人の集団がサモアの東の島まで2000キロ以上、トケラウスの一家がマンガイアの南東まで1930キロ、アイトゥタキを出たカヌーが5ヶ月ちかく流されて西方のトンガ諸島まで約1600キロ漂流した。

とくにくわしく述べたのはトゥアモトゥ諸島の島から西に約390キロのタヒチ島をめざした3隻のカヌーのケースだ。総勢150人が乗り込んでいた。出発点から270キロの目印であるメヘティア島まであと少しという時、にわかに西から強風が吹きつけた。荒れ狂う風と波に翻弄されて3隻はたがいを見失い、2隻はとうとう見つからなかった。残ったカヌーには48人の男女と子どもが乗り込んでいた。命からがら嵐を抜けて果敢に航海を続けようとしたが、今度は凪となって進めなくなる。

食料と水が尽きて半数は死んだ。ふたたび嵐に突入し「命をつなぐ」雨にはめぐまれたものの、船は出発した島からはどんどん離れ、とうとう無人の環礁に打ち上げられた。思わぬ方向に640キロ流され、めざした場所からは約1000キロ離れていた。

ポリネシアの植民としてシャープが掲げた仮説にぴったりの例だった。目的地を見失い嵐に巻き込まれるという〝予期せぬ成り行き〟であるという主張だ。シャープへの批判では「漂流航海」という表現が使われたが、シャープ自身は「漂流」と「予期せぬ航海」はまったく違うものだと強く主張している。彼はポリネシア人が有能な船乗りでカヌーを巧みに操ると認めていた。ただし長距離、悪天候という場合には現在位置を把握できなくなる。「吹き飛ばされたり……馴染《なじ》みのない海域に入ったりすると航路のリセット」ができない。カヌーで方向を「選択」して進んでいくことはできたが、「広大な太平洋は砂漠同然」で方向を見失い、迷子になる。

迷子の船乗りと漂流者との区別はかならずしもすんなりとは受け止められなかった。シャープは図々《ずうずう》しくも、「ポリネシア人の系譜や部族の歴史がわずかにでも損なわれる心配はない。ポリネシア人の祖先はまちがいなくカヌーでやってきた。ただ、どのような経緯で到来したのかについて、ひとつ訂正が必要なだけだ」などと書いている。要するに、意図して太平洋を探検し、島を発見したのではない、予期せぬ航海ではあったが「その繰り返し」を生き抜いた祖先を誇りに思うべきというわけだ。最後に植民したニュージーランドのマオリはすぐれたサバイバル能力と適応力を受け継いだ人々であり、計画通りに実行する航海士とは言えないとしても「健康で、忍耐力があり、楽観的で、はるか遠くの島の祖先たちと同じように予期せぬ事態を乗り越えて生きてきた」とシャープは持論を展開した。
1956年の発言としてもあまりにも無神経だ。彼の主張に対しては、「オセアニアの暮らしと文化への純粋な理解」ではなく「ヨーロッパ人の心の奥底にいまなお巣くう古くからの偏見」に満ちたものだという批判が出た。マオリの学者ペイ・テ・フリヌイ・ジョーンズはもっと単刀直入だった。「この本のテーマにはまっさきに反感を抱いた。アンドリュー・シャープは最初から私たちポリネシア人の祖先が達成した偉業を貶《おとし》める意図があると感じた」ポリネシア人の航海が「予期せぬ」と表現されたことへの反発は強く、ジョーンズも「不穏当」と判断した。航海の末に島を発見した偉業は「クリストファー・コロンブスの第一回の航海と同じ意図を持っておこなわれた」ものであり「探検の旅」という呼び方がふさわしいだろうと見解を示した。

あきらかにシャープは騒動をおもしろがっていた。1960年代半ばにオークランド大学の学生だった歴史家K・R・ハウが当時のエピソードを語る。歴史の講義をするために招かれたシャープは学生に自己紹介をする際、「きみたちの前に立つ私は、まぎれもなく異端者である」と手を振ってみせたという。「私たちは彼についてなにも知らず、直前にルターの講義を受けていたので宗教改革の話だろうかと思った」と振り返る。歴史専攻の学部生にはピンとこなかったのかもしれないが、当時はシャープの著書が人類学の専門家と歴史家に激論を巻き起こし、それを特集した特別号が3刷になるほどだった。シャープは自著に加筆して新版として発行し、第一版をめぐって「100件を超える批判記事」が掲載され、持論に関して「10人以上と興味深い手紙のやりとりを継続している」こと、

「口頭での討論は2191回」にのぼることを序文で明かしている。しかしそれでも彼は本質的な部分に関して譲歩しなかった。それに値する「事実も論駁《ろんばく》も示されていない」という理由から。

自他ともに認める異端児ではあったが、じつはシャープはそれまで曖昧にされていた重要な問題に焦点をあてていた。彼はポリネシアの歴史を解き明かす際に伝統的な口承は役に立たない、それを歴史の根拠とするのは根本的なまちがいだとする立場だった。「ポリネシア人が伝えたのは物語と詩であって歴史ではない」、航海の話は「神話的で比喩的」な要素——祖先は虹に乗って旅をした、鳥の背中に乗って旅をした、軽石の一片に乗って海を渡った、木をしならせて反動で島から島に移動した——に満ちており、フォーナンダーとスミスのような「伝統主義者」がそこから都合のいい箇所を選んで長距離航海の理論を唱え、残りの部分はよけいな飾りもの扱いして捨てたのは「科学的」でもなければ「客観的」でもないと主張した。

シャープの極端な持論の賛同者は決して多くはなかったが、幅広い領域の人々をはっとさせるものがあった。人類学者と歴史家は、19世紀後半の研究者がポリネシア人の伝統を重んじて理論を組み立てたことを振り返り、見直しを検討するようになった。物議を醸す仮説ではあったが、「多くの学者が思い切って活字にすることができなかった疑念が反映されていた」と、ある人類学者は表現する。

シャープによって水門が開き、それまで標準的な情報源とされていたポリネシアの神話の「正統性」を問う書籍と論文が次々に発表された。フォーナンダーやスミスらは自分の思いや情熱が先走り、裏付け作業は決して緻密ではなかったので、ヨーロッパの学者としてはすみやかに検証作業に取り掛かればいい。当のポリネシア人にとってこの新しい局面は複雑だった。ポリネシアの口承の歴史をより深く探求し、受け継がれてきた知識が歴史的な裏付けとなった経緯やポリネシア人が果たした役割について検証が始まるいっぽうで、古くから伝わる口承の一部すなわち自分たちの歴史の一部が19世紀のヨーロッパ人の「創作」とされたわけで、これは大きな衝撃だった。

クロかシロかという立場を取らない人々もいた。たとえばテ・ランギ・ヒロアは、口承が基本的に詩の形をとるという理由から歴史の情報源として失格と決めつけるべきではない、問題は解釈のしかたであり一語ずつ言葉を追っていくだけでは「それが意味するもの」を見失ってしまうと述べた。半神のマウイが魔法の釣り針でポリネシアの島々を釣り上げたという有名な神話を例に挙げ、実際に海から島を引き上げたわけではなく「太古のポリネシアの探検家が新しい島を発見した事実を、未知という深みから釣り上げたと表現した」と説明した。けれども「正確かつ明白」を追求する勢いにあらがうことはできなかった。20世紀半ばの人類学者と歴史学者はより〝数学的〟な検証方法をもとめ、1964年にそれが実現した。

ポリネシアに最初に植民した人々は海流に運ばれ、風に飛ばされて島にやってきたというシャープの説をめぐって気象学をもとに多くの議論がなされたが、ポリネシアの領域でカヌーがどういう動きをするのかという統計的な検証はまだ手つかずだった。

1964年のある朝、ロンドン大学ユニバーシティ・カレッジの2人の地理学者が朝のコーヒーを手にコンピュータ・シミュレーションの活用法について話をした。どんな問題解決に向いているだろうか。既知の力学に関する問題、変数要素が多く結果を得るために膨大な数のシナリオを実行しなくてはならない、つまり順列パターンが多過ぎて人力では間に合わないというものに最適だろう。２人のうちジョン・ウェブはアメリカから来ていた。もうひとりのジェラルド・ウォードはニュージーランド人。このやりとりの後、ウォードは風呂に浸かってくつろいでいる時にひらめいた。ポリネシア人が漂流して入植したという仮説の検証ならぴったりだ。きちんと設計されたシミュレーションであれば「無条件のイエスまたはノー」とはならなくても、漂流航海だけでポリネシアの島々を発見できるかどうかに迫ることができる。

プロジェクトを実行するには大型コンピュータにアクセスできるコンピュータ・サイエンティストがぜひとも必要だ。そこで人文科学のコンピュータ利用に長年携わっていたバークベック・カレッジのマイケル・レビソンが加わった。レビソンはパウロ書簡についてのプロジェクトの関係者だった。この時期はコンピュータの可能性に研究者が着目してさまざまなプロジェクトに「あらゆる種類の人々が参加した」とレビソンは述懐する。それらのなかには、ひじょうに興味深いものも「あきらかに奇異なもの」もあった。ポリネシア人のケースは前者である。レビソンはプログラム作成とテストを快諾し、地理学者はシミュレーションに必要なデータづくりに取りかかった。

データのおもな内容は、対象となる海域の風と海流の情報だった。太平洋の大部分、ということだ。イギリス気象庁には19世紀半ば以来イギリス海軍と商船が収集した気象関係の図表５０００件あまりをまとめたものがあったので必要なデータをそこから得た。オーストラリア、南米、ハワイ、ニューヨークで囲まれた巨大な領域を緯度と経度それぞれ5度刻みで「マースデンスクエア」のような細かい升目に仕切り、３９２の升目すべてについて風と海流の発生確率マトリクスを組んだ。風は速度

（ビューフォート風力階級の0から9で示す）と方角（羅針盤の方位16のいずれか、そして「無風と不定風」）、海流は8種類の速度（0から7）と羅針盤の16の方位のいずれかで示した。

さらに地理学的な情報も必要だった。９４４の島々と海岸の位置、海上での生存に影響するさまざまな要因についても。バース海事救命委員会の協力で「リスク発生確率表」をまとめた。「食料、水、釣りの装備を備えている船、幸運に恵まれる船、そのどちらでもない船」を想定し、海上に約7週間留まると死亡率が大幅に増加し、25週まで生き延びる可能性は事実上ゼロだった。船に関するリスク――転覆や全壊――は風の影響として予測され、風力階級9以上の場合は「翌日まで生き延びる確率は50％」。

風と海流についての項目約80万種類を登録、入力、磁気テープに保存、チェックというプロセスは「超がつくほど大がかりなタスク」となった。ようやく準備が整い、コンピュータを動かす段階に入ったのは１９６７年だった（構想から3年）。使用するコンピュータは、ロンドン大学が所有する家のふたつの階を占拠していたフェランティ・アトラスである。データのボリュームも負けず劣らず大きく、メインメモリに保存できなかった。当時のイギリスで最速のコンピュータとされているアトラスは引っ張りだこだったため、レビソンが自分のプログラムを実行できるのは深夜だった。「数週間に渡って週に一度、ロンドン郊外の自宅を午前3時に出て車で45分かけてロンドン中心部に行き、プログラムを実行し、自宅に戻るのは5時30分頃だった」と彼は振り返る。その苦労はみごとに実を結んだ。

12万通りを超える航海のシミュレーションがおこなわれた。太平洋のあらゆるポイントから一年のあらゆるタイミングで出発する航海を試した結果、これはという漂流のルートが見えてきた。トンガからフィジー、ピトケアン諸島からトゥアモトゥ諸島、マルケサスからトケラウ諸島など、どれも東から西への移動という共通項があった。逆方向、つまり西から東への漂流はほぼないこともあきらかになった。これにより、ポリネシア人がサモアからマルケサスへ漂流して移動しただろうという説は「完全に否定」された。サモアから漂流してソサエティ諸島に着く確率は700回につき1回未満だった。

さらに、出発点をどこに設定しても漂流では絶対に到達できない島があった。ハワイ諸島もそのひとつだ。1万6000回の漂流を試した。ポリネシア中央部と東部の北端のあらゆるポイントから、さらにライン諸島とマルケサスから出発する追加実験でもハワイ諸島には一人も到着しなかった。実際、ポリネシア中央部と東部を起点として赤道の北側に到達できた航海はほとんどない。クリスマス島（北緯約2度）を出発しても北緯約10度まで到達するのがやっとだった。

さらに、漂流するカヌーがニュージーランドに到達する可能性はほぼないと思われた。熱帯ポリネシアの南端――ニュージーランドに最初に植民した人々の出発点と推測されていた――からの数千の漂流航海でアオテアロア［ニュージーランド］に到着できたものはない。これはニュージーランド人のウォードには驚きだった。かつてプレンティ湾のオポティキのビーチにココヤシの幹が打ち上げられた光景を見ていたからだ。シミュレーションであきらかになったのは、熱帯からニュージーランドに漂流可能なのは唯一、ケルマデク諸島を出発したものだけ。ニュージーランドとトンガの中間に位置する無人の小さな島が連なった諸島だ。

イースター島はポリネシアン・トライアングルを形づくる3点のひとつで、世界でもっとも孤立した島のひとつだ。ポリネシアのどんな場所を起点としても、漂流してイースター島に到達する可能性はほぼゼロだった。南米沿岸からも「事実上ゼロ」といっていい。ただ、ペルー沿岸を起点とする漂流航海をおこなうと、4000回あまりのうち1回という割合で南米沿岸のもっと北あるいはガラパゴスに漂着した。残りは海の藻屑と消えた。これはヘイエルダールのコンティキ号の実験とは矛盾する結果と感じられただろう。しかしヘイエルダールの筏が壮大な旅をスタートするにあたっては、かなり沖まで曳航されたという事実を見落としてはならない。コンピュータのシミュレーションにより、曳航されることは不可欠であったと証明された。シミュレーションでは、南米を出てポリネシアに漂着できた航海は、チリの沖合約720キロのところからスタートしたケースだけだった。

こうした「証拠」がポリネシア人の航海を正しく再現しているとは限らない。そのことは研究者も認めていた。それでもコンピュータ・シミュレーションの結果は説得力があった。漂流航海だけでポリネシアに植民する可能性は限りなく小さく思われた。じつはシャープも、漂流〝のみ〟とは言っていない。人間の意志が反映されていただろうと認めている。そこでウォード、ウェブ、レビソンは「意図をともなう航海」を試してみることにした。めざす方角に向けて舵を取る能力、風上に向かって90度以上の進路を維持する能力を加えて、シミュレーションをおこなったのだ。

するとサモアを出たカヌーが東へと航行してポリネシア東部の島々――タヒチ島、マルケサス諸島、トゥアモトゥ諸島、ライン諸島南部、ノーザンクック諸島――に到達する可能性が高いという結果が出た。一握りのカヌーはさらにパナマとコロンビアの沿岸にまで達した。またマルケサス諸島を出て北北西に航行してハワイ諸島に到達することも可能だった（8・5％の確率で）。ラロトンガを出て南西に航行すればほとんどの場合、ニュージーランドに到達できた。研究者はポリネシア人の航海についで結論をまとめた。漂流だけで植民する見込みはないが、「ポリネシアン・トライアングル内および周囲の大海原を、風上に向かう能力の乏しい船で、ごく限られた航海術で、生存可能な日数内で航行することはじゅうぶんに可能である」と。ポリネシア人の航海の水準から言えば、楽々と越えられるハードルだ。これでひとまず、ポリネシアの島に到達するには航海術と船を操作する技術が必要だったかどうかという議論にはこたえが出た。定量的で客観的な手法から得た結果だけに、異議を唱えるのは難しかった。

探偵は安楽椅子から立ち上がる
デイヴィッド・ルイスの実験

ポリネシアの島に植民するには「なんらかの航海術」が必要だったと言われても、具体的な内容は不明だ。最初にポリネシアに渡ってきた人々はどんな方法で航海したのだろうか。どういうノウハウを、どんなカヌーを使えばそれが可能だったのだろう。ウォード、ウェブ、レビソンによるシミュレーションは「証拠が見つからず八方ふさがり」になっていた議論に風穴をあけた。ただ、コンピュータのシミュレーションは航海の〝詳細〟まではこたえてくれない。それを確かめるにはもっと別の方法が必要だった——たとえば航海を再現する、という方法が。

探求は新たなフェーズに入った。ある関係者が

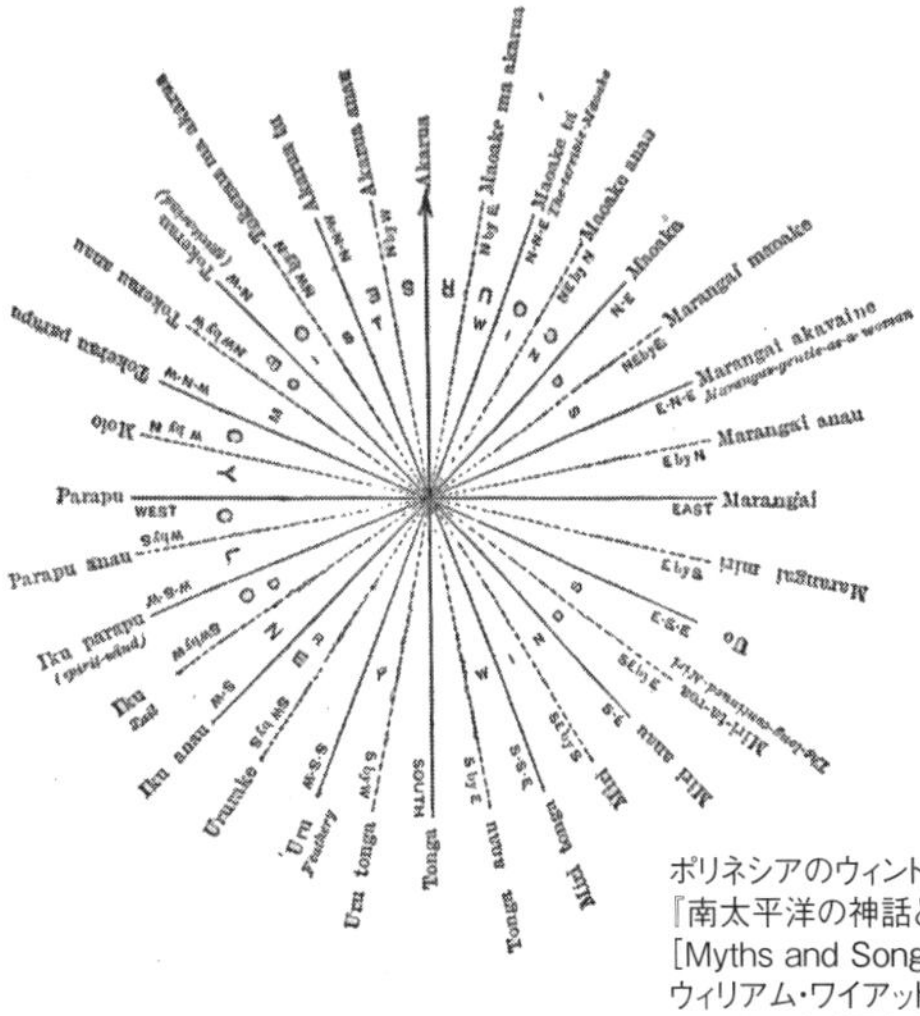

ポリネシアのウィンドコンパス、
『南太平洋の神話と歌
[Myths and Songs from the South Pacific]』
ウィリアム・ワイアット・ギル著（ロンドン、1876年）より
ハーバード大学図書館所蔵

「大部分の学者は陸者」と記しているように、19世紀半ば以来ポリネシア人の航海について見解を発表したほぼ全員が、いわば安楽椅子探偵だった（トール・ヘイエルダールはあきらかに例外だ）。それが1960年代と70年代に大きく変わった。挑発的な主張をしたシャープに好敵手があらわれたのである。医師で船乗りのデイヴィッド・ルイス、イギリス生まれでニュージーランド育ち、子どもの頃にクック諸島で暮らしたこともある人物だ。ポリネシアの海の男たちに昔から興味津々だったと思い出をまじえてルイスは語る。「月夜の晩にパレオだけを巻きつけて友人とともに赤く熱い砂をつま先立ちで進み、ラグーンで男たちがウトゥ［野生のバナナ］の毒を使って魚を獲るという禁じられた行為を黙々とおこなうのをこっそりと見ていた。ヤシの木陰にまぎれてフラの踊りも見た」

第二次世界大戦後にルイスはロンドンで医師として開業したが、1964年に臨床を離れ、一家揃って――3歳と4歳の娘ふたりも――世界一周の航海に出た。乗り込んだのはレフ・モアナ号（オーシャン・スプレーを意味するマオリ語）というカタマランだった。ルイスはヨットマンとしてすでに大西洋単独横断を三度成し遂げていた。今回はある目的を抱いて航海に挑んだ。古代のポリネシア人の航海術とされている方法をいくつか検証しながら太平洋を横断しようというのだ。太平洋の先住民族の航海についてはこれまでの「安楽椅子探偵の手法」では限界だと考え、「大洋の航海術を海面の高さで検証する」と意欲を燃やしていた。

ニュージーランドの最初の植民者がたどったとされるルート――ソサエティ諸島を起点としてクック諸島を経由する――を計器を使わず「星と太陽を見ながら」到達できるか試した。「受け売りの知識と素人の技術」ながら、驚くほど正確に航行できたことに誰よりもルイス自身が驚いた。ラロトンガからニュージーランドまでは約3500キロと、もっとも長い行程だったが、実際の到着地は目標地点からわずか約42キロ、緯度で0・5度未満のずれに留まった。それからの3年間、ルイス一家を乗せたレフ・モアナ号の航海は続き、太平洋の絶海の島嶼《とうしょ》をめぐった。すると、海図やコンパスなど現代のツールに頼らず伝統的な航法で航海する船乗りがまだ島にいることがわかってきた。これはルイスには大きな驚きだった。

1968年、ルイスはオーストラリア国立大学特別研究員となった。「太平洋をめぐって古い航法を知っている島民をさがすことがゆるされるとは、なんとも異例の待遇だ」と同僚のアメリカ人は彼の立場を羨んだ。ルイスは20歳の息子を連れてケッチという2本マストの小型の縦帆船〝イスビョン［北極くま］〟号に乗り込み、伝統航海術を実践する船乗りを見つけ出し、一緒に航海した。サンタクルス・リーフ諸島出身のテヴァケという人物もルイスに航法を伝授したひとりだ。サンタクルス・リーフ諸島は正式にはメラネシアでありポリネシアン・トライアングルの外に位置するが、人々はポリネシアの言葉を話し、ポリネシア文化の特徴が見られるのでポリネシア域外をあらわす「アウトライアー」と呼ばれる。ポリネシアの最初の移住者がここを通ったためだと以前は考えられていたが、いまはポリネシアのサモアなどから西に移動した――漂着も含め――人々が定住したのだろうと理解されている。ちなみにウォード、ウェブ、レビソンのコンピュータ・シミュレーションではアウトライアーに漂着する可能性はひじょうに高い。

ルイスによればテヴァケは「出会った時には年老いてシワもあった……一緒に航海した初めてのポリネシア人航海士であり、最高の船乗りのひとりだった」。テヴァケは全盛期には最長約515キロもの距離を航海し、ティコピアとバヌアツにも行った。彼の全長約9メートルのアウトリガー・カヌーはずいぶん前に壊れてしまっていたが、「高齢にもかかわらず……活発に島から島へと移動していた」。ルイス親子はミクロネシアではカロリン諸島プルワット環礁出身のヒポアという航海士に出会い、ともに航海した。ギルバート諸島ではイオティエバタらに教えを乞うた。ルイスは時間をかけて少しずつ情報を集めた。ポリネシア西部の島々、ミクロネシア、メラネシア、インドネシア、アラスカ、ロシア極東部でも（情報を与えてくれた人々は「断じて情報提供者ではない」、彼らは自分にとって師であり、自分は彼らの弟子であったとルイスは述べている）。

そしてあきらかになったのは、大方の予想に反して古代オセアニアの人々の海に関する知恵は失われていなかったという事実だ。それは「モザイクの断片を埋め込むように島々に四散している……もう一度もとの姿に戻るのを待っているかのように」。しかも太平洋という広大な領域で、伝統的な航法術と基本的な考え方はみごとに一貫性が見られた。すべての事実を積み重ねれば、「かつて太平洋全域に共通する」航海術が存在した――地域ごとに多少のちがいはあっても――ことはまちがいない。ルイス自身はもともとひじょうに慎重だった。ミクロネシアのぽつんと離れた環礁と太平洋の他の領域で同じ技術が使われているという発想はあまりにも安易だと。しかし、星とその軌道の詳細な情報、位置を確認するためのすぐれたコンセプト、陸地を見つけるための多様なテクニックはどう見ても共通している。西洋の概念に移し替えて理解できるものもあったが、いわゆるヨーロッパ的な見方や考え方ではたどり着けない判断のしかたもあった。

ルイスの慎重さは、受けた教育や文化的背景から考えれば当然であったが、それでも納得せざるを得なかった。身をもって体験したことやじかに聞いた話から、太平洋の島民は大海原を横断して未知の島に上陸し、そこから故郷に戻るための船と知識と技術を持っていたことを、ルイスは確信するようになった。

*

結論だけを見れば、ルイスの主張はきわだって独創的だったとは言えないかもしれない。だがそこに至るまでの方法は斬新だった。太平洋で出会った航海士に自分の帆船をまかせ、彼らの手法を検証した。彼らは五感と頭のなかの知識だけを使って船を操った。ウェイファインダーとも呼ばれる彼らがどのように針路をとるのかをルイスは見ていた。一連の星が水平線からのぼるポイントと沈むポイントを使って方向を維持した。島から島への「星の道《スター・パス》」だ。順調に進むにはひと晩に約10個の星が必要だが、5個しか使えない場合もあった。曇っている晩でも熟練のウェイファインダーは空を知り抜いていたので、ひとつあるいはふたつの星で正しい方向を判断したとルイスは記録している。

ヒポアとともに航海に出た最初の晩の記録では、ヒポアはまず沈んでいくプレアデス星団［すばる］をめざして進み、星団が雲に隠れてしまうと今度はのぼってくるおおぐま座を片側に置いて索具の一部に位置を固定させ、操舵室の端と北極星を重ね、「沈んでいくポルックス［ふたご座のβ星］を右舷《うげん》船首の上のあたりに見ながら」進んだ。いきなり「奇妙な星があらわれて私が驚くと、ヒポアはにやりとして意外にも英語で『サテライト』」と言った。

計器を使わない航海術は伝承された星の知識を基盤としている。だがシャープがかつて指摘したように、星が見えるのは夜だけだ。日中は別の方法が必要となる。早朝と夕方（それ以外は太陽の位置が高すぎる）、そして正午（マストの影が北と南を教えてくれる）には太陽の位置を使って針路を維持した。さらに西洋人にはあまりなじみのない重要な技術もあった。彼らは海のうねりを読んだ。うねりと波とは別物だ。波は風が起こす狭い領域での現象であるのに対し、うねりは遠くで生まれた波がそれを引き起こした風を越えて移動してくる現象を指す。南太平洋で東から西へと吹く貿易風のように永続的な気象のパターンがつくりだすうねりは重要だ。波長が長く「ゆっくりとした起伏」で船を通過する傾向がある。見分けがつきやすいというわけではない。どの瞬間を取っても「多様な高さ、長さ、形、速度で多方向から移動してくる」波とうねりが複雑に混じり合った状態となる。

ルイスは世界の海で長らく航海してきたが、波とうねりの多様なパターンをきちんと見分けることができず、教わることがたびたびだったと打ち明ける。テヴァケとの航海では、南東からの「長いうねり」と東北東からの「うねり」が「左右の手の指を組み合わせるように交差して」船を通過したと説明された。目で見るというよりも船の動きの変化を感じとるのだという。船のどの部分と最初に出会い、上下左右にどのように揺れるのか、あるいはジェットコースターのように螺旋《らせん》状に激しく揺れるのかを。またテヴァケによれば、アウトリガーの底に横になるとカヌーの縦横の揺れがはっきり感じられるので複数の力が入り交じったうねりを解読できるという。ルイスは「島のベテラン船長」から「もっともバランスに敏感なのは人間の睾丸《こうがん》」と教わったそうだ。

太陽、星、うねりに加えて風も利用された。ただし外洋では風向きがよく変わるので、舵をとる上では正確なめやすとはなりにくかった（ルイスによればラロトンガからニュージーランドへの航海で風向きは64回以上変わった）。ウィンドコンパスはポリネシア東部で生き残っている数少ない伝統航海術だ。19世紀前半にはいくつかの島で記録されている。これは体系化された知識で、モノがあるわけでも、なにかに書いてあるわけでもなかった——ヨーロッパ人宣教師が図案化した。少なくともいくつかの島では水平線上に穴が複数あるというイメージで使われていた。「大きい穴もあれば小さい穴もあり、風の神ラカとその子どもたちはそこから息を吹き込んで風を起こすのが大好き」という。

ここまでは西洋人にとって、再現できなくても理解できる技術だ。しかしヨーロッパ的な思考の枠ではどうにも歯が立たない航海術がルイスの記録に残されている。１９７０年代前半、人類学者のウィリアム・アルキレとトーマス・グラッドウィンが記録したのが唯一の証拠と思われる。知的探究心をいくら発揮しても届かないものがこの世にはある。それを痛感させられる技術だ。

陸地が見えない大海原で進むべき航路から外れることなく長い航海をおこなうために、カロリン諸島の航海士は〝エタク〟というシステムを使う。出発地と目的地の中間あたりに「指標となる島」——たいていは実在するが、空想上の島の場合もある——を進路の片側のずっと先に置く。旅の行程が進むとともに指標となる島は星の道《スターパス》の下で動く。カヌーそのものは動かない。むろん、実際にはカヌーが移動していると航海士は承知しているのだが、彼らはこうして航海を概念化する。進む距離、移動速度、移動中のカヌーと出発地と目的地と星との位置関係など必要な情報すべてで構成されるマップを区分、つまり「エタク」ごとに頭のなかにつくっておく。基準島が星ごとのスターパスを通過するとともに区分がひとつ完了する。

人類学者のグラッドウィンは「プルワット島のカヌーで夜、航海している」状況を想定し、この方法で航海する気分をみごとに描写している。

雲はなく星が出ている。陸地はまったく見えない。私たちが乗ったカヌーはさながら小宇宙といったところか。男たちは腰を下ろして話をしたり、少し身体を動かしたりもする。カヌーの両側の海面はするすると流れていく。波が立ち、泡が航跡を描き、闇のなかに見えなくなる。頭上には星がまたたき、それぞれの居場所を守っている。星は定められた軌道に乗って空を横断して消えていく。そして必ず所定の位置からふたたびのぼる。カヌーの旅が何日続こうと、星はいなくなったりしない。居場所も変わらない。夜ごと、水平線から出て軌道に乗って水平線に沈む繰返しだ。何時間たっても、何キロ分もの海面が流れていっても、頭上では星が見守っている。航跡の先の出発した島は遠ざかっていき、めざす島は近づいてくる。どちらの島も目で見ることはできないけれど、まちがいない。私たちの両側には近くにも遠くにも、前方にも後方にも島がある。小さなカヌーをすべてが通り過ぎていく――夜の星と昼間の太陽以外はなにもかも。

広大なまるい海のなかでカヌーは静止し、海面とすべての島が通り過ぎていくイメージはポリネシアで受け継がれる物語そのままだ。海に浮かぶ島、さまよう島、特定の場所や時刻にあらわれて消える島、ロープで縛って海の底につながなければならない島など、物語に登場する島は位置が定まらず、自在に動く。遠くからは雲や霧のようにも見える。島が水平線上に浮かび、夜の風で飛ばされるという物語もある。

オセアニアの航海術を形成する最後の1ピースは、陸地を見つけるための多様なテクニックだ。「目標を拡大する」とも表現されるテクニックで、たとえばルイスは師匠から、島は「航海士の親友だ」と教わった。低島が約16キロの距離に見えるならアジサシとクロアジサシ――陸鳥で夜には島に戻る――はその2倍の距離の範囲まで飛ぶ。カツオドリは夕暮れに「水平線に向けて低く矢のように一直線に」飛び、陸地から80キロのところまで行く。グラッドウィンの記録には航海士のヒポアが鳥について「愛情あふれる」言葉で語った様子がある。一日の終わりに家路につく「一羽のカツオドリが海上でカヌーに出会い、そこでぐるりと向きを変えてカヌーの上で旋回を始めた。カヌーに止まりたがっているようだった。空が暗くなるまでそうしていたが、ようやく名残惜しそうにカヌーを離れ、まっすぐ陸地に向かった」。どんなにぼんやりした航海士でもカツオドリの愛らしさに魅了され、「正しい」航路へと導かれるのだとヒポアは説明したという。

島の伝承の他に、雲の伝承もある。雲は島の上にさしかかると「ぴたりと止まる」ようになり、島を通り過ぎたとたんいきおいよく動いていく。島の上空の雲は海上の雲よりも「明るい」。島の上の雲は海上の雲と変わらないように見えても、よく見ていると海上の雲は消えたり移動したりするのに対し、島の上にそのままずっと浮かんだまま形を変え続けたりする。ある航海士はルイスに、穏やかな天候の時に水平線上の低い位置に「一対の眉毛」のようなふたつの雲、あるいは縦長のV字型の雲が見えることがあり、どちらも陸地がある印なのだと語った。雲の色についての伝承はよく知られている。陸地やリーフの上にはピンクがかった雲がかかり、ラグーンの上の雲は緑色と言われる。ルイスがギルバート諸島の航海士イオティィエバタと航海した折りには、タラワ環礁に近づくにつれて雲の下側部分がはっきりと緑色になっていった。しかしイオティィエバタがそのことにまったく触れないのでルイスが不思議に思ってたずねると、ややためらいながらこう言ったそうだ。「この緑色のことを言って気を悪くしたり、無礼だと思われたりするかと思った。相手は航海士だ。ヨーロッパ人がこのあきらかな兆候に気づいていないはずがない！」

陸地を示す兆候は、「下から上への発光」もある。ルイスはこれを「青白い光の柱」と表現している。通常の生物発光とは異なる謎めいた現象で「水中発光」と呼ばれ、いまなお物理学者にも説明がつかない。また陸地の兆候として島民は「海の道標」も挙げる。ネズミイルカなどの生き物が餌を食べようと集まってくる場所だ。靄が立ち込めて視界が悪い領域、渦、波がぶつかるところ、海面の輝く筋、サメやクラゲが集まる場所、異なる海流が合流して漂流物が筋を描くように集まるところなどだ。

最後に「波の水先案内」というテクニックがある。うねりを読む技術を使うが、陸地の近くでは波の反射と屈折の両方が起きて、お互いが干渉して複雑なうねりのパターンをつくり出す。マーシャル諸島では島々の位置をココヤシの葉柄と貝殻でつくったスティック・チャートであらわす伝統がある。これは海図と表現されることもあったが、マップやチャートとはわけがちがう。熟練の航海士がコンセプトを教えるために使ったツールであり、記憶を助けるための装置だ。航海中に海上で頼りにするものではない。「航海中に参考にするのは恥ずべきこと」と、マーシャル諸島を調査した人類学者は記している。

オセアニアの伝統的な航海術は口承による知識が主体で、ミクロネシアのスティック・チャートのような具体的なものはひじょうに少ない（航海士が記憶している情報量はおそろしく膨大であるとルイスは強調している。詠唱している時に邪魔が入ると集中力が切れて、最初からもう一度始めなければならない場面もあったという）。こうしたスティック・チャートがはたしてこの地域独自のイノベーションなのか、それとも他の地域ですでに失われてしまったのかはわからないのだが、はっきりしているのはヨーロッパの地図作製とはまったく別物であるということだ。ルイスが指摘したように「ヨーロッパ人にはこうした現象（うねりや波と島との関係）を具体的にあらわす方法がない。基本となる考え方を知らなければ、あらわしようがない」。

いま紹介した陸地を見つけるテクニック、それに加えて水温、水の色、浮遊物などを合わせると島を見つける確率は2倍にも3倍になる。群島であれば「面」としてあらわれるので熟練の航海士は嫌でも気づくはずだ。ウォード、ウェブ、レビソンはコンピュータのシミュレーションを設計する際にこうした要素を多少考慮に入れており、トゥパイアの海図の島の配置には「面」としてあらわれる兆候が反映されているのではないかと興味深い指摘をしている。トゥパイアが熟知しているタヒチの周囲の海は実際よりもはるかに濃い密度で島が配置されていた。そこに描かれていたのは、現実の島というよりも島の存在を示す数々の手がかりであったのではないか。海図が正確かどうかというよりも、海には島がたくさんあり、「ひとつ見つけ損ねても、別の島が見つかる」と航海士は考えていたのではないか。

伝統的な航海術についていくら書き連ねても、〝体験〟そのものを伝えるのは難しい。この航海術は個々のテクニックを繰り出すというものではなく、すべてが「ひとつ」であり「星、うねり、鳥などから得た情報を、それまでの訓練と実践で血となり肉となったものに通し、現在地を的確に認識する」——やはり難しい。何千年も前から海で生き、海と共生し、海に生かされ〝島〟と〝海〟を知り抜いた人々が文化として受け継いできたものが基盤にあるということを忘れてはならない。

「プルワット島の人間が海について話す時、それは形のない水の広がりを指すのではなく、たくさんの島の間に伸びる海路の集まりを意味する。彼が海として理解しているものは、こうした海路すべての集合体なのだ」とグラッドウィンは述べている。それを理解すれば、プルワット島はもはや「ぽつんと存在する陸地ではない。海路で結ばれたいくつもの島のひとつ」である。ある環礁で暮らす住民は、水平線の先に「小さな島々で構成される世界がある……島はそれぞれ、広大な海に居場所が決まっている」のだと知っている。たとえそこに一度も行ったことがなくても。

海は行く手を阻むものではなく通路であるととらえ、水平線の向こうから次々に島があらわれると自信を持って語れるとはどういうことか。リモート・オセアニアに最初に植民した人々がもともと暮らしていたのは、たくさんの島があり、それも互いにあまり離れていない領域であったなら自然だ。東南アジア島嶼部の「島の保育園《アイランド・ナーサリー》」とも言われるあたりで暮らしていれば、そういう感覚が育まれていったかもしれない——釣り針、アウトリガー、航海術が自然と編み出されていったように。だがそれだけで説明がつくわけではない。初期の移住者にとって島は「あってあたりまえ」だったかもしれないが、海路を進めば進むほど陸地はなくなり、延々と海が続くことになる。

ここでもう一度、〝どのように〟だけではなく〝なぜ〟と問いかけたくなる。航海に乗り出す動機は、価値あるものを手に入れる、交易、社交上の訪問、復讐、自暴自棄、強い欲、征服願望、戦争など、ポリネシアとミクロネシアの口承で数多く語られている。これに〝冒険への愛〟を加えたのが19世紀のロマン派であり、人類学的な観点から伝統的な航海術を研究する人々にはそういう傾向が強い。ルイスは「オセアニアの人々はいまも放浪にあこがれる気性を持ち続けている」と述べている。グラッドウィンの言葉も紹介しよう。プルワット島ではタバコやアオウミガメを手に入れるといった名目で遠い島に航海に出るが、「たいていは遠くまで航海することそのものが目的」であった。遠くへの旅は――いまでも確実に――心躍ることであり、選ばれた人間であると見せつけることができる。時には、やむを得ず船出することもあるだろう。そしてまた、海の民にとって遠くへの旅は、まちがいなく始まりと終わりを意味するものであった。死者の魂は旅に出るという言い伝えはポリネシア全域にある。ポリネシアの外れのティコピア島では、海で命を落とすことは「甘美な埋葬」と言われた。ルイスは1970年に、長年の友で師と仰いだテヴァケが消息を絶ったと知り悲しんだが、驚きはしなかった。テヴァケは「ティコピアの人間らしくカヌーで海に出て行き、どこにも到着するつもりはなかった」のだと、彼を知る人々は語った。

ホクレア号
タヒチへの航海

航海を実際に経験しようと考えたのはデイヴィッド・ルイスだけではなかった。太平洋の先のカリフォルニア州でも同じような試みがおこなわれていた。1965年、ベン・フィニーという人類学者がポリネシアの伝統的なダブルハルのカヌーの再現に取りかかった。遠洋航海に使われたカヌーである。フィニーは金髪で細身のカリフォルニアっ子でレーシング・カタマラン――ポリネシアの船の「現代の子孫」――で航海した経験があり、ハワイ大学のケネス・エモリーの教え子だった。古代ポリネシアの航海術、伝統的なポリネシアのカヌーの航海能力に疑問符をつけたアンドリュー・シャープの主張にはル

航海中のホクレア号、『ポリネシア航海協会アーカイブ』より
ハワイ、カメハメハ・スクール所蔵

イスと同じく憤慨していた。構造的に脆弱《ぜいじゃく》である、水没しやすい、風上に向かって航海することはおそらく不可能という シャープの指摘は「すべてとんでもない」とフィニーは反発している。しかし航海能力があるかどうかは、まだ誰も確かめたわけではない。ポリネシアの海域で航行する姿を、何百年間も誰も見ていないのは事実だ。そこでフィニーはカリフォルニア大学サンタバーバラ校の教え子の学生に協力してもらい、一隻のカヌーを建造した。

完成したダブルハルカヌーは全長約12メートル、重量は1・5トン近く。「うねりを滑るように越えていく」姿から、熟練者を意味するナレヒアと命名された。18世紀の探検家が残したポリネシアのカヌーの素描をもとに、ファイバーグラスやオークの集成材など現代の素材をつかって建造された。目的は航海能力を試すこと。フィニーは次のように記している。「いろいろと試し……帆走し、得た知見をもとにさらに大きなカヌーを建造してハワイからタヒチに帆走し、ふたたびハワイに戻ってくる」(タヒチを選んだのは、ハワイの伝説と詠唱にはハワイとカヒキ――タヒチのハワイ語での名前であり、遠くの謎の陸地や、さまざまな祖先と魔術師と神の住処を指す名前でもある――を船で行き来する内容が多いため)。

ナレヒアは設計上の不具合もあり、結局タヒチには行かずに終わった。ハワイの古いカヌーの外観を参考にしたU字形のハル[船体]はあまりにも浅く、風上に向かうと「おそろしいいきおいで横滑り」した。しかしフィニーはあきらめるつもりはさらさらなく、1970年代前半にホノルルに戻り、やはりカヌーに関心を抱いていた2人と組むことになった。ひとりはトミー・ホームズ。ホノルルの有名なハオレ(白人)一族で、サーファーでカヌーも操る。もうひとりはハーブ・カネというハワイの画家。ポリネシア人の航海をロマンティックに描いてハワイで高い人気を誇っていた。3人はNPO団体ポリネシア航海協会を設立し、「パフォーマンス・レプリカ」を建造して進水させ、タヒチとの往復をすると目的に掲げた。

カヌーの名前は、ホクレア（喜びの星）と決まった。ハワイ諸島の天頂にある星アークトゥルス［うしかい座の一等星］のハワイ語の名前だ。ホクレアは全長約18メートルとナレヒアよりも大きく、多額の建造資金を必要とした。最初の見積額は30センチあたり1000ドル、総額は現在の貨幣価値に換算すると約35万ドルだ。フィニーは「『実験考古学』における試作」というプロジェクトで研究助成金を申請し、ホームズはホノルルのエスタブリッシュメントから援助を募り、カネは何千枚ものポスターを刷って販売した。さらに『ナショナルジオグラフィック』誌から出版権、ドッド・ミード&カンパニーからフィニーの本の企画の前払金を調達した。また1976年に実施予定のこの冒険的なプロジェクトはアメリカ合衆国建国200年祭記念事業に指定され、多額の補助金を得ることができた。

ホクレアの航海の目的は、当初からふたつ設定されていた。第一に、伝統に忠実に建造した船の航行能力を調べる。もうひとつはハワイの人々の古代史に再び光を当てることだ。フィニーはカヌーの実験的な側面に時間と労力を注いでいたが、ハワイ人にとってこれがどういう意味を持つのか、よく理解していた。彼がカヌーのプロジェクトを考え始めた1950年代後半、ハワイ文化への関心は当のハワイの人々の間でも高いとは言えなかった。1970年代にはそれがまったく様変わりしていた。70年代前半、ハワイの人々に新しい意識が芽生えていたとルイスは語る。世界中で脱植民地化と先住民の権利獲得運動が高まり、ポリネシアも例外ではなかった。英語だけを話していたハワイの人々がハワイ語を学び、フラを学び、ハワイ大学ではハワイの研究が正式な学問分野として認められた。また第二次世界大戦直後から米軍の爆撃訓練場に使われていたハワイ諸島のカホオラウェ島をめぐって活動家が闘争を繰り広げるなど土地をめぐる動きもあった。

カネが本土の中西部からハワイに移り住んだのも、こうしたハワイ文化復興運動と連動している。だからこそ象徴としてのホクレアの力を強く信じていた。「カヌーは古代の文化の主役だった——文化の心臓はまだ脈打つのを止めてはいない。主役であるカヌーを再建し、よみがえらせ、海を走らせれば、きっと新たな活力を生み出すと考えた」とカネは語ったという。カヌーがハワイ人に与えたインパクトは彼の予想をはるかに超えていた。ホクレアはタヒチに航海する準備としてハワイ諸島の島々を訪れた。ビッグアイランド［ハワイ島］のホナウナウ湾に錨を下ろすと、あまりにも大勢の人がホクレアを見ようとやってきたので「島が傾くのではないか」とカネは思ったそうだ。「どこもかしこも人で埋め尽くされて岩も見えないほどだ。皆、じっとしている。手も振らない。座り込んでただただカヌーを見つめている」。来る日も来る日もこの状態が続いた。「顔ぶれは変わっても依然として群衆がそこにいた。行く先々で同じことが起きた」

ただ、熱狂が高まれば高まるほど浮き彫りになる負の面もあった。ハワイ文化の復興を祝うことで、その文化をかつて抑圧した力を改めて意識させられた。ハワイ人を二級市民、三級市民に貶め、権益を獲得したよそ者への怒りを、ハワイアン・ルネッサンスはあぶり出した。ホクレアのプロジェクトはハワイ人だけのものであるべきだ、ハオレは一切関与すべきではない、乗り込むことはゆるされないという意見が、少数ながらハワイのコミュニティではっきりと出るようになった。「カヌーへの誇りと取り戻したプライドから独占を主張するようになるとは、誰も予想していなかった」と、初期の乗組員のひとりが振り返る。乗組員のうち、カナカマオリ（真のハワイ人）である者が責任者になるべきと感じる者とプロジェクトのリーダーの関係に少しずつ亀裂が生じた。特に怒りの矛先が向けられたのはフィニーだった。よそ者でハオレというだけではなく、「欧米の科学者然とした教授であり、航海を『実験』ととらえ、文化復興の夢を叶えるカヌーとしては見ていない」と敵対視されたと、後に解説する者もいた。

ホクレアの船長にはニイハウ島出身のハワイ人カウィカ・カパフレフアが任命された。経験豊富な船乗りで流暢にハワイ語を操る彼のおかげで、両者の断絶はまぬがれた。しかし重要なポジションに誰をあてるのかが問題だった。ハオレの科学者でもハワイ人でも務めることができない、航海士の役割だ。伝統的な航海を可能な限り正確に再現するのが実験の目的だ。つまり伝統的な船を再現し、伝統的な方法で航海するというふたつの条件を満たさなければならない。それを実現できる人物はポリネシアのどこにも見つからなかった。そこでフィニーがデイヴィッド・ルイスに相談するとカロリン諸島でさがせばどうかと提案された。最終的に協力を約束してくれたのがサタワル島の住民、ピアス・ピアイルックだった。物静かで冷静沈着な40代の人物である。

ピアイルックはマウという通称［勇敢な、という意味］でも呼ばれ、カヌーづくりのベテランで有名な航法師の孫だった。ミクロネシアの環礁で育ち、すべての知識を伝統的な方法で――「海の話」に耳を傾け、師を見て、海と空を観察して――学んだ。マウこそまさに正しい伝統を受け継ぐ者とハワイ人の多くは感じた。「マウは特別だった……ふつうの人とはちがっていた——誰よりも多くを知り抜いていたのだ」。当のマウはプロジェクトにおける自分の役割をよく理解していた。「あの旅は、祖先がかつて知っていたことを人々に示すためにおこなった」と彼は語っている。

1976年5月1日、ホクレアはマウイ島を出帆した。出港の直前、マウは乗組員に海上ではいかに行動すべきかを説いた。「心配ごとはすべて出発の前に捨てなさい。厄介事すべてを陸に置いてきなさい」。海に出れば「陸とはまったくちがう行動を取ることになる」。どんな時でも乗組員は船長の命令に従い、「食べろと言われたら食べる。飲めと言われたら飲む」。3週間や4週間はまったく陸地が見えないだろうから「持参するものだけで生き延びなくてはならない……ひとりひとりがこのことをよく覚えておくように」。そしてこう締めくくった。「その末にめざす場所をこの目で見ることになる」

カパフレフア船長と航法師のマウ、マウの航海術を記録するルイスが乗り込んだ。トミー・ホームズも乗組員のひとりとして乗船し、動物の世話——ブタ、イヌ、「適切なサイズのモア」（ニワトリ）——と、多様な木、苗、挿木、根——湿気のある苔《こけ》に包み筵《むしろ》でくるみ、さらにタパでくるんで海から守っていた——の世話をした。メオタイという約20メートルのケッチが伴走船として同行した。万が一の事態に備えるために、そしてホクレアの位置の詳細な記録を取り、後日、マウの日々の判断と比較するために。

最大の課題は、東側のルートを維持しながらの南下だった。出発地のハワイはタヒチの北方420

0キロ、そして約800キロ西に位置している。タヒチへの往路は東から風を受け続ける――赤道の北では北東から、南では南東から吹く。これに西に向かう波が加わると、難しいことになる。フィニーの記録によれば、「カヌーの速度を落とさず、できるだけ風上に進む戦略をとる。なるべくスピードを落とさず可能な限り風上へと航海する……そして東側の位置をできる限り保つ」ことをめざした。タヒチの緯度に達した時、想定よりもカヌーが西に位置すると風上に向かって目的地に進まなければならない。それは避けたい。

　マウの航海術の知識について懸念されたのは、彼にとって今回の航路はまったくなじみがないという点だ。ルイスは次のように書いている。「中世のタヒチやハワイの航海士であれば、ハワイとタヒチを結ぶ航路について知り抜いていただろう。ちょうどピアイルックが自分の島と近隣の諸島を結ぶ航路についてなにからなにまで知っているように」。航路のめやすとする星の道《スター・パス》、予想される風と海流、一日に進むだいたいの距離も見当がついたはずだ。何もかも知り尽くした近所を行き来する程度のことだっただろう。だがマウは太平洋のまったく別の領域からやってきた。ずっと西の、空も海も気象のパターンもまったくちがうところから。航海の経験が豊富でも、今回の旅の行程で通過する緯度の一部しか知らないのでは、航海するにあたって致命的にもなる。たとえば北半球のカロリン諸島の航海術ではつねに目立つ北極星が大事な目印だが、赤道を越えると北極星は見えない。つまりマウは南半球に入ったとたん、空の重要な基準点を失う。やむを得ないこととはいえ、地理的な知識が空白では困る。これを助けるのがルイスの仕事だった。ビショップ博物館のプラネタリウムをマウとともに訪れたのも、その一環だ。投影機で星を映し出してカヌーが北半球から南半球に進むにつれて夜空がどう変わるのかをシミュレーションした。ルイスによれば「これで知識を補完し、マウは航海のための戦略づくりに取りかかった——必要なエタク（マルケサス諸島用）と星の軌道を決定する」

ハワイ諸島を離れるとマウは東南東のアンタレスがのぼる方向へと舵を切った。アンタレスはさそり座の「巨大な赤い星」で、ポリネシア人は「マウイの釣り針」と呼ぶ。マウが空と海を見る様子をフィニーは見つめていた。一流の航法師の仕事ぶりを見るのは「得難い特権」だったと表現している。人類学者グラッドウィンによれば、カロリン諸島の航法師は航海中には眠らず、「熟練の航法師かどうかは、目の充血でわかると言われる」。マウは「まさにそうだ」とフィニーは実感した。ほぼ眠らず、たまにうたた寝する程度だった。「彼はたいてい立ってデッキの手すりにもたれるか、手すりを止まり木のようにして座り、海と帆と、夜には星をチェックしていた」

船には航法師のマウ、カパフレフア船長、ルイス、フィニーら熟練の船乗りがいるいっぽうで、ハワイで「ウォーターマン」と呼ばれる人々も多く乗り込んでいた——サーファー、パドラー、ライフガードたちだ。そろって泳ぎの名手で強靭で海を知り抜いていたが、船の乗組員として働いた経験も長距離を帆走した経験もなかった。そのひとりが、わずか6日目に「そろそろ着く頃かな？」と言い出してベテラン船乗りは面食らったという。ふたたび陸地を見るのは3週間以上先になる。日が経つにつれてこうした経験不足が足をひっぱるようになった。いろいろな場面で小さなトラブルが勃発した。ハルの一部に水がたまっていた、食料問題、持ち込みが禁じられていたラジオやマリファナなどの発覚、帆を張る際の口論など。どれも指揮系統の乱れが影響していた。航海開始前に生じたほつれが大きな裂け目になっていった。さらに状況を悪化させたのは、無風地帯に長時間置かれ、風の向きが一定せず断続的に吹いたかと思うと、ぴたりと風が止む――「赤銅色の太陽の下で海に水銀を貼りつけたように滑らか」な状態――という過酷な気象条件だった。緊張病のような症状を示したり、むっつりとふさぎ込む者もいれば、見張りに立つことを拒んだり責任者にあからさまに食ってかかる者もいた。フィニーはこれを規律に欠けたふるまいと見なしていらだった。マウはカヌー内の緊張が高まっていることを気にしていたが、ほとんど口をひらくことはなかった。

目的地に近づくにつれ、ルイスは船の位置が西に寄り過ぎているのではないかと心配するようになった。しかしマウは「落ち着き払った態度」を崩さない。航海13日目、船は明日トゥアモトゥ諸島に到着するだろうとマウが告げた。それからほどなくして乗組員がシロアジサシを数羽、目にした。貿易風がつくる規則正しいうねりが不規則になった。フィニーは「ずっと先に島がある。どの島だ？距離はどれくらいだ？」と書いている。翌日、ホクレアが着いたのはマタイヴァ環礁だった。トゥアモトゥ諸島の北西の端に位置し、そこから南に320キロ足らず行けばタヒチだった。

ホクレアがタヒチの首都パペーテに到着したのは6月4日の朝だった。船上では無線通信による外界との交信はしていなかったので乗組員は知らなかったが、タヒチの人々はホクレアの航海を夢中で追っていた。日々、カヌーの位置を書き込んだ海図が町中に貼り出され、新聞とラジオとテレビは最新情報を伝えていた。フランス領ポリネシアの知事はホクレアが到着する日は正式な祝日にすると宣言した。学校も会社も休みとなり、湾は何百隻ものパドルカヌー、ランチ、ヨットでいっぱいになった。前夜から港に人が集まり始め、カヌーが到着する頃には「人で埋め尽くされていた。打ち寄せる波に膝まで浸かったり、リーフや岸沿いにも目白押し、ウォーターフロントの建物の屋上にもぎっしり、湾沿いに並んで日差しをさえぎる木々の大枝も人が大勢乗ってしなっていた」とフィニーは書いている。ホクレアの到着を見ようと島民全体の約5分の1――1万7000人を超える人々――が集まった。岸で喝采があがり太鼓が打ち鳴らされ、いよいよカヌーが近づいてくるとあたりは水を打ったように静まりかえり、教会の聖歌隊がタヒチの歓迎の賛美歌を歌い出した。この日のために作曲されたものだった。何千人もの歌い手が加わり、ある目撃者は感動のあまり「鳥肌が立った」と振り返る。

航海の成功は文化面での勝利であった。ポリネシアの遠洋航海用カヌーでハワイとソサエティ諸島を結ぶ航海は、遥か昔に途絶えたままだった。それを復活させた瞬間だった。実験という意味でも成功だった。マウは4200キロの未知の海路を乗り切った。船に積んだ植物や動物も無事だった。いっぽうで、こんなはずではなかったということもあった。タヒチ到着の少し前にマウはフィニーにこっそりと告げていた。計画ではハワイまでの帰りのカヌーにも航法師として乗船するはずだったが、それを止めると。マウは乗組員の態度を快く思っていなかった。それを彼らにじかに言うつもりはなかった。乗組員へのメッセージを録音してあるので、自分がいなくなってから彼らに聞かせるようにと託した。「マウイを出発する時、私はあなたたちに厄介事すべてを陸に置いてきなさいと言った。それでマウイを出た。でも、誰も厄介事を陸に置いてこなかった。航海に持ち込んだ」。それは「ひじょうによくないこと」。復路の航海は乗組員が入れ替わることになっていたが、もっとマシな状態になるとはマウには思えなかった。彼は家に戻ることだけを望んでいた。「私があなたたちと会うことは、もうない。二度と私をハワイに呼ばないでもらいたい」テープにはそう録音されていた。

マウの離脱は、あまりにも大きな痛手だった。カヌーを導く者がいなくなる。ひと月後に帰路につく際には、羅針盤、六分儀、海図に頼る航海になるということだ。変更はそれだけではない。カパフレフアは船長として留まるが、フィニーもルイスも帰りの航海に加わらない予定だ。プラスの変化もあった。帰路の乗組員には女性が2人加わる（ただしこれは争点にもなった。伝統主義者は女性がカヌーで航海するのはゆるされないと主張したのだ――これに対し、女性を乗せるのが禁じられていたなら島々の植民は不可能だったはずという指摘も多かった）。

荒れた波間から登場したのが、ナイノア・トンプソンという人物だった。彼は数年後にポリネシアの航海の復活運動を牽引することになる。が、当時の彼はパドラーでサーファー、つまりホクレアの多くの乗組員と同様に外洋航海の経験はないに等しかった。じつは彼はホクレアの進水に立ち会っていた。祈りを捧げ、ホラ貝を吹き、食べ物を供える祝いの儀式の一部始終を見ていたのだ。初めて見聞きするものばかりだったと、後にナイノアは振り返っている。「なにがおこなわれているのかは、わかった。しかしその意味はまったく理解していなかった……ハワイ人でありながら、初めての経験だった。古くからの伝統は、現代のハワイではすっかりないがしろにされていた。そのすべてがよみがえったのだ」

ナイノアの父親はハワイ人、母親はハオレとハワイ人の血を受け継いでいた。ナイノアは凜々《りり》しい顔立ちで物静かな雰囲気でありながら、「とほうもなく熱い」ものを秘めた若者だった。数学と科学を得意とし、天性のすぐれた空間認識能力の持ち主でもある。しかし1960年代と70年代の社会的な空気も影響してフラストレーションを抱えていた。「ハワイ人が二級市民扱いされる社会で、自分とは何者か」を模索していたとナイノアは後に記している。計器を使わない航海は彼の情熱をかき立て、タヒチへの復路ではうねりと星に注意を払うようになった。

ホノルルに戻ってもナイノアの関心は衰えず、大きなスター・コンパスをつくってそのなかで寝泊まりしたり、短い航海で知識を試したりするまでになった。マウとルイスを真似てビショップ博物館のプラネタリウムを訪れ、ウィル・クセルクという講師と親しくなった。週に2、3回プラネタリウムに出かけてクセルクにプロジェクターを操作してもらいながら夜の空を学び、星の位置を記録した。次々にノートを使い切ったが、これはまだ序の口だった。「学べば学ぶほどわかってくる、天上にどれほど複雑な世界がひろがっているのかを」。タヒチから戻るナイノアはそんなふうに書いている。

1978年、ポリネシア航海協会はタヒチへの二回目の航海を決定した。フィニーは1976年の航海後に辞めていた。今回ホクレアは船長、乗組員、航海士すべてをハワイ先住民が務めることになり、ナイノアは航海士（ウェイファインダー）をまかされた。伝統的な技術だけを使うが、カヌーには航海用計器を搭載する。ただし万が一の場合を除いてカヌーの位置は表示されない。一回目の航海とのもうひとつの違いは伴走船がつかないことだ。「ホクレアはまったく問題なしに往復の航海を成功させているので、必要なしと判断した」と当時ポリネシア航海協会の代表を務めたベン・ヤングは振り返る。

出港は3月半ばと決まった。当日は強風をともなう雨となり白波がどこまでも続いていた。「風が激しく吹き荒れて小型船舶にはいっさいなにもするなと警報が出ていた」という証言もある。ホクレアは日没後に出港の予定だった。積み過ぎを心配する声もあった。フィニーは航海の準備を整えたホクレアを見て驚いたと述懐している。「伴走船はない、マウはいない、しかも容量オーバーで、夜、荒れた海に乗り出し、案の定、あんなことになった」

深夜ちかく、ホクレアはモロカイ海峡で転覆した。風速30ノット（15メートル）、うねりは3メートルにも達していた。ラナイ島まで約27キロというところだった。片方のハルに海水が入り水没し、もう一方のハルが海面から突き出す格好となった。「ほんの数秒のうちに全体がひっくり返ってしまった。ホビーキャットのように」。ある乗組員は当時を語る。逆さになったふたつのハルの上に乗組員たちは必死によじ登った。ただちに沈没する恐れはなかったが、ひっくり返して元に戻す方法もなかった。「私たちはカヌーのキールに座った。風が強く、波は荒く……手も足も出なかった。じっと耐えるしかなかった」とナイノアは語る。

彼らは一晩中カヌーにしがみつき、時折、閃光《せんこう》信号を出した。その間にもカヌーは漂流し、航路からも民間航空機の飛行経路からも離れていった。翌朝10時頃、ある乗組員が助けを求めに行くと志願した。エディ・アイカウというチャンピオン・サーファーでライフガードとしても活躍していた人物だ。ナイノアはその時の葛藤を打ち明ける。「私たちは疲弊していた。誰もがショックのあまり、現実から目をそむけていた」。しかしエディは「奇跡を起こすと——かならずやり遂げると……彼の手を強く握りしめたことを憶えている。ありったけの力を込めて……彼は『だいじょうぶ。なにもかもうまくいく』と言った」。エディはサーフボードに乗って漕ぎ出し、後の者は逆さまのハルに座ったまま丸一日彼の帰りを待った。飛行機は一機も彼らに気づかず、船は一隻も視界を横切らなかった。ホノルルでは、伝統的な航海をやり遂げるためにホクレアの無線は切ったままなのだろうと判断していた。夜となり、乗組員は自分たちの状況をすでに悟っていた。

コナを出発したハワイアン航空の飛行機が通りかかったのは午後8時頃だった。パイロットが窓の外を見たちょうどその時、下の海面で光が見えた。もっとよく見ようと旋回してみると、救助を求める船からの閃光信号だと確認できた。飛行機が旋回してカヌーに近づき明かりを点滅させたのを見て乗組員は発見してもらえたと確信した。数時間後、沿岸警備隊のヘリコプターが到着し、冷え切って疲労困憊《こんぱい》した船乗りたちを救助した。全員が同じことを思っていた。「エディはどこにいる?」

エディ・アイカウの遺体は見つかっていない。彼を失ったことでポリネシア航海協会に関わる誰もが岐路に立たされた。事故をきっかけに関係者の意見はまっぷたつに割れた。プロジェクトそのものが危険になりすぎたのではと危惧する立場と、エディの死を無駄にしないためにも継続すべきという立場に。航海に出る前にエディは「タヒチが海から出てくるのを見たい」とナイノアに語っていた。島を釣り上げるという神話からの着想だ。エディが遺したこの言葉は、ナイノアにとっての判断基準となった。「私には航海を継続すべきかどうかという問題は存在しなかった。〝いかにして〟実行するかという問いのみがあった」

航海を再発明する
ナイノア・トンプソン

エディ・アイカウの死を受けてポリネシア航海協会の責任者に就任したのがナイノア・トンプソンの父親、マイロン・〝ピンキー〟・トンプソンだった。ソーシャルワーカーでありコミュニティのリーダーである彼は、ハワイ人が自分たちの文化への誇りを取り戻すには具体的ななにかが必要だとよくわかっていた。その意味でホクレアには絶大な効果があった。二度と航海できないとなれば、つまり「カヌーの悲劇が語り継がれるなら、ハワイ人はやはり失敗すると認めてしまうようなものだ」と彼は主張した。ナイノアはふたたびプラネタリウムで以前にも増して熱心に学んだ。カヌーが南下するにつれて星空は

ナイノア・トンプソン、1989年、ケン・イゲ撮影
ホノルル・スター・ブレティン、アーカイブより

変わっていく。天空がカヌーの後方に回転していく――水平線が前方に沈み込む、という感覚でナイノアはとらえた――いっぽう、地球が太陽のまわりを公転するとともに星がのぼる時刻と沈む時刻は日々、数分早くなっていくのを確認した。プロジェクターの設定を1000年前に戻し、南から航海して最初にハワイを発見した時の空を映し出してみた。さらに2000年前にさかのぼり、トンガとサモアからの最初の植民者が見たはずの空も映してみた。

3000年前にラピタ人が西太平洋を渡ってきた時、夜空の星は現在とは大きくちがっていた。現在の北極星は基本的に位置が固定しているが、地軸の傾きがゆっくりと変化するため、当時は水平線からのぼり、沈んでいた。現在の南十字星はマイアミ以北では見えないが、当時は空高くにあり、アラスカでも確実に見ることができた。当然ながら、当時の星の道《スター・パス》は現在の航法師が使うものとはちがっていただろう。航法についての詠唱――現代まで受け継がれていたとしても――は現代の航法師にはほとんど役に立たないはずだ。じつはカヌーのパーツや食べ物の名前、漁の専門用語とちがい、星と星座の名前を言語学的に過去にたどっていくことはできない。どうやらその理由はこのあたりにありそうだ。場所によって空の見え方がちがうだけではなく、星そのものが動いていた。

ナイノアはプラネタリウムで学ぶことの限界を感じるようになった。クセルクの言葉もあった。「航法師は知識だけでなれるものではない。風を知るにはじっさいに帆走しなくては」。熟練の航法師に教わるしかない。ナイノアにはマウ以外考えられなかった。これは賭けだとナイノアは腹を括り、ミクロネシアまでマウに会いに行った。ホノルルに戻って自分を指導してくれないかと頼むと、マウは即答を避け、よく考えてみるとだけこたえた。数ヶ月後、ハワイにマウが姿をあらわした。「タヒチを見つけられるようになるまで教えよう。きみに死んでほしくないからだ」マウはナイノアに言った。

今回の体験は、前回とはまったく別物だった。なんといってもナイノアはマウの弟子として乗り込むのだ。やる気を奮い立たせた背景には、父親マイロンの存在もあった。持ち前のリーダーシップを発揮し、カヌーがハワイ人にとってどんな意味を持つのかを乗組員と支援者に理解させ、同時に寛容な精神を呼びかけた。「一人一人の自覚がこの共同体をつくる。人種や文化で分断されれば共同体は成り立たない。みなさん一人一人の結びつきがあってこそ、成り立つものなのです」と。新しい価値観が乗組員に根づいているとマウは実感した。ナイノアも、「乗組員同士で人種にまつわるいざこざはもうない」と述べている。

1980年、ホクレアはタヒチに向けて船出した。マウはカヌーに乗り込んでいたがナビゲーションはすべてナイノアにまかせた。マウが介入したのは、たった一度、出航から31日目、航海の終盤にさしかかった時だ——トゥアモトゥ諸島への上陸まで残り1時間ほどとなった時点でのことだった。ナイノアは島が近いとわかっていたが、正確な位置に確信が持てなかった。前の晩、複数の鳥が南に向かって飛ぶのを見た。ねぐらに向かっていたはずだ。それをもとに考えるとめざす島はカヌーよりも南にあるということになる。翌朝、夜明け前に全員がデッキにたち、鳥の姿をさがした。いくら待っても鳥は一羽もあらわれなかった。「20代前半の私にとって、自分で仕切る初めての航海がトラウマになりそうだった」とナイノアは書いている。しかしマウは落ち着き払っていた。

とうとう鳥が一羽、見えた。南に向かって飛んでいた。朝、魚を求めて陸地から飛んでいく時間帯だ。ナイノアはこれを見て、カヌーは知らぬ間に漂流して夜のうちに島を通り過ぎてしまった、島はいま後方にあると解釈した。パニックになったナイノアはカヌーの方向転換を乗組員に命じた。「島が飛んできた方向で島をさがす」。指示通りにカヌーの向きが変わり、ハワイのある北に向かって帆走を始めた。マウが介入したのは、この時だった。「方向転換して鳥を追いなさい」と指示を出したのだ。ナイノアにはわけがわからなかった。「いったいなぜ」。けれど彼は私に理由を語らなかった。カヌーを方向転換させると、別の複数の鳥が南に飛んでいくのが見えた。そこでマウが『一時間すれば島が見つかる』と告げた」。1時間後、マウが立ち上がり「島はすぐそこだ」と言った。

「見る力とは、ただ眺めることではなく、自分がなにを見ようとしているのかを知っていることだ。それは経験で身につく。マウは鳥のくちばしに小さな魚があるのを見ていた。鳥が営巣しているのも知っていた。あの朝、鳥は早くから海に飛び、最初にヒナのために食べ物を運んでいた。私は訓練でマウからそれを教わっていなかっただけだ」とナイノアは振り返る。

とてつもない快挙である。海図も計器も録音機器はもちろん、紙もペンも使わずに新米の――しかも半世紀ぶりにハワイに誕生した――航法師がカヌーで4000キロほど、緯度にして35度あまりを航海してトゥアモトゥ諸島に上陸を果たした。この航海を初回に成し遂げたマウは、その道30余年のベテラン航法師だった。ナイノアは完全に伝統的な知識だけで航海したわけではなく、航法師として完璧とは言えなかったかもしれないが――結果的に、それがいい成果をもたらした。ナイノアは学校、書物、プラネタリウムから学んでいた。マウからは水平線の見方、風と波の感じ方、ありとあらゆるものを観察する方法について学んだ。ふたつのまったく異なる系統から学び取ったことをすべて活かし切ったのがナイノアの航海だった。

ベン・フィニーは1970年代に複雑な思いを打ち明けている。「科学的な研究と文化の再生」を「両立できる」と考えたのは甘かった、融合できそうにないふたつの世界観をめぐる緊張がポリネシア航海協会につねに漂うこととなった、と。しかしホクレアに関してはあらゆる点で、最初から融合が実現できていたと言える。カヌーは、17世紀と18世紀に太平洋を訪れたヨーロッパ人が観察し記録していた伝統的な様式を基盤につくられた――航海カヌーを精密に描いたハワイの画家ハーブ・カネはシカゴ美術館で学んでいる。カヌーの材料にはファイバーグラスや合板など現代の素材が使われた。航海に関する詠唱と儀式には、現代のハワイの文化、ポリネシアの他の地域の儀式、19世紀にアブラハム・フォーナンダーとS・パーシー・スミスらが記録した伝統的な内容が融和していた。そしてもっとも心躍る融和は、ナイノアを先駆者として太平洋に広まった航海術だ。カロリン諸島のマウの知識、現代の天文学の知識、ハワイ人の若者が自力で生み出したイノベーションがみごとに調和していた。

ナイノアが使ったスター・コンパスはカロリン諸島サタワル島の航法師が使っていたものを基盤として考案したもので、円を均等に32分割し正しい方位を示すという幾何学的な図形だった（カロリン諸島のコンパスは星がのぼるところと沈むところを示す不規則な複数の区分が配置されている）。星、方角、星座の名称は、伝統的なハワイの名前、ナイノアが考案した名前、欧米の天文学者が使う名前（アラビア語、ラテン語、ギリシャ語に由来する）を組み合わせて使った。ナイノアはマウの手法の一部を使いこなすことができなかった。たとえば〝エタク〟という概念は「あまりにも難しい」ため、あらかじめ用意していた「参照航路」をよりどころとして位置確認をおこなった。陸地の発見には鳥の兆候をもっとも重視した。うねりを読むのは相当な難題であるとナイノアは告白している。プラネタリウムで長時間学んだ努力は実を結び、特定の複数の星がのぼる時間と沈む時間から緯度を決定する方法を開発できた。

ナイノアがよく口にしたのは、マウの航法を知る前はもっぱら幾何学と解析数学に頼っていたということだ。経験豊富なマウの膨大な知識がなかったから、というだけの理由ではない。ナイノアが慣れ親しんだ思考体系とマウの膨大な知識を生み出した思考体系はまったく異なるものだった。ナイノアもルイスも地理に関する自分たちのとらえかたと、伝統航法をおこなう航海士のとらえかたが天と地ほども違うことに衝撃を受けた。デイヴィッド・ルイスはカロリン諸島の航海士ヒポアとのやりとりを紹介している。ルイスはヌガティクと呼ばれる環礁の位置を知りたかった。その領域の海図もなにもない。ヒポアの島からヌガティクに行った者は、何世代にもわたって存在しない。しかしヌガティクは〝エタク〟の指標となる島だったため、星の状況は知られていた。そこでルイスは「〝エタク〟の位置情報」をダイヤグラムに描いてヌガティクの位置を導き出すことにした。ヒポアは「この発想をまったく理解できなかった。彼にしてみれば、複数の島が移動していくという考え方があたりまえだったので、島々をどうやって海図に配置できるのかと何度も私にたずねた」。

両者の食い違いが、「問題解決のために設定する空間と、問題解決当事者との関係」から生じていると推測できるやりとりだ。ルイスが描いたダイヤグラムは鳥瞰図、つまり空高くから見おろす者の視点だ。欧米の航海士にはこれがいちばんなじみ深い視点だ。だからルイスが指摘するように、「海図というものが、じつはひどく観念的であることを……私たちはうっかり忘れてしまいがち」だ。カロリン諸島の航法も、やはり観念的である――もちろん、〝エタク〟も。問題は、視点の違いだ。カロリン諸島の航海士は「自分中心」の視点で「実際の現場の空間を見る」。星、島、基準となる島などすべての位置は「自分」との関係で存在する。「〝エタク〟の星の位置は航海者自身から放射状に広がってみえる」ので三角測量で島の位置を示すことはできない。島に出会うのは「自分自身」だからだ。

地理を語るには奇妙な視点だと思うかもしれない。けれども地図の使用があたりまえの社会でも、じつは「自己中心的」な視点は問題なく使える。ニューヨーカーに住まいの間取りを説明してもらうというおもしろい実験がある。説明の仕方は大きく二通りに分かれる。それを研究者は「マップ」と「ツアー」と呼ぶ。マップの場合、こんなふうな説明になる。「キッチンはダイニングルームの隣、廊下を挟んでコートクロゼットがあります」。ツアーの場合には「入ると廊下で、左を向いてリビングルームです」。調査したニューヨーカーは圧倒的にツアー派だった。マップ派はわずか3パーセントに過ぎない。

ツアー派の思考とマップ派の思考の違いは、口承文化と文字文化の違いとも言える。計器を使わない航法の特徴はそのまま、口承文化で知識が体系化されてきた方法に重なる。一人称の視点も、経験を重視することも、物語に情報を織り込むことも。マウは口承文化の側に属する人間であり、星の道《スター・パス》、方位、うねりの名称など技術的な知識のほとんどを口伝えで習得した。なにかを思い出そうとする際には「情報を見直す」ために個人的に詠唱することもあった。

カロリン諸島の航法師の伝統的な詠唱は数多く記録されている。「シーバスを獲る」、「堰《せき》を調整する」、「ブレッドフルーツを収穫する大勢の人々」といった物語の形を取るのは、航海術の大量の情報を「整理し取り出しやすくする」ための工夫だ。たとえば「リーフの穴を探る」という物語は、ある島のリーフの穴に生息するブダイを追うという筋だ。穴に棒を突っ込むとブダイは驚いて隣の島に逃げてリーフの新しい穴に隠れる。その穴に棒が入ると、またもや逃げ出して次の島に行く。そんなことが延々と繰り返されて、けっきょく最初の穴に戻り、そこで捕まる。ブダイは「星の位置が次の島にぴったりの時」に移動する。この詠唱には、航法師が諸島の島々をどのように訪れたらいいのかという情報が整理されている。

マウのウェイファインダーとしての能力——正確な方向感覚、気象を予見する力、空と海についての豊富な知識——は、ハワイの人々には人間離れしたものに映った。スピリチュアルな力の持ち主、第六感が発達しているなどとも言われたが、「直感力」にすぐれているという表現をされることが多かった。エビデンスや根拠とは違うなにかによって知る、という力だ。

ナイノアは当初から気づいていた。この直感力を磨くことこそ航法師として成功するカギだと。1980年に航海士として初めて航海した時の経験をナイノアは語る。その晩は凪の状態だった。空は真っ黒で雨が激しく降っていた。やがて、風速25ノット（13メートル）の風がある方向から、次に別の方向から吹いてきた。どの方向に針路をとるのか乗組員は指示を求めて彼を見ている。ナイノアは疲弊して方向感覚がぼんやりしていた。すると「不意に、温かいものに包まれた。空は真っ暗で月は見えない。けれど、月がどこにあるのかを感じることができた……私はカヌーを進める方向を示した。ほんの一瞬、雲の切れ目から月の光が射した――まさに、そこに月があると確信したところから」。

ナイノアはこの瞬間を振り返り、「分析や観察の次元を超えた」、「科学的」に説明のつかないなにかに触れた瞬間だったと言う。これを「卓越した推測能力」と解釈する方法もあるのかもしれない――直感力の説明としてまちがってはいない――が、ナイノア自身は〝異なる次元で知る〟という感覚だった。彼はハワイ語の〝ナアウ〟という言葉を使う。「腹」あるいは「はらわた」を意味する言葉だ。ポリネシアでは伝統的にこれを「鋭い感覚器官」、「あらゆる感覚を最初に受け止める」場所とも言われる。物質世界を直観的に理解する――頭で考えるだけでなく、身体で考えて進むべき方向を〝感じる〟――状態はナイノアにとって、「古代の人々の航法」に限りなく近づいていると感じられる瞬間だった。

ふたつの異なる世界観の融合は「想像もつかないほどの成果」につながったと、後にフィニーは語っている。ホクレアは数十年にわたって華々しい航海実績を積み上げていった。まずは1980年代半ばに2年がかりで「再発見の航海」をおこなった。ハワイからタヒチ、クック諸島、アオテアロア（ニュージーランド）、トンガ、サモアとポリネシアをめぐったのである。続いて古代の航路としては謎が多かったルートに挑んだ――貿易風に逆らって東に進む、サモアからタヒチへのルートだ（結果的に、かつてトゥパイアがクックに説明した通り、西風を待つという方法で成功した。実際に時折、西風が吹いたのだ）。

行く先々でホクレアは人々に出迎えられ、島民はカヌーに魅了された。太平洋全域で熱狂は高まるばかりで、1990年代半ばまでに遠洋航海カヌーが新たに7隻――ハワイ、タヒチ、クック諸島、アオテアロアで――建造され、航海士が育成されて船団を編成し1995年にマルケサス諸島からハワイに航海した。ホクレアは1999年にラパ・ヌイ（イースター島）への過酷な航路を制覇してポリネシアン・トライアングルの航海を締めくくった。2007年にはミクロネシアと日本へ、そして2013年から2017年にかけて世界一周――マラマホヌア世界航海――に挑んだ。18世紀と19世紀、ヨーロッパの船が到来してポリネシアの多くの社会が孤立状態を脱していった。ホクレアの数々の航海はポリネシアの人々にふたたび、新しい絆《きずな》を実感させた。ホクレアが最後の目的地ラパ・ヌイに到達した時、ある女性は「これでポリネシアン・トライアングルが締めくくられたのではない、皆のためにトライアングルは開かれた！」と表現した。

研究者も、冒険の旅は完結したという気持ちが強かった。「彼らはついにやってのけた！」というハッピーエンドを迎えたかのように。じっさいのところは、どうだったのか。じつは、古代になにが起きたのかという肝心の部分はなにも証明されていなかった――証明できなかったのだ。あきらかになったのは、計器を使わない航海術の実力と航海能力である。訓練を受けた有能な航海士は星、風、うねりを読み解きながら船を進め、どれだけの距離を進んだのかを計算し、目標とする小さな島に正確に到達できる。必要な情報はすべて巧みな仕組みで記憶し、柔軟に活用し、受け継いでいくことができる。それははっきりと実証された。実験的な航海はもともとアンドリュー・シャープら懐疑論者

の主張に対抗するものとして計画された。先史時代の航海士の技術で太平洋という大海原を横切ることができたのか、卓越風に向かって帆走できたのか、危険を顧みず未知の世界に船出してふたたび故郷に戻ることができたのかどうか。その疑問はみごとに解決できた。シャープはポリネシア人航海士を漂流者並みだと「格下げ」するような主張をしたが、ポリネシア航海協会は彼らが航海士どころか冒険者であったことをあきらかにした。

第六部

日々の進歩とともに

（1990年－2018年）

最新の科学的発見と
太古の謎解き。

©Shutterstock.com

最新の科学
DNAと年代測定

先史時代に太平洋の長距離航海がおこなわれたことは、実験的な航海でじゅうぶんに裏付けられた。航海の〝方法〟も証明された。だが依然としてわからないのは、初の航海者は〝誰〟だったのか（誰の祖先なのか）、それは〝いつ〟だったのかという部分である。わからないことは他にもあった。最初にどれだけの人々がまとまって植民したのか、どの島から定住していったのか、ポリネシア人は南米に到達できたのか。長年、こたえが得られなかったが、20世紀後半の数十年間で光が射してきた。遺伝学と放射性炭素年代測定のめざましい発展で、解明が進むのではないかと希望が見えてきたのだ。

カンタベリー博物館考古学グループによる発掘
1964年、ニュージーランド、ワイラウバー遺跡にて
撮影ドン・ミラー、写真提供サンディー・ミラー

ポリネシア人は〝何者〟か、地球上のどんな集団に属するのかという問いに関しては、アジア人かメラネシア人のどちらかにもっとも近いだろうというところまで絞られてきた。アメリカ先住民と近縁にあるという主張はほぼ否定されている。移住に関して人類学者の見方は割れており、複数の説が競合している。「ポリネシア行き急行［ＥＴＰ］」（著名な生物地理学者ジャレド・ダイアモンドが考案した言葉）、あるいは「出台湾」と呼ばれる説は、もともと東南アジアの島々を出た人々がメラネシアを通過し、さらに彼方の太平洋に向かいポリネシア人となった、その際に食べ物、植物、言語、習慣など文化の一切合切を運んでいったという主張だ。

人類学者ジョン・テレルらはこれに納得しなかった。人類の移動の歴史は急行列車というよりも、「混沌とした堤［entangled bank］」のようであったはずだと主張したのだ。「堤には多種多様の植物がもつれ合うように生い茂り、灌木《かんぼく》で多様な鳥が鳴き、さまざまな昆虫が飛び交い、湿った地面をいも虫などが這い回っている」とダーウィンが描写したイメージになぞらえ、リモート・オセアニアの植民の歴史は、地球上の大規模な人間の移動と同じく「相互に結びついて拡大し、時には縮小し、絶えず変化」する「相互依存的で複雑」なカオス状態であっただろうと述べた。

生物学的に見ると、このふたつの説はそれぞれまったく異なる遺伝的な特徴をもたらすことになる。急行列車のモデルは、オーストロネシア人がメラネシアを突っ切るようにしてポリネシア人になっていくため、遺伝子の混合は起きない。混沌とした堤のモデルは、移住してきたオーストロネシア人と先住のメラネシア人が相互依存的に複雑に結びついてほとんど見分けがつかなくなり、ポリネシア人が生まれる。これは１９２０年代と１９３０年代に生体学者ルイス・Ｒ・サリバンやテ・ランギ・ヒロアを悩ませた問題と基本的に同じだ。ポリネシア人とメラネシア人とはどれほどのつながりがあるのか。まったく異なる集団なのか、それともいとこ同士のようなものなのか。アジア人／オーストロネシア人の要素はどれほど顕著なのか。ありがたいことに、こうしたことはすべてヒトゲノムのシーケンス分析で決着がつくことになる。

ポリネシア人の遺伝的特徴を調べる初の研究では、ミトコンドリアDNAの変異も対象となった。母系のみで受け継がれる独特な種類のDNAだ。その結果、すべてのポリネシア人にはミトコンドリアDNAに特定の変異パターンが受け継がれていると1990年代前半までに判明した。そのパターンは「ポリネシアン・モチーフ」と呼ばれ、インドネシアとフィリピンの島々に遡っていくことができる。これでポリネシア行き急行モデルの信憑性がぐんと高まったのだが、わずかに数年後、別のメソッドを使った研究によって否定された。

ミトコンドリアDNAが母親だけから受け継がれるのに対し、男性だけに見つかるY染色体は父系の系統を示す。ポリネシア人のY染色体はミトコンドリアDNAのような「アジアから来た」物語を示すことはなかった（1980年代の研究ではすでに、マラリアへの抵抗力に関する変異でポリネシア人とメラネシア人の遺伝子のつながりが発見されていた。ポリネシアはマラリア発生地域ではないのにこの変異はポリネシア人には驚くほど多く見られる。メラネシアはマラリア発生地域である）。

こうした矛盾する結果を受けて研究者は第三の移住モデルを示した。「スローボート」モデルだ。ポリネシア人の祖先の起源はアジアだが、まっすぐリモート・オセアニアに向かったのではなく、寄り道をしながら「遺伝子を残したり多くのメラネシア人の遺伝子を取り入れたり」して広大な太平洋へと移動したという仮説である。ポリネシア人の母系と父系の遺伝的形質になぜ食い違いが生じるのかは解明されていないが、ひとつの可能性としては、オーストロネシア人の集団が移動する過程で外部の男性の参入はゆるし、女性が加わることはなかったのかもしれない。これは植民地時代に見られたパターンである。

こうした初期の遺伝学的研究は、生存しているポリネシア人のＤＮＡを基盤としていた。現代の人々の遺伝子はかならずしも過去の人間についてすべてを語ってくれるわけではない。長い年月の間にポリネシア人には遺伝学におけるボトルネック効果がたびたび起きていた。人口が突然、激減する期間である。少数の集団がひとつの島を出て別の島に植民する際には、毎回これが起きただろう。天災に見舞われた時も、そして植民地時代にも。マルケサス諸島などはひじょうに顕著だ。けっきょく、ポリネシアに最初に移り住んだ人々の遺伝的多様性は現在のポリネシア人のＤＮＡにはあまり残っていない可能性がある。一部は永久に失われてしまったのかもしれない。

古代のポリネシア人の遺伝子を直接調べることができれば、問題は解決する。しかし太平洋はさまざまな条件に阻まれて、これまでは難しかった。なんといっても暑く湿気の多い熱帯は古代のＤＮＡの保存にはまったく向かない。また遺伝子を調べる適切な標本を得られる遺跡はごくごく稀である。だからこそ、２００３年に太平洋で最古の墓地が発見されたことは大事件だった。バヌアツのエファテ島でテオウマ遺跡は偶然見つかった。うち捨てられたココナッツ・プランテーションをエビの養殖場に変えるために土を掘り起こしていたブルドーザーの運転手が、地面からなにかが突き出しているのに気づいた。骨ではなく装飾のある土器の大きなかけらだった。それをバヌアツ文化センターで働いている友人に渡したところから、この遺跡が判明した。テオウマ遺跡にはラピタ土器が豊富に保存されていた――底が平らな皿、円筒型器台、優美な大きな船――のに加えて、70体近くが埋葬された墓地が見つかった。

古代の骸骨のＤＮＡははたしてなにを語ってくれるのか注目があつまるなか、少々意外な結果が出た。テオウマ遺跡から出土した最古のＤＮＡ――女性３人分――には「ポリネシアン・モチーフ」が認められ、遺伝的にはフィリピンと台湾の先住民族に似ていた。また、初期のラピタ人は基本的にメラネシア人の祖先を持っていないことも判明した。ポリネシア人がメラネシア人の遺伝形質を獲得したのは、もっと後の時期ということだ。だがどこで、いつ、どのようにして、についてはなおも不明なままだ。

人間のＤＮＡの研究は、技術とはまったく別の複雑な問題をはらむことがある。先住民の社会を対象とした生物学的調査は負の面を抱えている。先住民はあまりにも長いこと「標本」扱いされるばかりで、調査結果が自分たちに役立てられていないという感情があり、多くのコミュニティがＤＮＡ研究に懐疑の念を表明してきた。またポリネシアの多くの領域で、祖先と死者の扱いは文化のひじょうに繊細な部分である。その代表的な例がワイラウバーのモア・ハンターの遺跡だった。

１９４０年代と50年代にジム・アイルズとロジャー・ダフがワイラウバー遺跡を発掘して考古学的に価値ある遺物を多数発見した。モアの卵、石斧、装飾品、コイウィ・タンガタつまり古代の遺体なども多くは「安全に、そして長期的に保存する」ために遺跡の所有者と借地人がカンタベリー博物館に引き渡した。ダフは地元のマオリ、ランギタネ・オ・ワイラウ部族の協力を得ていたと主張したが、後にランギタネは自分たちのトゥプナ（先祖）が荒らされ、タオンガ（宝物）が持ち去られたと憤慨をあらわにした。1960年代後半に彼らは遺跡の発掘を禁じ、要請があってもすべて拒否した。

こうして1970年代、80年代、90年代にはワイラウバー遺跡からの遺物は基本的に手に入らなかった。その時期はちょうど遺伝学と放射性炭素年代測定がめざましい発展を遂げた時期に重なる。2008年、ランギタネ部族とオタゴ大学、カンタベリー博物館の協議がまとまり、遺物、美術品、人骨、コイウィ・タンガタ（ただし装飾品と道具は除く）の返還が決まった。この背景には文化財返還運動の流れがある。ただしランギタネは、遺骨をふたたび埋葬する前に骸骨の生物学的検証をすること、DNA分析用に骨と歯の少量のサンプルを採取することを認めた。ランギタネはトゥプナ（先祖）を取り戻して埋葬し、人類学者は新しい発見の機会を得られるという取り決めである。

調査の結果、ランギタネ部族の一部はコイウィ・タンガタの一部と遺伝的なつながりがあると判明し、彼らはおおいに喜んだ。コイウィ・タンガタのなかには親しみを込めて「おばさん［Aunty］」と呼ばれる700年前の女性も含まれていた。さらに興味深い新事実もあった。ワイラウバー――ニュージーランドで発見された遺跡としては依然として最古――に埋葬されていた人々は遺伝的にひじょうに多様だった。これはニュージーランドに初めて植民した人々の人数が予想よりも多かったことを示す。近い血縁関係の複数の家族が数隻のカヌーだけでやってきたのではなく、おそらく血縁関係のない人々が数百人単位で移住してきたのだろう。彼らの出発地だったタヒチ島とクック諸島にも、規模が大きく遺伝的に多様な集団がいたのではないか。過去1世紀で期待がどんどんしぼんでいった——航海の回数はより少なく、最初の植民者の人数はより少なく、島と島との行き来はより少なく、孤立性がより高かったと軌道修正された——後、ふたたび19世紀の「英雄的」な物語が浮上してきた。彼らは行ったきりではなく頻繁にもとの島への航海をおこない、船団を組んでおおがかりに植民していたということだ。

人間のDNAを扱う際には、さまざまな問題にも突き当たる。それをうまく回避する方法を、オタゴ大学の考古学者エリザベス・マティソー＝スミスが開拓した。「共生」動物の遺伝子を調べるという方法だ。共生動物は人間とともに旅をするので、その遺伝子を調べれば人間の移動の歴史を辿れるというわけだ。ポリネシア人はブタ、イヌ、ニワトリ、ネズミなどを含め、共生動物を自分たちの船に乗せて太平洋の航海に乗り出した。そのなかでDNA研究に理想的なのは「ナンヨウネズミ」と判明した。

ナンヨウネズミは人間と一緒でなければ他の島には行けない。ヨーロッパ人が太平洋に持ち込んだクマネズミやドブネズミとは異種交配しない。ナンヨウネズミは濡れた場所を嫌うので、ヨーロッパの船に乗ってきたとは考えにくい。となると、今日島嶼《とうしょ》に生息するナンヨウネズミは、最初のポリネシア人航海者が運んできたネズミの直系の子孫である可能性が高い。そしてナンヨウネズミを使う利点は、ポリネシアの考古学的遺跡にはネズミの骨が豊富にあり、それを掘り出しても壊してDNAを抽出しても誰も気にしない。

ネズミのＤＮＡの研究からあきらかになったのはソサエティ諸島、オーストラル諸島、クック諸島が、太平洋の中央部と東部の島民の「普遍的な故郷」であったということだ。つまりマオリ、マルケサス人、ラパ・ヌイ［イースター島］人、ハワイ人が大航海の最後の行程に出発したハワイキである。また、ニュージーランドのネズミは遺伝的に驚くほど多様だった――ワイラウバーのコイウィ・タンガタが遺伝的に多様だったように。ということは、ネズミは複数回持ち込まれていた、つまり多くのカヌーがそれぞれ異なるネズミの集団を運んでいたということだ。だがイースター島はそうではなかった。イースター島のネズミには遺伝的な多様性はほとんど見られない。たった一度だけ、おそらく一隻のカヌーで持ち込まれて以降、事実上孤立していたという可能性がある。

いまのところ遺伝学は私たちの仮説を裏付ける場合も、思いも寄らない結果を出す場合もある。本領を発揮するのはこれからだ。「かつてロウソクの光が揺らめいているだけだった暗い洞窟を電気で照らすようなもの」。これはあるＤＮＡ研究者の最近の言葉だ。

近年、関心が高まっているのは、リモート・オセアニアの島々に〝いつ〟人が最初に定住したのか、である。放射性炭素年代測定が開発されたばかりの１９４０年代と50年代には、文字を持たない人々の歴史を客観的な数字で示す画期的な検証法として注目された。が、どんなテクノロジーもそうであるように改善の余地はあった。何十年もかけて技術的にめざましい進歩を遂げ、いまでは一粒の種子ほどのサイズでも年代測定が可能となった。遺物に与える影響も小さいということだ。同時に、精度もあがった。エラーの範囲はごくわずかとなり、その原因の解明も進んだ。その結果――とりわけ一番最後の要因から——ポリネシアの島々に最初に人が住み着いた時期について、解釈が大きく変わった。

1950年代、ポリネシアにおける放射性炭素年代測定の結果があきらかになり、太平洋中央部と東部の諸島に関してはひじょうに早い年代が特定された。マルケサス諸島の遺跡の炉の炭素は紀元前150年と測定されてロバート・サッグスを驚かせた。ケネス・エモリーがビッグアイランド［ハワイ島］で発掘した砂丘では紀元後124年と測定されたケースもある。この古い年代は衝撃的だった。過去の奥深くを光で照らすという驚きとともに、遥か彼方の太平洋に人がいつから住むようになったのか、初めて科学がこたえを出したのである。他の測定結果も合わせて編年作業がおこなわれ、およそ紀元前1000年にラピタ人がトンガ／サモア領域に到着、そこから約1000年の中断を挟んで紀元後の最初の数世紀でポリネシアン・トライアングルに漸進的に拡散したという基本的な年表がまとまった。ポリネシア文化がサモア／トンガ領域で「セッティング」される時間——ラピタ人がポリネシア人になるための時間——も、ポリネシア人が太平洋の果てまで探検する時間もたっぷりあったということだ。

ところが1990年代前半に、この時系列を疑問視し再検証を唱える声が考古学者の間から出た。ポリネシアに関する放射性炭素年代測定データはすでにじゅうぶんに蓄積されていた。が、いずれも多様な条件のもとで得られた数字だった。時も場所も、研究者が使う基準も、研究所も異なる、当然プロトコルも異なる。こうしたデータを吟味し、信憑性の低いものを「排除」した上で「信頼のおける年表を作成」する時が訪れたのだという主張である。彼らはこの計画を「時間測定衛生学」などと辛口のユーモアで表現した。

まず、１９５０年代と60年代の放射性炭素年代測定のデータはすべて「要注意」と見なされ、魚、人間や動物の骨、ウニの棘、カタツムリ、淡水貝類のデータはばっさり取り除かれた。さらに、「古い炭素が標本に含まれている」可能性のあるもの、長命の種の木の炭素を標本に使ったデータ、日本の学習院大学年代測定室が初期におこなっていた年代測定も（あまりにも早い、あるいは遅い年代と一貫していなかったため）、炭素と土、サトウキビとティーツリーと葦など複数の物質を含む標本を使ったデータ、人間の活動との関係が見られないふぞろいな炭の塊など、文化とは切り離されている標本を使ったデータも排除された。また、同じ環境から得られた他の複数の年代と標準偏差が重ならないデータ、層位学的に反転しているデータ、他の理由から辻褄《つじつま》の合わないデータを削除した。

多くのデータが排除された。編年に使われたデータもたくさん取り除かれた。ハワイの１０９の年代のうち、信頼性があると判断されて残ったのはわずか21件。マルケサス諸島とイースター島は23件のうち10件。サッグスがマルケサス諸島の標本から得た画期的に早い年代は残らなかった。ワイラウバーの標本からダフが得た年代も、エモリーが得たハワイの早い年代も、ヘイエルダールがイースター島で得た年代も排除された。残った年代を整理してみると、まったく異なる筋書きが浮かび上がった。ラピタ人がサモアとトンガに到達した時期は依然として紀元前９００年頃と変わらないが、ポリネシア中心部と東部の最初の植民の時期はかなり手前に移動した。ポリネシアの中央部と東部の諸島（ソサエティ諸島、ハワイ諸島、マルケサス諸島、イースター島、クック諸島）への植民は紀元一千年紀の〝終わり〟以前とは考えられない。ニュージーランドの発見と植民の時期は紀元１２００年と、やはり手前に移動した。

より現代に近い時期に置き換えられた年表は、以前にも増して奇異に感じられる。ラピタ人の電光石火ともいうべきすばやい進出の後、なぜトンガとサモアでぱたっと止まってしまうのか。ますます謎めいてくる。太平洋のこんな遠いところまで到達しているのに、そこで2000年近くじっとしていたのはなぜか。確かに、サモアの東側はさらに空っぽの海が広がっている。だが彼らには航海の技術はあった。それも、並大抵のものではない。可能性があるとすれば、さらに移動する願望も必要性もなかったということだ。しかし突如として、彼らは1600万平方キロのポリネシアン・トライアングルの征服に乗り出す。なにがそうさせたのだろう。わずか数百年のうちに、彼らの征服は完了した。

気候変動の観点からこの新しい年表を読み解くという興味深い動きもあった。航海がさかんだった時期とそうではない時期は、気候の変化に影響されていた可能性はある。あるコンピュータ・シミュレーションはエルニーニョ南方振動とポリネシア人の航海との関係に注目した。エルニーニョで海面水温が高くなると太平洋西部の降水量が減り、東に航海しやすくなる（つまりサモアからタヒチへ）。ラニーニャ現象で海水温度が低くなる年には、太平洋中央部から南西のニュージーランドへの移動が楽になる。もうひとつの研究は、航海を阻む気候が一時的に船乗りたちにやさしくなった可能性を示した。そんな、気象の「窓」が1世紀以上開くことが何度かあったのではないかと。

短くなった年表から読み取れることはまだある。ポリネシア人が島嶼を発見してからヨーロッパ人が到来して記録を残すまで、当初予想されたほど長い時間差はなかったという可能性だ。ニュージーランドの場合、最短で400年となる。はたしてこのわずかな期間に、ポリネシアの各島に人が住み着いて風景を変え（劇的に変えることも）、多様な生き物を絶滅させ、植物を栽培して土地に適応させ（干ばつになりやすいイースター島、冷え込むニュージーランドにも）、独特の慣習と言語を発達させ、長距離航海を断念し地理的な知識を失ってしまうのか。最初にやってきたヨーロッパ人の目に、いかにも昔から島に住み着いていたように映るのだろうか。初期のヨーロッパ人探検家の記録にあるポリネシアの人々は、島に定住して日が浅いようには〝感じ〟られない。数学的には無理があるだろうか。最初にやってきた集団を250人（カヌー5隻といったところ）とすると、1年に1・5％の割合で増えれば400年で10万人近くになる。

しかしいちばんの収穫は、ポリネシアの口承をもとにした年表と新しい年表がほぼ一致したことだ。アブラハム・フォーナンダーとS・パーシー・スミスが作成したオセアニアの移住の年表は、19世紀に記録されたポリネシアの系譜に基づいていた。どちらも、移住は二段階に分けておこなわれたというシナリオだった。発見を含む第一段階は漠然として裏付けもほとんどない。第二段階は紀元一千年紀の終わり頃とはっきりしている。フォーナンダーが注目したのは、「大胆な遠征、感動的な冒険、はるか彼方の土地に向かう航海」の物語が一気に増えていることに注目し、紀元1000年頃に「社会の安定が乱れ」、「部族内に暴動」が起きたのではないかと考えた。スミスも、ニュージーランドへの植民は漠然と古い時代に一度、それからマオリの祖先にあたる人々が到来した二度目を想定した。しかも二度目の植民は1150年および1350年と年代を挙げている。これは再検証後の放射性炭素年代測定のデータで構成された年表で、ニュージーランドの植民とされる年代に重なる。科学が進歩すると、科学の夜明け前に近づいていくものなのだろうか。

終わりに
探求の道はひとつではない

最新の科学とポリネシアで語り継がれてきた歴史が近づくということを、どう受け止めればいいだろう。ポリネシア人が受け継いできた詠唱と物語にヨーロッパ人が真摯に向き合っていたのは、約100年前までだ。20世紀の大半、ポリネシアのさまざまな口承は「実際の事象を記憶するため〝ではなく〟、なんらかの目的のために創作された神話である」と多くの学者が決めつけた。文学、宗教、政治を語るためのメタファーやシンボルや寓話であって事実を語るものではないとされた。

これはロマン主義から科学の時代へ、19世紀から20世紀への大きな転換を反映していた。証明できるかどうか、数値化できるかどうかが重視されるよう

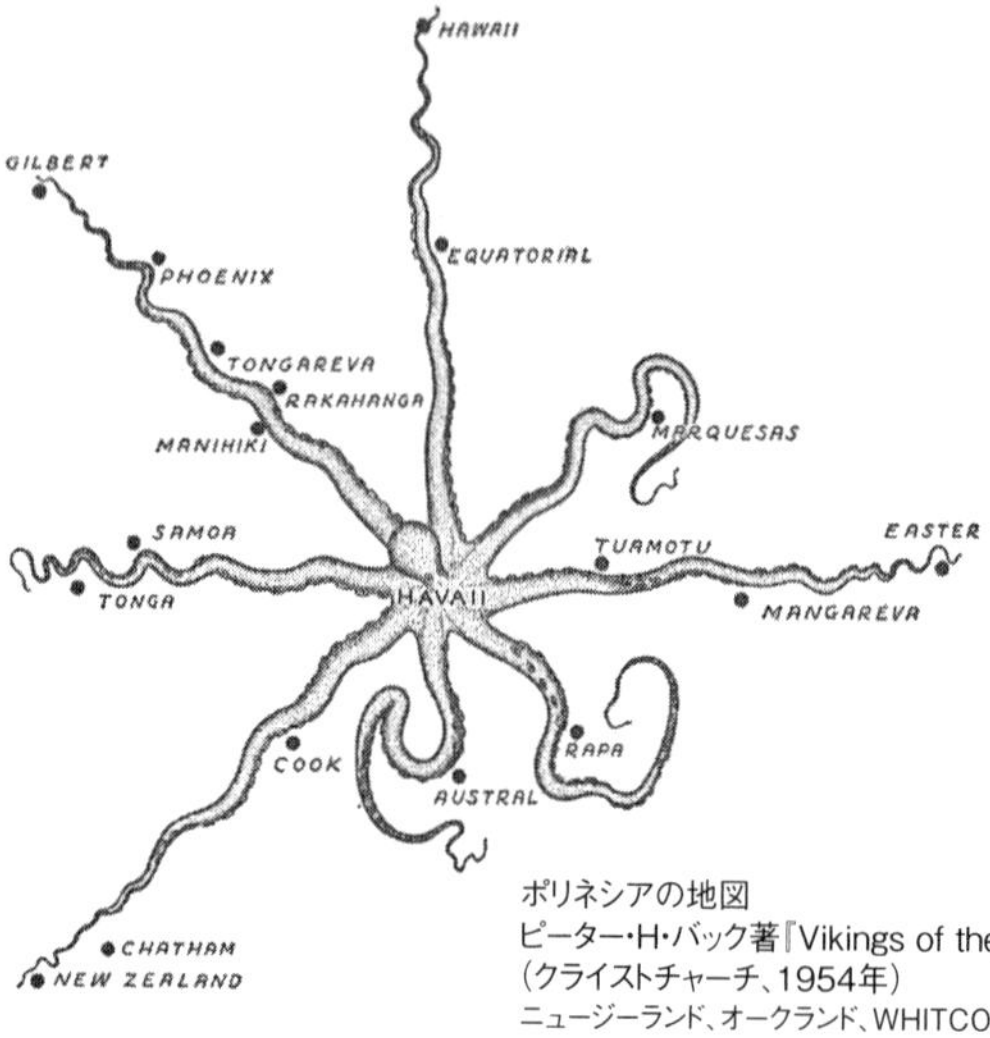

ポリネシアの地図
ピーター・H・バック著『Vikings of the Sunrise（偉大なる航海者たち）』（クライストチャーチ、1954年）
ニュージーランド、オークランド、WHITCOULLS社のご好意により掲載

になった。さまざまな伝統や、それを生み出してきた世界が力を失っていく時代でもあった。19世紀のヨーロッパ人は問題も多くあったが、受け継がれた詠唱や物語、それを生み出した人々との距離は近かった。しかし1930年代頃からは知識も親密さも失われていった。そのあらわれが1950年代と60年代に勢いづいた懐疑主義だ——ポリネシアの伝統とポリネシア人の航海の能力が疑問視された。

1970年代には歴史的資料としてのポリネシアの口承の価値はさらに貶められた。たびたび編集され、姿を変えてきたとして正統性を疑う研究はひとつやふたつではなかった。ポストモダンの風潮が高まるにつれ、さらに不利な状況に追い込まれた。人はつねに自己中心的な歴史をつくりだす、したがって正統な伝統と呼べるものは存在しない、という主張がなされたのだ。これには先住民族の多くの学者が強い憤りを表明した。

そこに実験的な航海のムーブメントが起こり、成功を果たした。これで空気が変わった。ポリネシアとミクロネシアの伝統的な知識と航法の実力を、ホクレアをはじめとするカヌーが証明してみせたのである。太平洋を航海したと語り継がれているクペ、モイケハ、ホトゥ・マトゥアといった伝説的な人々の航海能力を直接証明したわけではないが、ベン・フィニーが記しているように「ポリネシア人航海者が船で行き来した時代を示す」にはじゅうぶんだった。

実験航海の成功がひとつのきっかけとなって、ポリネシアの伝説がふたたび注目を浴びるようになった。ディズニー・アニメーション『モアナと伝説の海』のヒットなどはその一例だ。科学者の世界にも確かな変化が訪れている。難解な学術的論文——たとえば蛍光X線分析装置による石の人工遺物の地球化学的検証など――においても伝承に言及するのがいまやめずらしくない。学問的な意義とは別に、象徴的な意義は大きい。私たちは〝なに〟を知っているのか、〝どんなかたち〟で知っているのかを多角的にとらえると表明しているからだ。

ポリネシア人の起源の解明は、決してたやすい道のりではなかった。いまなお未解決の部分もある。たとえば、もっとも遠隔の領域の島がどうやって発見されたのか、植民のための長く苦しい航海でどれだけのカヌーが失われたのか。永久に解明できないものもあるだろう。それでもポリネシア人の歴史の謎をかなりのところまで解き明かすことができたのは、多角的なインプットのおかげだ。数理モデル、コンピュータ・シミュレーション、化学的分析、統計的推論など科学的手法は客観的なアプローチであるはずだが、時につまずく。そして記憶を通じて受け継がれた物語と詠唱の存在がある。層状に重なり合い、とらえがたく難解で幾通りにも解釈できるが、それでも異文化と接触する前のポリネシアとじかに出会う方法だ。

まったく異なるふたつ方向からの探求は対立も引き起こす。過去2世紀にわたって押し問答が続いた。どちらも正統性を主張したが、ポリネシア人の移住の歴史を解き明かすには実際にはどちらもきわめて重要だった。豪快な航海を成し遂げた人々の貢献も大きい。16世紀、17世紀、18世紀の探検家の報告から、当時のポリネシア人のありのままの姿がかいま見える。そして20世紀の実験的航海によって、大海原に初めて船出した冒険者たちの知恵が再発見された。

あらゆる方面の人々が、それぞれのツールを駆使し、時には道をまちがえたり袋小路に迷い込んだりしながらここまでたどり着いた。初期の観察者がすぐれた洞察をおこなった（ポリネシア人の起源はアジアだろうとクックは考えた）ケースもあれば、とんでもない仮説（ポリネシア人のルーツは印欧語族という主張）がまかり通ったこともある。私たちはかんたんに方向を見誤り、勘違いしてしまうのだ。これまでの3世紀にわたる探求からはっきり見えてくるのは、対照的なふたつの視点――実践的と抽象的、古代と現代、人間中心と科学中心、ヨーロッパ流とポリネシア流――が収斂《しゅうれん》して結びついた時、もっとも説得のある洞察が得られるということだ。

私がよく思い描く光景は、エンデバー号の艦長室でトゥパイアとクック船長がいっしょに過ごしているところだ（実際には気が合うふたりではなかったらしい。どちらも尊大で権力を振るうのに慣れていた人物だけに、納得できる）。テーブルの前に広げた海図や図表を見ながらふたりは航法について擦り合わせをしている。あるいは、アブラハム・フォーナンダーがラハイナの港で夜遅くにハワイ語の文書を熟読し奮起する――〝すべての神話を読み解く！〟――かたわらで、ハワイ人の血をひく娘がすやすやと眠っているところを想像してみる。医師で船乗りのデイヴィッド・ルイスがヨットのデッキにしゃがみ込み、航法師のテヴァケがうねりと鳥を観察し間接的な方法で島の存在を確認しようとする様子を見つめている光景。テ・ランギ・ヒロアのことも想像してみる。ふたつの視点の軋《あつ》轢《れき》を自身のなかに抱えていた彼は「ふたつの文化に属している」と表現していたが、現実にはふたつの視点の間を揺れ動く思いであったようだ。マオリである自分とヨーロッパ人である自分を「切り離す」ことができる――同時に両方であったことは一度もなかった――と述べている。それでも彼はまぎれもなくその両方であった。

ここ数十年で、「ポリネシア人の起源問題」というのはヨーロッパ人によるヨーロッパ人のものであり、探求で見えてくるのは「ヨーロッパの過去、現在、未来」の姿だという表現がされるようになった。確かに、「ポリネシア人はどこから来たのか」ではなく、「ポリネシア人が私たちに示唆するものはなにか」を追っているのかもしれない。ポリネシア人の起源についての探求は植民地時代に大きな展開があったこと、太平洋の外からやってきた者の目線での探求であったことは間違いない。太平洋によそ者が到来するまで、ポリネシア人は何者かという問いかけはなかった。起源については神話にすべて語られているのだ――〝私たちはテ・ポから、テ・トゥムから、テ・アロアからやって来た、ハワイキからやって来た〟。〝地理的にポリネシアはどこまでを指すのか？〟、〝ポリネシア人にもっとも近い血縁関係にある人々は？〟などという問いかけも出なかっただろう。問いかけようがない。「ポリネシア人」という言葉や概念は、そもそもなかったのだから。

ポリネシア人の起源を解き明かそうというのは、アウトサイダーならではの発想だ。しかも過去の出来事――史実――は誰でも利用できるのだという文化に属する者の発想である。啓蒙主義後のヨーロッパでは、歴史を構成する史実は誰の所有物でもないという認識だ。だがポリネシアの慣習では、過去の出来事をそういうふうに扱うことはない。歴史とは自由に個々の出来事を選んで組み合わせたものではなく、ある種の知的財産に近い。ポリネシアの歴史は誰もが扱えるわけではない。マオリの学者タイピーン・オレガンの言葉を紹介しよう。「私、もしくは私の民の歴史は私のファカパパ［系譜］そのものである。私のトゥプナ［祖先］は亡くなっているとしても、生きている私のなかにもいる……私の過去は死んではいない。だから私の同意なしに科学的な検視解剖をおこなってはならない……私の過去の第一の所有権者は私である」

つまりヨーロッパ人学者にはポリネシア人の歴史を研究する「絶対権」がない。事実上、締め出されているということだ。それでも、過去は「直接の関係者の所有物」という発想は、ごく当然の主張にも感じられる——ポリネシアのようなケースではなおさらだ。これまで多くの争いがあり、よそ者によって苦しめられてきた。ヨーロッパ人は、さんざん支配下に置き理不尽に奪ってきた相手に物語を聞かせてもらう資格はあるだろうか。両者の関係にねじれや抑圧があることとは別に、語られる物語を聞き手はどこまで理解できるのだろうか。

歴史学者ジュディス・ビニーはこの問題には決着のつけようがないとして、ひとつの方法を示した。「他者の歴史を自分たちのものとして解釈しようとするのではなく……対等に並べる」という方法を。この先も、これはヨーロッパの歴史である、あるいはポリネシアの歴史であるという思いに揺れるだろう。それを否定するのではなく、考古学者ケネス・エモリーが述べたように「かすかによぎる思いを感じ取れるように意識を研ぎすませておく」しかない。

ポリネシアの歴史から見えてくるのは、得られた知識が正しく並んでいるというよりも、ものごとを解き明かそうと苦心惨憺《さんたん》した人々のいとなみだ——複雑に絡み合った伝承や物語や、知識体系も考え方も探求の動機も異なる人々が重ねた会話の数々。いつしか、これは接点を追う物語なのだと思うようになった。文化と文化の境を越えることはできなくても、その先にいる相手をじっと見つめた人々の物語だ。たとえばクックとトゥパイア。そしてポリネシアの神聖な伝承をヨーロッパ人に聞かせた神官や首長、さらに無名の人々と、それを丹念に記録した宣教師、旅人、植民地の役人。暗号を解読するように人間の考え方を読み解こうとする人類学者も、命がけで先史時代の謎に挑んだ実験航海者たちも。

ウィル・クセルクは「とほうに暮れる」のを楽しむとナイノア・トンプソンに言ったそうだ。きっと皆、そうだったのではないか。たとえば故郷から船出したトゥパイアを突き動かしたのは、圧倒的な好奇心ではなかったか。マルケサス諸島でスケッチブックを広げたウィローディーン・ハンディも、シャベルとバケツを手にしたエドワード・W・ギフォードとリチャード・シャトラーも。とりわけフォーナンダーはあの時代にまさに手探り状態ながら決してあきらめなかった。さらには悪戦苦闘しながら分類したルイス・サリバンも、アーリア人とウシにこだわったエドワード・トレガーも、がむしゃらに未知の世界を切り開こうとしていたのだ。

ポリネシア人の起源の問題はふたつの異なる面で人を惹きつける。第一に、陸地が限りなく少ない外洋を何千キロも航海して移住したという行動そのものへの純粋な驚き。第二に、その航海の物語があまりにも長いこと知られずにいたのはなぜかという知的好奇心。人類が成し遂げた偉大な冒険には誰もがロマンを感じるだろう。その冒険の真実は謎に包まれた魅力的な領分にあり、そこに至るには大量の証拠をふるいにかけながら進んでいくしかない。この歴史はロマンと知的挑戦の両方を満たしてくれる。

本書はケアラケクア湾から始まった。私にとってポリネシアン・トライアングルの意義をあらためて実感した場所であり、その歴史を知ることは夫と息子たちの系譜を遠い昔にまでさかのぼることでもあった。ケアラケクア湾をはじめポリネシアでは多くの遺跡を訪れた。実際にその場に立つと、いろいろなことがわかった。なかでもありありと目に浮かぶのは、ヌクヒバ島北側のアナホ湾だ。

マルケサス諸島のなかでも、ここは特別な場所。外海からしっかりと守られ、クリームを流したような砂浜が弧を描き、澄んだ浅瀬が広がっている。風上側に岬が伸びているので強い風や大波から守られ、東側にはごつごつした岩山が続く。湾に通じる道路はない。海から入るか、近くのハティへウ村から徒歩で岩稜を越えるしかない。岩山の高さは約200メートルほど、頂からは湾を一望できる。青い水を抱えるように伸びたふたつの岬も。遠くの海は金属のような輝きを放ち、その先の世界の果てでは空と海が出会って水平線がすうっとカーブを描いている。急峻《きゅうしゅん》な小道を降りていくと林に入る。空気はカラッと乾き、足下で葉がパリパリと音を立てる。林冠から差し込む光のまだら模様を抜けて坂を降り切ったところでとつぜん視界がひらけ、バナナとココヤシの木のすぐ先はもう海だ。

1888年、このアナホ湾に投錨したのが作家ロバート・ルイス・スティーヴンソンだった。チャーターした全長94フィート（約29メートル）のヨット、キャスコ号で南太平洋に別れを告げる旅に出発し、最初にマルケサス諸島を訪れた。健康状態が悪化して衰弱し、「人生という芝居の幕が降りて、終幕後の寸劇が始まっている。あとは看護婦と葬儀屋の登場を待つばかりだ」と後に記している。それは決して的外れな考えではなく、実際、それからわずか6年後にスティーヴンソンはこの世を去っている。だがこの時、南洋は確かに彼を生き返らせ、最初の寄港地を存分に楽しむほど回復し、次のように書いている。「世界のいろいろな場所で夜明けを見てきた……もっとも強い感動とともに見たのは、アナホ湾を照らす夜明けの光だ」。寄港して一日目の朝、湾を取り囲む岩山が朝日を受け、きらめきが宿っていくさまにスティーヴンソンは目を奪われた。「きらめきの一つひとつは、サフラン、硫黄、クローブ、バラ色を絶妙に混ぜ合わせた色彩をまとっていた。サテンのような光沢を放ち、明るい色合は可憐な蕾《つぼみ》が、そして濃い色合いは厳《おごそ》かに咲く花が浮かぶようだった」

今日アナホ湾を訪れると、1888年にスティーヴンソンが描写した光景がそのままあらわれる。家が点在し、湾内にはカヌーがぽつりぽつりと浮かび、畑があり、西の端には小さな集落がある。スティーヴンソンがよく過ごしたお気に入りの場所は湾内の東側の砂浜だ。浅瀬に立つと膝のあたりまで温かな海水の泡が湧きあがり、足と足の間で貝と小石がくるくると舞う。真昼には世界が静止したように静まりかえり、太陽はひたすら熱く眩《まぶ》しく照りつけ、ヤシの木は酔っ払いが砂に倒れ込みそうなふぜいだ。時折森のどこかで鳥の甲高い声があがる。波は穏やかに寄せては返すを繰り返す。そういうひとときをスティーヴンソンは「目に映る世界は先史時代そのままの姿で、しんとしている。まるで時の流れが止まったようだ。自分はたったひとりここにいるという深い思いに包まれる」と描写している。むろん現実には、彼は砂浜でひとりぼっちだったわけではない。島に人はいた。それでもアナホ湾に立つと、ふと時のはざまに滑り込んだような気持ちになる。マルケサス諸島が太古の静寂に包まれていた時代にいるような気持ちに。聞こえるのは風と波の音、そして海鳥の甲高い声。それが何百年、何千年、何百万年と続いた。

私はスティーヴンソンのお気に入りの場所に腰をおろし、ポリネシアの歴史の謎について考えた。夫セブンは岩稜を越えて東のほうに散歩に行ってしまった。向こうにはロバート・サッグスが土器の5つの破片を奇跡的に発見した湾がある。息子たちはシュノーケルとマスクをつけて海に入っている。

私はポリネシアの歴史のかけらを一つずつ数え上げてみた。詠唱、骨、釣り針、染色体、炭はまさしく歴史の断片であり、私たちにできることは割れて粉々になった壺を復元するようにそうした断片から歴史を組み立てることだ。それは知識だけでも想像力だけでも不可能な作業であり、ちょうどその間のどこかにポリネシアの古代の歴史は――そして人類の歴史もまた――姿をあらわす。事実を基盤として、私たちの想像力がおおいに試されることになる。私たち一家は最初の訪問地としてマルケサス諸島を選んだ。ヨーロッパ人が初めて発見したポリネシアの島であり、なにもないと言われていた場所でサッグスが土器のかけらを見つけた記念すべき地だからだ。実際その場に立ってみると、思いがけなく太古の昔を強烈に感じ取ることができた。考古学的な発掘がおこなわれた時代、宣教師が見聞きしたことを日誌にしたためた時代、ヨーロッパ人が初めて到来してポリネシアを目撃した時代、ポリネシア人が定住して何世紀も暮らしていた時代をさかのぼり、物語が始まる瞬間に思いを馳《は》せた。ヤシの葉が揺れて大きな音を立てる浜に、数隻のカヌーが初めて乗り上げた瞬間に。

それまで広大な太平洋の島嶼――火山の先端、環礁、ゴンドワナ大陸の名残――は人間世界とは切り離されていた。太陽が照りつける海岸に上陸する者はなく、森林に入っていく者の姿がないまま、はてしなく長い時間が過ぎた。風と雨が山を浸食し、海岸を取り囲むようにサンゴが成長し、鳥と植物は漂流物とともに漂着し、あるいは風に吹かれてそのまま根づいて独自の進化を遂げた。いつしか人間が暮らすには理想的な場所ができあがった。これほどの条件に恵まれて暮らしている人はそうはいなかっただろう。温暖な気候、植物がよく生長し、嵐に見舞われることはまれで、周囲の海にはさまざまな生物が生息していた。しかし地球上で最大の海の中央部に位置していたため、島嶼は長いあいだ孤高を保ち、人類とは無縁だった。ある日、ぼんやりと霞《かす》む水平線の彼方から一隻のカヌーがあらわれた。それを証言できる者はいない——島の海辺は無人だった。カヌーがやってきたという記録はない。誰がやってきたのかを知る者も存在しない。それでも風と波と鳥の声だけの島に、ある時を境にさまざまな音が満ち溢《あふ》れたのはまちがいない。人の声、足音、カヌーが海岸に乗り上げてハルが擦れたりぶつかったりする音が溢れた。

謝辞

まず、太平洋の歴史および人類学の領域において卓越した業績を生み出してきた専門家の皆様に心より御礼申し上げたい。人類学者のパトリック・カーチがポリネシアの考古学について明快に説く数々の著書から、本書のプロジェクトは多くのヒントを得ることができた。ニュージーランドの歴史家K・R・ハウの上空9000メートルからの視点は重要なつながりを明確にするための手がかりをもたらしてくれた。またJ・C・ビーグルホール、O・H・K・スペイト、アン・サーモンド、ニコラス・トマスの著書を折々に参照することで現在位置を確認し、M・P・K・ソーレンソンとアラン・ハワードの概説は多様な側面を整理するにあたりおおいに参考になった。マルコム・ロス、アンドリュー・ポーリー、メレディス・オズモンドがオーストラリア国立大学でおこなった言語学的な業績、オセアニア・レキシコン［語彙］プロジェクトからは貴重な情報が得られた。そしてトール・ヘイエルダール、ロバート・サッグス、ウィローディーン・ハンディ、ベン・フィニーの魅力的な回想録をはじめ多くの伝記および自伝作品からたくさんのことを学んだ。専門家の経験を生かした一般向けの著作がこれからも数多く出版されることを心から願う。ドキュメンタリー映画作家サム・ローの著書『ハワイキ・ライジング』にはどれほど支えられたことか、同書を読む機会があればぜひお勧めしたい。

私は本質的には安楽椅子に座って理論を組み立てる人間なのだが、今回、現地のフィールドワーク、とくに最初に現地に飛ぶことはひじょうに重要だった。スタートするに当たってお力添えをいただいた皆様に心からの感謝を伝えたい。アスパイア・ダウンアンダーのシェリー・マドセンはとても複雑な旅程をうまく組み立ててくれた。ハワイのローラ・トンプソンに、トンガのサテキ、フィーネ・ウアシケと亡きアナ・ウアシケにたいへんお世話になった。マシュー・スプリッグスとスチュアート・ベッドフォードにはテオウマの発掘現場の案内をお願いした。ロバート・ハマーは寛大にもモーレア島の自宅を提供してくださった。ローズ・コーサーはマルケサスでアドバイスとアシストをいただいた。ニュージーランドの親戚パランギ家ではいつもながら心温まるもてなしを受け、ハワイではアン、ジョエル、イザベル、デイビッドにお世話になった。無事に出発し戻ってくることができたのは、ひとえにケイティ、リンジー・クロウと亡きバーバラ・マーティン、テッサ、ダニエル・フィッシャーのおかげだ。そして私たちを待っていた亡き母、留守中、気を配ってくれた兄弟に感謝している。息子のアペラハマ、マティウ、ダニエル、つきあってくれてありがとう。同行してくれた夫セブンは、いつもながら多角的なものの見方を示してくれる存在だ。

さまざまな団体からの貴重な援助をいただかなければ本書の執筆にこれほど長い時間をかけることはできなかっただろう。全米芸術基金とオーストラリア芸術評議会からは斬新な研究を対象とした助成金をいただき、得難い場所への訪問が叶えられた。また全米人文科学基金の2015年パブリックスカラー賞に選ばれたことに深く感謝している。おかげで仕事上の他の責任から解放され本書の完成に漕ぎ着けることができた。また深い感謝をホートン図書館の司書の皆様に。ウィリアム・ストーンマンとトム・ハイアリーには寛大にも休暇の取得を認めていただいた。クロエ・ガルシア・ロバーツとローラ・ヒーリーはじめ『ハーバード・レビュー』誌のチームは私が心置きなく出かけられるようがんばってくれた。

多くの友人と同僚がさまざまな形で助けてくださった。長年の執筆グループの仲間、エリザベス・グリーンスパン、グレッグ・ハリス、サラ・スチュアート・ジョンソン。最終的な形になるまで多くの章をさまざまな形式で書いた原稿を読んでくれた仲間たち。決定的なタイミングでサポートしてくれたスーザン・ファルディとデイヴィッド・アーミテージ。無知な質問をぶつけた時も丁寧にこたえてくださった専門家のロバート・サッグス、グリン・ウィリアムズ、マシュー・スプリッグス、マイケル・レヴィソン、エリザベス・マティススースミス、ケヴィン・マクグラスを始めとする皆様。ハーバードで講義に同席させてくださったローワン・フラッド、ジェイソン・ユール、マイケル・ウィッツエル、ジェレミー・ラオ、デイビッド・アーミテージ、ジョン・ハスをはじめとする皆様の厚意に感謝したい。本書の執筆を通じて知識を高めることができたのは、ひとえに皆様のご指導があってこそと痛感している。

本書の執筆はハーバード大学の図書館のたぐいまれなシステムが存在しなければ不可能だっただろう。何百件も相談を持ち込んだなかでハーバードのリポジトリになかったものはほんの数件であり、それもただちに図書館相互貸出を通じて手に入った。またプリンストンのヒストリックマップ・コレクションのジョン・デラニー、ハーバード大学ピーボディ考古学・民族学博物館のダイアナ・ズラタノフスキ、ハワイ大学太平洋諸島地域研究所のジャン・レンセル、ホートン図書館のジョン・オーバーホルトとスーザン・ハルパート、ハーバード・エクステンションスクールの私の勤勉な教員助手を始めとする皆様に調査の多大なるサポートをいただいた。長年、心強いサポートをしてくれるカールトン大学のフレッド・ハグストロームに改めてお礼申し上げたい。

快く許可いただいたベネディクト・フィッツジェラルド、クリストフ・サンド、サンディ・ミラー、キャロル・アイボリー、ヘンリー・ローレンス、ナアレフ・アンソニー、カラマクプレスのデニス・カワハラダに深く感謝申し上げる。オークランド大学ポリネシア協会、ストーリー・オブ・ハワイ・ミュージアム、プリンストン大学図書館、ダニーデン公共図書館、ホノルル・スター・ブレティン、ニュージーランドのウィットクールをはじめとする多くの組織の寛大さに心からお礼申し上げる。ポリネシア航海協会のソニア・スウェンソン・ロジャース、バーニス・P・ビショップ博物館のティア・リーバーは画像についての度重なる質問に快く回答してくださった。レイチェル・アハーンはグラフィックの準備に多大な時間と労力を費やしてくれた。ハーバード・マップ・コレクションのC・スコット・ウォーカーは地図の提供を、長年の友で共同研究者のローラ・ヒーリーはそのデザインを手がけてくださった。

兄弟エリオット・トンプソンは誰よりも先に原稿を読んでくれた。パトリック・カーチは原稿のまちがいをチェックしてくださった。むろん本書にまちがいがあるとすればその全責任は私にある。最後につねに楽観的な、私のエージェントのブレッテン・ブルームと、決して揺らぐことなく、また先見性に長けた編集者ゲイル・ウィンストンに感謝の言葉を捧げたい。あなたたちがいなければすべては一瞬の海霧、はかない島嶼の夢として消えてしまっていただろう。ブックグループに、ハーパーのチームの皆様に、そしてわが家族の一人一人に心から感謝している。こんなに長く辛抱強くつきあってくれてありがとう。

訳者あとがき

太平洋は広い。その広い太平洋のハワイ諸島とニュージーランド、そしてイースター島を結んだ三角形の領域「ポリネシアン・トライアングル」が、クリスティーナ・トンプソンによる本書『海を生きる民——ポリネシアの謎』の舞台である。三角形の一辺が約８０００キロメートルにも及ぶ巨大な領域だ。

ポリネシアには無数の島があるとはいえ、諸島間の距離は決して近いわけではない。それでも人種的にも言語的にも文化的にも均質な人々が暮らしている。歴史を記録した文書はなく、大昔からすべては口頭で語り継がれてきた。長らく外界との接触がなかったポリネシアン・トライアングルは、ある時ついに「発見」される。以来、数百年にわたってさまざまな人々がさまざまな理由からポリネシアの島々に引き寄せられ、本書に描かれているようにポリネシア人の起源について解き明かそうと奮闘してきた。彼らはいつ、どこから、なぜ、どうやって来たのだろうかと。

世界地図の太平洋といえばひたすら青く単調で、色彩豊かに描かれる大陸にくらべるとかなり味気ない印象だが、本書で描かれるポリネシアはなんともカラフルで活気に満ちている。高い島、低い島、その間に横たわる海域には無数の船が行き交い、遥かな島へとつないでくれる海の道が続いている。おおぜいの人々が移動し、海にはさまざまな生き物がいる。神話に登場する英雄や不思議な生き物、空には鳥と雲。キャプテン・クックが率いた帆船が、科学者を乗せたバヤール・ドミニク遠征隊の船が、航行する。コンティキ号の筏が大波に翻弄され、古代のカヌーを再現したホクレア号が人々の期待を背負って送り出される。時代をさかのぼれば、大きな双胴カヌーに多種多様な動物、植物をのせて船出した古代の航海者の姿がありありと見えてくる。星と風と海流とうねり、太陽と自然界のさまざまな事象を頼りに大海原をわたった人々が確かにいたのだ。ハーバード・レビュー誌のエディターであり ハーバード大学エクステンションスクールでライティングの教鞭を執るトンプソンが丹念な調査をもとに地図の単調な色合いのなかに立ち上げていく色鮮やかな風景には、知らず知らず引き込まれる。

トンプソンの2冊目の著書となる本書はニューヨークタイムズ誌のエディターズチョイス、ウォールストリートジャーナル紙でベストセラーとして紹介され、2020年にはオーストラリア首相賞を受賞するなどノンフィクションの読み物として高く評価されている。

帆船の艦長と島の神官の出会い、神話と系譜の採集、島の人々のデータ収集、放射性炭素年代測定やコンピュータ・シミュレーション、DNA分析の活用、ついには船を再現するまで、その時々のさまざまな制約と限界のなかでポリネシアの謎は少しずつ解き明かされてきた。古代の航海士が見つめた星に見守られながら地球は自転し、風と海流をつくりだし、人を運び続ける。大海原とそこに浮かぶ島々は、この先もきっと意外な真実を明かしてくれるだろう。

本書を翻訳するにあたり、『ひらく』編集部の大畑峰幸氏、芦澤泰偉氏、芦澤泰偉事務所の五十嵐徹氏、校正者の尾澤孝氏に大変お世話になりました。また翻訳のきっかけをつくってくださった慶應義塾大学の武藤浩史教授にこの場を借りて御礼申し上げます。

２０２２年１月

小川敏子

著者

Christina Thompson

クリスティーナ・トンプソン

ハーバードレビュー誌エディター。著書に『Come On Shore and We Will Kill and Eat You All:A New Zealand Story』がある。ヴォーグ、アメリカンスカラー、ベスト・オーストラリアン・エッセイズなどにエッセイ、評論を執筆。全米人文科学基金パブリックスカラー賞、全米芸術基金およびオーストラリア芸術評議会など数々の研究奨励金を授与されている。アメリカとオーストラリア両方の国籍を持つ。

翻訳

小川敏子

おがわ・としこ

翻訳家。東京生まれ。慶應義塾大学文学部英文科卒業。小説からノンフィクションまで幅広いジャンルで活躍。ルース・ドフリース『食糧と人類』、ジャレド・ダイアモンド『危機と人類』(共訳)、カール・T・バーグストローム、ジェヴィン・D・ウエスト『デタラメ データ社会の嘘を見抜く』ほか訳書多数。

SEA PEOPLE
by Christina Thompson

海を生きる民
ポリネシアの謎

2022年　3月22日　第１刷発行

著者
クリスティーナ・トンプソン

翻訳
小川敏子

発行者
赤津孝夫

発行所
株式会社　エイアンドエフ
〒160-0022　東京都新宿区新宿6丁目27番地56号　新宿スクエア
出版部 電話 03-4578-8885

装幀
芦澤泰偉

本文デザイン
五十嵐 徹

編集
大畑峰幸

印刷・製本
株式会社シナノパブリッシングプレス

Published by A&F Corporation
Printed in Japan
ISBN978-4-909355-30-0 C0039